证券投资学

（第三版）

方先明　编　著

 南京大学出版社

图书在版编目(CIP)数据

证券投资学/方先明编著. —3版. —南京:南京大学出版社,2018.6(2021.7重印)

(商学院文库)

ISBN 978-7-305-20187-5

Ⅰ. ①证… Ⅱ. ①方… Ⅲ. ①证券投资 Ⅳ. ①F830.91

中国版本图书馆 CIP 数据核字(2018)第 096729 号

出版发行	南京大学出版社
社　　址	南京市汉口路 22 号　　　　邮　　编　210093
出版人	金鑫荣

丛 书 名	商学院文库
书　　名	证券投资学(第三版)
编著者	方先明
责任编辑	府剑萍　　　　　　编辑热线　025-83592193
照　　排	南京开卷文化传媒有限公司
印　　刷	南京新洲印刷有限公司
开　　本	787×1092　1/16　印张 15.75　字数 390 千
版　　次	2018 年 6 月第 3 版　2021 年 7 月第 2 次印刷
ISBN	978-7-305-20187-5
定　　价	39.80 元

网　　址	:http://www.njupco.com
官方微博	:http://weibo.com/njupco
官方微信号	:njupress
销售咨询热线	:(025)83594756

《商学院文库》编委会

内容简介

投资学是金融专业的基础专业课程。不论是从事金融行业工作还是参加金融学研究生入学考试,学生都需要掌握投资学的相关知识。本书包含了投资学初级和中级的内容,将国外先进理论和中国市场现实情况结合在一起,形成了一个较为完善、具有前瞻性和实用性的理论体系。

本书的主要内容由三大部分构成:第一部分是金融市场及投资工具。主要阐述金融市场的基本内涵、金融市场的主体与客体,重点介绍了固定收益证券、股权证券、投资基金、远期、期货、期权等金融工具。第二部分是投资理论研究。包括投资组合理论、资本资产定价模型、套利定价理论、有效市场理论等。第三部分介绍投资实务。主要包括金融市场的微观结构和证券分析的基本方法。

本书重视理论与实践的结合,特别是重视中国的资本市场实践。书中有大量例题,并联系中国市场上的最新事件来介绍投资学知识的应用。本书的投资实务部分是根据最新的法律法规编写的,能够为读者提供最实用的知识。本书每章最后附有丰富的习题,习题难度适中、形式多样,适合学生课程练习或考研复习之用。

本书适合作为高等院校经济学类、管理学类本科生教材或教学参考书,也可以作为金融学专业研究生入学考试投资学科目的参考书,同时可为致力于学习投资学知识的相关人士提供参考。

前　言

微观金融学的核心问题是,如何在不确定的环境下通过资本市场对资源进行跨期的最优配置。因此,作为微观金融学重要组成部分的投资学(证券投资学),必然围绕效用的优化和风险管理展开研究。随着世界经济的发展,在金融领域内,创新不断涌现,风险与日俱增。这就使得以通过交易金融市场工具、期望在风险一定的条件下获得最大收益,或在收益一定的条件下使面临的风险最小,为主要研究内容的投资学,居于更加重要的地位。

一、投资与投资学

所谓投资,是指为了获得可能但并不确定的未来收益而做出牺牲确定的现值的行为。由于投资者在金融市场上的现期投资是确定的,而未来收益则不确定,是一个随机变量,这就使得投资学这样一门指导独立个体对现金流进行规划和优化的学科应运而生。投资学是系统、科学地研究投资过程和投资行为的应用科学,是一门理论和实务相结合的学科。

基于投资学的研究目标,结合投资学的具体任务,其主要内容由三大部分构成:

第一,金融市场。投资行为是指投资主体参与现实的金融市场运作,并通过买卖金融工具实现资产的保值、增值。因此,这一部分的内容主要阐述:什么是金融市场,其中的主体是谁,客体又包含哪些金融工具;金融市场的特征有哪些,这一市场的作用是什么;金融市场可以划分为几种不同的类型,其又是如何运行的等等。

第二,投资理论研究。基于第一部分的内容,第二部分主要阐述投资者为获得一定的收益在金融市场中如何进行风险的分散化处理,同时阐述了金融资产定价理论与模型。这一部分的内容主要包括:资产组合选择理论,重点阐述均值-方差理论以及建立在此基础上的马科维茨模型;资本资产定价模型,其包含资本市场线和证券市场线;套利定价理论,这是在市场无套利的假定下,基于因子模型所得出的一种资产定价理论;有效市场理论,不论是资产组合选择理论,还是资产定价模型,或其他的现代微观金融理论,都基于一种假设,即市场是有效的,因此这一部分还需要对有效市场理论进行分析。

第三,投资实务。投资学是一门实践性很强的学科,这就需要对现实的投资环境及投资技术进行深入的剖析,并将之应用于实践。这一部分的内容由证券市场的微观结构和证券分析的基本方法(包括基本分析和技术分析)所构成。在金融市场的微观结构中,将阐述证券的发行与交易以及证券的交易制度与监管体系;证券分析中的基本分析,主要通过从宏观到中观再到微观的分析,对证券的投资价值进行判断;而技术分析,则主要是借助于由证券历史交易数据得到的图表,对证券价格的未来走势进行分析。

综合以上所述,投资学的课程结构如图1所示。

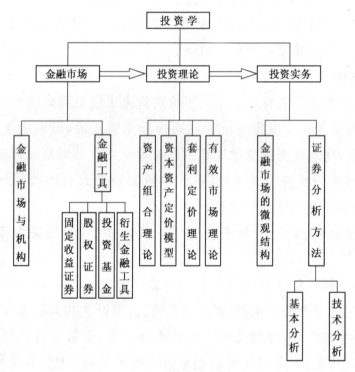

图1　投资学结构体系

图1显示,投资学的三个组成部分构成了一个层层递进的有机整体。

二、投资学在金融学科中的地位

在人类发展史上,伴随着第一张借据的出现,金融(finance)就产生了。金融是一个经济学的概念和范畴。通常,"金"是指资金,"融"是指融通,"金融"则指资金的融通,即由资金融通的工具、机构、市场和制度构成的有机系统,其是经济系统的重要组成部分。在人类社会生产力发展的推动下,时至今日,金融学已形成了宏观金融学和微观金融学两个重要的分支。

　　宏观金融学从整体角度讨论金融系统的运行规律,重点讨论货币供求均衡、金融经济关系、通货膨胀与通货紧缩、金融危机、金融体系与金融制度、货币政策与金融宏观调控、国际金融体系等问题。微观金融学由金融决策分析和金融中介分析构成,金融决策分析主要研究金融主体投资决策行为及其规律,由一系列金融概念、理论和定量模型组成;而金融中介分析,主要研究金融中介机构的组织、管理和经营,包括对金融机构的职能和作用及其存在形态的演进趋势的分析,金融机构的组织形式、经济效率、混业与分业、金融机构的脆弱性、风险转移和控制研究等。整个金融学的学科体系如图2所示。

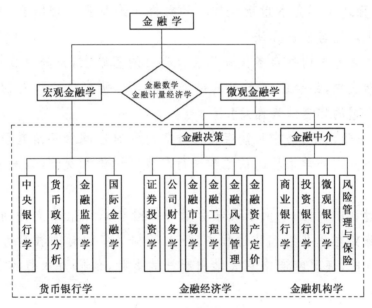

图2　金融学的学科体系

　　图2表明,整个金融学分为宏观金融学和微观金融学,而微观金融学由金融决策分析和金融中介分析所构成。宏观金融学的学科基础为货币银行学,金融决策分析的学科基础为金融经济学,金融中介分析的学科基础为金融机构学。投资学属于微观金融学中的金融决策分析,其与微观金融决策的其他学科,如金融工程学、公司财务学、金融风险管理等等相互交融,构成微观金融决策这一有机整体。同时,投资学吸收宏观金融学和金融中介分析的最新理论成果与实证成果,用以发展与完善投资理论,并用理论来指导投资实践。

三、本书适用对象与学习方法

　　投资学是金融学专业的基础专业课程,本书适用于高等学校金融学、经济学、管理学专业本科学生学习,同时可作为网络远程教学的教材,对致力于投资学学习和研究的读者也可提供有益的参考。本书主要介绍投资学的基本概念及基础理论,使读者理解:投资环境如何,市场上存在哪些投资工具,每种投资工具具有什么特征,投资的机会何时出现,如何确定投资的最佳组合等等。通过阅读本书,读者应系统理解和掌握投资学的基础知识和基本技能,了解投资过程、投资环境、掌握有效市场、资产定价等理论以及投资决策过程中的分析方法与步骤。

投资学的学习需要理论与实践相结合。理论成果需要实践提供检验,而实践又是推动理论发展的不竭动力。一方面,投资学是一门理论性很强的学科,无论是投资组合的选择,还是金融工具的定价,均具有较强的理论性;另一方面,投资学也是一门实践性很强的学科,通过实际的投资操作,可以更深刻地理解各种投资理论,更全面地了解资本市场运作。只有将理论与实际相结合,才能真正掌握投资学的基本理论与投资方法。

本书是在参考国内外众多投资学经典教材的基础上,充分吸收投资理论与实证分析的最新成果,结合编者多年的投资学教学与研究体会编写而成的。在此,对诸多参考文献的作者深表谢意!

当然,受限于水平,书中可能存在部分概念和原理阐释不清甚至是错误之处,我们真诚希望国内外学术界的前辈和同行与我们讨论和交流,以利于我们进一步完善。

在编写过程中,得到了南京大学金融与保险学系师生的支持,特别需要指出的是,牟星、陈楚在此书的编写过程中,投入了相当多的时间和精力,在此表示衷心的感谢!同时,还要感谢南京大学出版社的老师,他们为本书的出版付出了辛勤的劳动。

目　录

第一章　金融市场

内容提要

①金融市场的概念和运作流程。②金融市场的主体和客体。③金融市场的类型。④金融体制与监管。

投资是希望通过放弃当前消费、获得未来更高期望收益(未来的收益是一个随机变量,所以用期望收益来衡量未来的收益水平)的行为,这一过程是通过在金融市场上进行一种或多种金融工具的买卖来实现的。由此可以看出,投资及其目标的实现,离不开一个完善的金融市场。在这一市场中,货币资金与金融工具按照交易规则流转,由此使得金融市场参与者的投融资、套期保值、投机等等得以付诸实践。因此,要理解投资,首先需要对金融市场有一个深入的分析。

本章内容由以下几个部分构成:①金融市场的基本含义,这部分将对金融市场及金融市场的作用进行详细的阐述,并对其基本内涵进行界定。②金融市场的主体与客体,这部分主要介绍金融市场参与者的主体由谁构成,以及金融市场的客体包含哪些金融工具。③金融市场的类型,这部分主要从不同的角度对金融市场进行划分,并对各种类型的金融市场作简要介绍。④金融体制与金融监管,这部分主要介绍为保证金融市场顺畅、高效运行所构建的体制框架与监管体系。

第一节　金融市场的基本含义

一、金融市场的概念

所谓市场,是指买卖双方为实现某种目的而聚集交易特定商品的场所。一般而言,市场由主体与客体两个基本要素构成,两者缺一不可。市场的主体是指参与交易的双方,即买方与卖方;市场的客体是指交易双方在市场中交易的对象。

同样,金融市场也离不开上述两个基本要素,但构成金融市场的主体和客体与普通商品市场并不完全相同。对普通的商品市场而言,作为市场主体的买方是商品具体使用价值的需求者,卖方是商品具体使用价值的供给者,而作为市场客体的买卖对象是通常意义上的价值和使用价值相统一的一般商品。在金融市场中,市场主体的买方是金融工具的需求者(即资金的供给者),卖方则是金融工具的供给者(即资金的需求者),同时为使买卖得以顺利进行,还存在着金融市场的中介者及管理者;作为金融市场客体的交易对象是各类金融工具,金融工具作为一种特殊商品,是金融市场上资金运动的载体,资金的转移和流动正是通过金融工具的发行、转让和交易来实现的。

由此可见,金融市场是指资金供求双方运用各种金融工具、通过各种途径实现货币借贷和资金融通的交易活动的总称。金融市场有广义和狭义之分,广义的金融市场是指金融机构与客户之间、各金融机构之间、客户与客户之间所有以资金商品为交易对象的金融交易,包括存款、贷款、信托、租赁、保险、票据抵押与贴现、股票与债券买卖、衍生金融工具交易等全部金融活动;狭义的金融市场则一般限定在以票据和有价证券为交易对象的融资活动范围之内。

从人类的发展进程可以看出,金融市场产生与发展的根本动力源于社会生产力水平的不断提高。正是由于生产力的提高以及生产关系的进步,在人类的社会经济活动中产生了货币,进而出现了资金的盈余者和资金的需求者,于是资金融通的需求也应运而生。金融市场的运行流程可简要地用图 1-1 来表示。

图 1-1 金融市场运作流程图

图 1-1 表明,金融市场本质上是资金供给者与资金需求者之间的资金融通过程。资金供给者通过两种途径向市场提供多余的资金:直接提供给资金需求者,或提供给中介机构,再由中介机构提供给资金需求者。常见的金融中介机构包括银行、投资公司、保险公司等。基于此,金融市场上存在着两种融资方式:直接融资和间接融资。直接融资是资金供求双方直接达成协议,只有一份契约存在,常见的方式有资金需求者发行股票、债券等,由资金供给者购买;而在间接融资中,金融中介起着至关重要的作用,资金供求双方并不是直接达成协议,而是各自与金融中介达成协议,在这种资金融通过程中一般存在两份以上的契约,例如资金供给者把资金存入商业银行,签订存款协议,商业银行再将资金转贷给资金需求者,签订贷款协议。

二、金融市场的特征

金融市场是为资金的供求双方进行融资提供便利而存在的,随着金融市场的不断发展与完善,其逐渐表现出一系列与一般商品市场不同的特征,具体表现为:

(一)金融资产使用价值的单一性和价格的收敛性

金融市场是金融资产的交易场所。金融资产是与实物资产相对应的概念,是一种索取实物资产的无形的权力,它并不代表社会的总财富,对社会生产力也没有直接的贡献,但它表示了对实物资产的要求权。对具体的实物资产而言,使用价值千差万别,由其价值决定的价格也不相同。

在金融市场上,交易对象不是具有各种使用价值的物质商品,而是单一的货币形态的金融资产(金融资产无质的差别性,只有单一的"使用价值"——获得收益的能力)。金融资产的价格可以统一由收益率体现,在市场无套利的情况下,收益率反映了金融资产的风险性、收益性和流动性。由于期限与安全性不同,不同金融资产价格的收益率也不完全相同,它们形成了一个相对稳定的结构并随资金供求关系的变化而变化,但是从长期来看,在一个不存在套利机会的金融市场中,各种金融资产的收益率相差不会很大。

(二)金融工具价格波动较为剧烈

由于技术的发展和人类偏好的改变需要一个过程,所以在一般商品市场上,商品价格围绕着商品价值上下波动,虽然市场供求状况对商品价格有一定的影响,但商品成交价格与商品实际价值的差异从长期来看是不大的。但是金融市场则不同,通常情况下,金融资产的价格波动要大于其代表的实物资产的价值变化。这一方面是因为金融资产代表的是未来的收益,一旦投资者信心丧失,对未来预期降低,那么金融资产的价格就会降低;反之,则相反。例如,从2008年初到2008年10月15日,全球股票市值从60.7万亿美元下降至33.3万亿美元,远远高于商品市场的价格跌幅。另一方面,金融市场中的交易存在杠杆效应。以国债期货为例,中金所上市的5年期国债期货最低交易保证金仅为1%,相应的杠杆比率最高可达100倍,也就是说,交易的收益和损失可被放大100倍(2021年数据)。这就使金融市场上交易活动变得错综复杂,价格波动剧烈。

(三)从有形市场向无形市场转变

金融市场在发展的最初阶段,一般都有固定的地点和工作设施,称为有形市场,其典型形式就是证券交易所。会员制交易所的会员资格或者席位需要购买获得,交易所为会员提供证券交易的设施,同时赋予了公司安置人员在交易所大厅交易的权利。然而,随着社会经济、科学技术和金融市场交易活动本身的发展,金融市场很快突破了固定场所的限制。一方面,高速发展的证券交易所等机构不断扩展和完善,使得经纪人可以不必在交易所大厅进行交易。另一方面,通过计算机、电传、电话等设施进行的资金借贷活动已跨越城市、地区和国界等地域上的界限,把整个世界连成一个庞大的市场。无形的金融市场具有资金转移迅速且成本低的特点,所以现实世界的大部分金融资产交易都是在无形市场中进行的。

三、金融市场的功能

在统一完整的市场体系中,金融市场是市场经济运行的核心,是市场体系的枢纽。一个完善的金融市场对于一国的经济发展具有多方面的功能,具体体现在以下几个方面。

(一)降低投融资的成本

一方面,金融市场为参与者提供了一个便捷的筹资和投资场所,使资金供应者和需求者在更大范围内自主地进行资金融通,降低了寻找成本。一方面,金融市场中,筹资者可以直接或者通过金融中介间接向公众筹资,扩大了筹资对象的范围;而投资者也可有更广泛的选择,通过向众多客户投资,有效分散风险。另一方面,由于金融资产具有单一性,投资于金融市场的辨别成本要低于商品市场;同时,金融中介具有信息的规模优势,可以更好地监督、评估借款者的信用风险。在金融中介的参与下,道德风险和逆向选择都会减少,这使得金融市场的吸引力高于普通商品市场。

(二)畅通资金聚集的有效渠道

金融市场可以有效地聚集资金。社会盈余资金往往散布于一个个投资者手中,筹资者通过金融市场发行各种有价证券,可将其聚集起来,投入社会再生产,促进物质财富的增加。也就是说,金融市场能够把多渠道的小额货币资金聚集成大额资金来源,产生规模效应。例如,公司为了扩大生产经营在金融市场上发行债券,投资者通过金融市场购买该债券,即可将一个个具体投资者手中的小额资金聚集起来,用于扩大再生产。

(三)有利于资本转移与货币转换

资本具有逐利性,借助于完善、高效的金融市场,资本可以顺畅地在各部门之间转移。而在金融市场的帮助下,投资者也可直接投资于超额利润部门。另一方面,商品市场上商品结构的失衡,也可以借助于金融市场的作用,通过改变资金的流向来解决。

同时,金融市场具有促进货币转换的功能,这体现在两个方面:一是有助于资本的跨国流动中本币和外币之间的转换,为跨国投资提供便利;二是有助于进出口过程中涉及的不同币种的转换,为国际贸易提供便利。

(四)提供货币政策传导工具并提升货币政策传导效率

中央银行制定并实施货币政策,以调控现实经济的发展,这一切都需借助金融市场来实现。因为在商品市场上,当商品供求失衡时,会通过一系列机制反映在金融市场上,使得资金供求失衡。此时,中央银行可以根据经济发展的实际状况,在金融市场上,通过公开市场操作、调整存款准备金率、调整贷款基准利率 LPR、调整信贷规模等方式,改变货币供应量,并由此作用于实体经济,使商品市场重新趋于均衡。

(五)增强地区(国家)之间的经济关联

金融全球化是经济全球化的结果,同时又推动了经济全球化的进程。在信息技术高速发展的今天,全球金融市场正日益成为一个整体。金融市场全球化既有利于开展资金融通方面的竞争,也有利于促进地区间的资金协作,从而提高资金使用效益。国家、地区间资金的协作带动了技术、生产要素甚至政治层面的国际合作。

第二节　金融市场的主体与客体

一、金融市场的主体

金融市场的主体由其参与者构成,而从金融市场的参与者的动机来看,可以分为资金供给者、资金需求者、中介人和管理者,它们是由家庭、企业、政府部门、存款型金融机构、契约型金融机构、投资型金融机构、中央银行等组成的,每个部门在其中扮演着一种或几种角色。

家庭在金融市场中主要作为资金的供给者而存在,有些时候也作为资金需求者出现。作为资金供给者,家庭向金融市场提供资金的方式可以表现为直接购买债券、股票,也可以表现为通过金融中介进行间接投资,如购买基金、购买保险、进行储蓄等;家庭作为金融市场的资金需求者时,常以申请住房抵押贷款、居民小额贷款等形式出现。总体来看,家庭在金融市场中较多地以资金供给者出现,而作为资金需求者所占的比重并不大。

政府是主要的资金需求者,通常通过发行国债或者市政债券在金融市场上进行筹资以用于公用事业或基础项目的建设。同时,必须注意到,税收是政府特有的影响金融市场的方式。

工商企业通常是以资金需求者的身份出现在金融市场上,同时工商企业也会利用金融市场借助金融工具进行套期保值、投机等活动。

中央银行在金融市场上主要发挥监管和调控市场的作用。需要指出的是,我国对银行业的监管由中国银行保险监督管理委员会负责,中央银行专司货币政策的执行工作。中央银行通过调节商业银行法定存款准备金率、基准利率和公开市场业务等手段对金融市场进行调控。同时中央银行承担发行货币、代理国库、办理商业银行间结算业务等职责。

存款型金融机构包括商业银行、储蓄机构、信用合作社等。它的主要功能之一是吸收各种存款并将其贷给资金需求者,从中获得利差。在允许混业经营的制度下,现代综合型的商业银行也参与证券投资和一些衍生品业务,不再仅仅是扮演中介人的角色。

契约型储蓄机构,主要包括保险公司(人寿保险公司、财产和意外灾害保险公司)以及养老基金。保险公司是依法设立的专门经营商业保险的企业。养老基金是向参与养老金计划者以年金形式提供退休收入的金融机构,根据出资人、出资额、资金的运作方式以及资金的给付方式的不同,养老基金可采取不同的运作方式。

投资型金融机构,主要包括财务公司、货币市场基金和其他证券投资基金等。财务公司又称金融公司,其不以投资本身为目的,面向厂商或个人,是专门办理耐用消费品、机器、设备等贷款或分期付款销货业务的非银行金融机构。货币市场基金是投资于货币市场工具的基金,主要投资于短期证券或现金,如短期国债、商业票据、银行承兑汇票、银行大额可转让存单、回购协议及政府机构发行的短期债券等。而通常所说的证券投资基金主要投资于资本市场工具,根据所能承担风险的不同,也会将部分资金投向货币市场工具。

二、金融市场客体

金融市场的客体是金融市场的交易对象,即金融工具。所谓金融工具是指资金融通过程中承载资金流动的合同。早在金融市场形成以前,信用工具便已出现,它是商业信用发展的产物。但是由于商业信用的局限性,这些信用工具只能存在于商品买卖双方,并不具有广泛的流动性。随着商品经济的进一步发展,在商业信用的基础上,产生了银行信用。银行信用的产生和发展反过来又促进了商业信用的发展。在现代金融市场上,信用工具仍是主要的交易工具之一,其他一些具有广泛流动性并且反映债权债务、所有权或信托关系的债券、股票、证券投资基金,以及金融衍生产品,也都是金融市场资金流动的载体,统称为金融工具。

一个活跃有效的金融市场,必须有足够量的、品种繁多、质量优良的金融工具。理想的金融工具,既要能够满足投资者的需要,又要能够满足筹资者的需要,还要能便于国家对金融市场的调节与控制。

在金融市场上,通常按与实际信用活动是否紧密相关,将金融工具划分为原生金融工具和衍生金融工具两大类。

（一）原生金融工具

原生金融工具是指在实际信用活动过程中能够出具的、证明债权债务或所有权关系的凭证,其收益依赖于主体的生产经营状况。常见的原生金融工具有商业票据、债券、股票等。

商业票据是没有抵押品的流通票据,其起源于由商品交易和提供劳务产生的商业信用。商业票据主要包括商业汇票和商业本票。商业汇票是指由付款人或存款人(或承兑申请人)签发,由承兑人承兑,并于到期日向收款人或被背书人支付款项的一种票据。商业本票是企业为了筹措短期资金,由企业署名担保发行,保证即期或定期或在可以确定的将来的时间支付一定金额款项的无条件书面承诺。

债券是一种有价证券,是社会各类经济主体为筹措资金而向投资者出具的,并且承诺按一定利率定期支付利息和到期偿还本金的债权债务凭证。债券按发行人不同分为政府债券、公司债券与金融债券。政府债券是政府及其机构为筹措资金而在金融市场上发行的债权凭证。国债的还本付息以财政收入作担保,因此它的信誉最高,被视为最优良的无风险债券,有"金边债券"的美称。公司债券是工商企业为筹措资金而在金融市场上发行的一种债权凭证,企业按照债券发行协议还本付息。金融债券是银行或其他金融机构为筹措资金而向社会发行的一种债权凭证。通常金融债券不能提前兑现,但可在二级证券市场转让。由于银行的资信比一般工商企业高,因此金融债券具有较高的信誉和流动性。

股票是股份有限公司向股东出具的一种证明其投资入股,并有权从公司获取股息和红利的所有权凭证。普通股的持有人是企业的所有者,理论上他拥有企业的决策权、经营权等一切权利,普通股是实施这些权利的凭证,也是获得剩余索取权的依据。但实际上由于普通股持有人往往人数众多,公司经营决策权一般由董事会赋予经理层,而股东仅通过董事会和股东大会对公司的经营决策产生影响。在二级市场上,股票是流通转让最为频繁的金融工具之一。

（二）衍生金融工具

衍生金融工具是在原生金融工具的基础上派生出来的,收益依赖于标的资产价格波动的合约总称。常见的衍生金融工具有远期合约、期货、期权等。

远期合约,简称远期,是交易双方约定在未来特定日期按确定的价格购买或者出售某项资产的书面协议。远期合约使资产的买卖双方能够消除未来资产交易时价格的不确定性,是一种重要的套期保值工具。远期的标的物可以为实物商品,也可以是各种金融资产。

期货合约是由交易所统一制定、在将来某个日期按既定的条件交易某种商品的书面协议,是一种标准化的远期合约,合约签订者被要求向期货交易所交纳一定比例的保证金,合约每日结算,违约风险低。与远期一样,根据标的物的不同期货也可划分为金融期货和商品期货,但是期货标的物的种类远远少于远期。

期权是在规定的条件下,持有者赋予购买(或出售)一种资产的权利,但不必负有买进(或卖出)的义务的书面协议。为此期权的持有者即买方需要支付给期权的卖方期权费,即购买这种权利的费用。

第三节　金融市场的类型

尽管金融市场结构复杂,但从不同的角度出发可对其进行不同的分类,主要的分类方式见图 1-2。

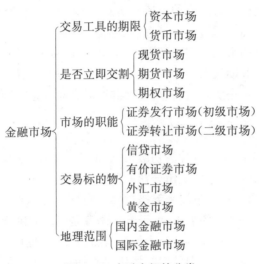

图 1-2　金融市场的分类

现结合图 1-2 对各类金融市场进行详细阐述。

一、货币市场与资本市场

根据市场中交易工具的期限长短不同,可把金融市场划分为货币市场和资本市场两大类。

货币市场也称短期资金市场或短期金融市场,是指投资期限在 1 年以内的金融工具进行交易的市场,主要包括同业拆借市场、票据承兑贴现市场、回购协议市场、短期信贷市场及短期证券市场等。同业拆借市场是金融机构之间以临时性调剂资金头寸为主要内容的短期资金市场;票据承兑贴现市场是持票人在票据尚未到期之前向金融机构融通资金的市场;回购协议市场指通过回购进行短期资金融通交易的市场;短期信贷市场是短期资金贷出与借入的市场;短期证券市场是指期限在 1 年以内的票据、债券市场。货币市场的金融工具大多偿还期很短、流动性强、风险极小,与货币的差别不大,是一种可视为货币的"准货币"。

资本市场,亦称"长期金融市场"或"长期资金市场"。资本市场上的金融工具一般期限较长,往往超过一年,有的长达几十年或没有到期时间,因此不确定性一般大于货币市场工具。资本市场相对于货币市场较为复杂,它包括股票市场、债券市场、长期信贷市场和衍生品市场。各个市场中金融工具的期限、风险程度、定价机制也有较大的不同。

二、现货市场、期货市场与期权市场

按照达成交易后标的资产交割期限的不同,金融市场可以划分为现货市场、期货市场和期

权市场。现货市场是一种以即时成交即时交割的方式买卖金融工具的市场,但在实际交易过程中,现货市场的交割往往是在成交的当天或其后较短的时间内(通常不超过两个交易日)完成的。

期货市场是指标的资产买卖双方在达成协议之后,并不立即交割,而是按合约规定的价格在今后指定日期交割标的物的市场。期货市场的特点是买卖成交同实际交割之间有一段时间差,这期间,现货市场行情可能出现上涨或下跌,交割时标的物的价格可能偏离协议规定的价格。买方和卖方或获得利益,或遭受损失,故这种交易的投机性极强。

期权市场是由各种期权交易组成的市场。期权交易活动同期货交易一样是建立在标的物价格波动的基础上的,所不同的是,它不是直接以金融工具为买卖对象,而是一种权利的买卖。期权的买方有权利按照合约事先规定的期限、价格和数量,购买或出售标的资产,也可放弃这一权利。期权的卖方在收取期权费后,则按合约规定的条件根据买方的要求履行卖出或购进标的资产的义务。期权买卖完成后,在到期日或到期日之前特定时期结算或交割。

三、初级市场与二级市场

根据市场职能不同,金融市场可分为初级市场和二级市场。初级市场是指新证券发行市场,故又称发行市场或一级市场。新上市公司的股票首次公开发行、老上市公司的增资,以及政府在收不抵支时,都要通过初级市场来筹措资金。初级市场由证券发行者、购买者和中介机构三方组成。证券发行者是资金的需求者,证券认购者是资金的供给者,中介机构则是证券发行的媒介。初级市场新增的各种证券可以由发行者自行发售,也可通过证券中介机构代为发售。初级市场的最大特点是没有固定的发行场所,是一种概念性很强的无形市场。可以说,初级市场是证券市场的源泉。

二级市场也称证券流通市场,是已发行证券转让、买卖的市场。证券持有人需要现金时,可随时在该市场卖出证券;证券投资者也可在该市场随时买进证券。二级市场由证券交易所和场外市场构成了一个完整的证券交易市场体系,其由证券买卖者以及证券经纪商、自营商组成。二级市场的特点是,既存在固定的交易场所,如证券交易所;也存在不固定的交易场所,如场外交易市场。同证券交易所那种高度组织化、规范化的交易市场相比,场外交易市场表现出很强的多样性,既有有组织的市场(如纳斯达克),也有无组织的市场。随着现代通信技术的发展,越来越多的场外交易市场表现为通过电讯系统成交的无形市场。

初级市场与二级市场有紧密的联系。初级市场是二级市场的基础和前提,初级市场的培育程度决定了二级市场的发展状况;同时,二级市场是初级市场得以延续和发展的保证,它的发展程度又反过来影响着初级市场的发展,二者互为依托,相辅相成。

初级市场与二级市场的区别主要在于其功能不同。初级市场的主要功能是新证券的创造,投资者从证券发行人手中直接购买证券。二级市场不创造或增加新证券,其主要功能是为金融工具提供流动性,体现的是证券的买者与卖者之间的买卖关系,或者说是一种证券所有权的转让关系。

四、信贷市场、有价证券市场、外汇市场和黄金市场

按照金融市场中具体交易对象的不同,可将其划分为信贷市场、有价证券市场、外汇市场和黄金市场。

信贷市场是货币资金借贷的市场,可分为短期信贷市场与中长期信贷市场。有价证券市场是以各种债券、股票为发行、交易对象的市场,可分为短期有价证券市场和长期有价证券市场。

外汇市场是从事外汇交易的市场。由于外汇不仅仅是指外国货币,还包括各种外币有价证券和外币支付凭证,外汇市场的交易活动不仅包括外国货币和外币支付凭证的买卖,而且包括外币有价证券的买卖,以及外汇借贷等以外汇为交易对象的金融交易。外汇市场实际上是以外汇为媒介的综合性市场,可分为有形市场和无形市场。前者有固定的交易场所,外汇交易者按规定的营业时间,到交易场所进行交易;后者没有固定场所,交易者通过电话、电报、电传等通信工具进行外汇交易。目前,无形的外汇市场日益成为主流。

黄金市场是专门进行黄金交易的市场,同时也包括白金、白银等贵金属的交易。黄金市场按管制的程度不同可分为自由的黄金市场和管制的黄金市场;按照交易的方式不同可分为现货市场和期货市场。目前,世界最主要的黄金市场在纽约、伦敦、苏黎世、中国香港等地。

五、国内金融市场与国际金融市场

从金融投资活动的地域范围出发,金融市场可以分为国内金融市场和国际金融市场。国内金融市场又可细分为地方性金融市场和全国性金融市场。在国内金融市场上,交易主体的双方是本国居民;交易活动受到本国法律、政策的管制和指导;金融交易行为的直接后果只改变本国国民收入的分配情况,不存在资金和物资在国与国之间的移动,不会对该国的国际收支造成影响。

国际金融市场是指居民与非居民之间(在岸国际金融市场),或非居民与非居民之间(离岸国际金融市场)进行各种金融业务活动的市场。包括进行国际性的资金借贷和结算的货币市场、资本市场、外汇市场和黄金市场。国际金融市场与国内金融市场的主要区别在于国际金融市场允许其他国家的居民,即本国的非居民,自由参与交易,市场活动不受所在国的金融管理当局控制。在国际金融市场交易的金融工具不限于一种货币形式,交易的结果表现为资金在国际间的流动,对参与国的外汇收支会产生直接影响。目前,伦敦、纽约、东京等地是主要的国际金融中心。

第四节 金融市场的主导形式与金融监管

一、金融市场的主导形式

金融市场体系发展至今,根据占主要地位的资金融通方式不同,大致可以划分为两种类型:一种是市场主导型,一种是银行主导型。在市场主导型金融体系下,资本市场发展十分完善,以投资银行为主导的直接融资活动盛行,股权融资的地位相对重要,而银行与企业之间的关系独立,如美国和英国。在银行主导型金融体系下,主银行制度盛行,商业银行等金融中介发展十分完善,如德国和日本。银行主导型金融体系中,长期银行贷款是企业融资的主要渠道,银行与企业之间关系密切,银行持有企业债权与股权,与企业保持长期关系,并凭此获得企业的董事会或监事会成员资格,能够获得企业的内部信息,对企业经理人员的行为具有重大影响。这两种金融体系的比较如表1-1所示。

表1-1 两种金融体系比较

市场主导型（美国和英国）	银行主导型（德国和日本）
大量企业在股票交易所上市交易	仅有少量企业在交易所上市交易
所有权分散	所有权与控制权比较集中
所有权与控制权分离	所有权与控制权不分离
接管（常常是恶意接管，公司控制权市场非常活跃）	恶意接管不存在（公司控制权市场不活跃）
银行不持有公司股票，在公司董事会不拥有席位	银行持有公司股票，并拥有在公司的董事会席位
公司之间不得交叉持股	公司之间可交叉持股
接管可能导致垄断	内部人制度可能会导致串谋或共谋

由表1-1可见，在市场主导型金融体系中，直接融资占主要地位。一般情况下，在直接融资模式中，投资银行并不介入投资者和筹资者之间的权利与义务之中，而只根据其所提供的服务收取一定的佣金；投资者和筹资者直接拥有相应的权利并承担相应的义务。在银行主导型金融体系中，间接融资占主要地位。在这种融资模式中，资金需求者与供给者之间不直接发生任何的权利与义务关系，而是通过商业银行等金融中介间接地发生关联。

我国目前仍然以商业银行主导的间接融资模式为主，但是直接融资的地位逐年上升。在间接融资模式中，四大国有商业银行占据了绝对的市场份额，但是其所占市场相对份额日渐下降。

二、金融监管

现代经济学中的信息不对称理论是金融监管的理论基础。根据信息不对称存在的时间不同，可将其分为事前信息不对称和事后信息不对称，由此可能分别导致逆向选择与道德风险问题。由于金融市场基于信用交易，信息不对称对金融市场的影响显得尤为重要。这意味着，金融行为的规范和金融秩序的维持，不能仅仅依靠行为主体的自觉，更需要法律的强制和行政的监督管理，这就使得金融监管非常必要。

所谓金融监管，是金融监督和金融管理的总称。金融监督，是指金融主管当局对金融机构实施全面的、经常性的检查和督促，并以此促进金融机构依法稳健地经营和健康发展。金融管理，则是指金融主管当局依法对金融机构及其经营活动实行的领导、组织、协调和控制等一系列的活动。狭义的金融监管是指金融监管当局依据国家法律规定对整个金融业（包括金融机构和金融业务）实施的监督管理；而广义的金融监管，还包括金融机构的内部控制和稽核、同业自律性组织的监管、社会中介组织的监管等。

以美国为例，伴随着金融市场的发展，其金融业监管体制的演进经历了五个阶段。第一阶段是早期银行业发展的自由银行体制时期。在这一阶段，监管极度缺乏，货币发行泛滥。第二阶段为联邦注册银行和州银行并存的二重银行体系时期。在这一阶段，政府已经具有了初步的金融监管意识。第三阶段是金融管制时期。联邦储备体系的确立使美国进入现代金融管制时期，特别是随着1929年经济危机爆发，及其在20世纪30年代的发展与蔓延，高风险高收益的股票市场崩溃使当时未实行分业管理的商业银行受到牵连。银行总数由25 000家减少到14 000

家,信用体系遭到毁灭性的破坏。为了防止金融灾难再次发生,美国国会和监管当局于1933年制定并通过了《格拉斯-斯蒂格尔法》,它与1927年的《麦克法登-佩珀尔法》为限制银行过度竞争设置了严格的进入障碍。其后,美国又在相继颁布的《联邦储蓄制度Q条例》、《1934年证券交易法》、《投资公司法》、《1968年威廉斯法》等一系列法案中,强化和完善了金融市场的监管,金融分业经营的制度框架也在此期间逐步形成与完善。第四阶段是金融自由化时期。20世纪60年代末开始,美国银行业为了摆脱"脱媒"所带来的困境,推出一系列金融创新工具并确立不少新金融制度安排。正是在这种背景下,美国开始进行金融自由化改革。如1980年的《存款机构放松控制与货币控制法》及1982年的《加恩-圣·杰曼法》要求逐步取消利率上限的管制,并将联储的权利与义务扩展到所有的存款机构,取消对储蓄和贷款协会放款限制及扩大可持有资产的范围,实施准备金要求;规定了对银行控股公司的监督权,也放松了银行控股公司接管外州经营不善银行的限制等。第五阶段是金融再监管阶段。金融自由化给美国金融业带来前所未有的生机与活力,但是给银行业带来的危机也逐年增加。特别是2007年末以来由次贷危机引发的金融危机,给金融监管甚至整个金融业带来了沉痛的教训,美国不得不开始加强金融监管。2010年,美国出台《多德-弗兰克法案》,以期有效控制系统性风险,保护纳税人及消费者利益,维护金融稳定,防止金融危机再次发生。

目前中国金融业处于分业经营、分业监管状态,但是存在金融控股公司下设子公司分别经营银行业务、证券业务、保险业务的情况,如中信公司控股中信实业银行、中信证券、信诚人寿、中国国际信托投资公司。我国分业监管体制的形成经历了三个时期。第一阶段,中国人民银行实行统一监管;第二阶段,1992年中国证券业监督管理委员会成立,证券监管开始独立于人民银行;第三阶段,1998年中国保险业监督管理委员会成立,分业监管制度开始初步形成。事实上,2003年中国银行业监督管理委员会的成立,才标志着我国分业监管体制的最终确立。所以,现阶段中国的金融监管体制是一线多头的模式。中国人民银行在金融领域代表国家,制定并实施货币政策,对相应的金融活动进行监管和调控。中国银行业监督管理委员会负责银行业和信托业相关政策的制定和相关法律法规的起草,银行业和信托业机构的设立、变更、终止的审批,参与和组织其机构的破产和清算,对其机构的日常活动进行监督管理、稽核检查,对违规活动进行查处等。中国证券业监督管理委员会负责证券业和期货业的政策制定和相关法律法规的起草;证券业和期货业机构的设立、高管人员任职资格和从业人员资格管理;对有价证券的发行和交易的监督管理;对上市公司信息披露的监督管理,对违法行为进行查处等。中国保险监督管理委员会负责保险业方针政策的制定和相关法律法规的起草;审批保险公司、保险代理人和保险经纪人机构的设立、变更和终止,参与和组织其机构的破产和清算;制定主要险种的基本条款和费率,建立保险风险评价、预警、监控体系;对保险业务进行监督管理,对违法行为进行查处等。

党的十八大以来,我国经济发展进入新常态,金融业保持了快速发展。为了加强党对金融工作的领导,创新和完善金融调控,2017年7月全国金融工作会议上宣布设立国务院金融稳定发展委员会。2017年11月,经党中央、国务院批准,国务院金融稳定发展委员会正式成立。其主要职责是:落实党中央、国务院关于金融工作的决策部署;审议金融业改革发展重大规划;统筹金融改革发展与监管,协调货币政策与金融监管相关事项,统筹协调金融监管重大事项,协调金融政策与相关财政政策、产业政策等;分析研判国际国内金融形势,做好国际金融风险应对,研究系统性金融风险防范处置和维护金融稳定重大政策;指导地方金融改革发展与监管,对金融管理部门和地方政府进行业务监督和履职问责等。

为进一步深化金融监管体制改革,解决现行体制存在的监管职责不清晰、交叉监管和监管空白等问题,强化综合监管,优化监管资源配置,更好统筹系统重要性金融机构监管,逐步建立符合现代金融特点、统筹协调监管、有力有效的现代金融监管框架,守住不发生系统性金融风险的底线,2018年3月,将中国银行业监督管理委员会和中国保险监督管理委员会的职责整合,组建中国银行保险监督管理委员会,作为国务院直属事业单位。其主要职责是,依照法律法规统一监督管理银行业和保险业,维护银行业和保险业合法、稳健运行,防范和化解金融风险,保护金融消费者合法权益,维护金融稳定。与此同时,2020年9月,国务院发布《关于实施金融控股公司准入管理的决定》(下称"《准入决定》"),央行发表《金融控股公司监督管理试行办法》(下称"《金控办法》"),旨在将非金融企业投资形成的金融控股公司整体纳入监管。《准入决定》和《金控办法》坚持金融业总体分业经营为主的原则,从制度上隔离实业板块与金融板块,有利于防范风险跨机构、跨行业、跨市场的传染。

本章小结

金融市场是资金供求双方运用各种金融工具,通过各种途径实现货币借贷和资金融通活动的场所,其功能众多,结构复杂。金融市场的主体由家庭、企业、政府部门、各种存款或非存款型金融机构以及中央银行构成;金融市场的客体是各种金融工具。按与实际信用活动是否紧密相关,金融工具可分为原生金融工具和衍生金融工具两大类。按不同的标准,金融市场有多种分类方式。

习　题

1. 思考金融市场中直接融资与间接融资的区别。
2. 为什么金融市场的风险与收益通常超过一般商品市场?
3. 举例说明企业分别在什么情况下是投资者(投机者)、筹资者、套期保值者、套利者。
4. 金融市场有哪些主要的功能?
5. 原生金融工具和衍生金融工具是如何区分的?
6. 我国金融业监管当局由哪些机构组成?各机构分别行使什么职能?
7. 银行主导型和市场主导型金融体制的主要区别是什么?
8. 思考2007年末以来由次贷危机引起的金融危机给金融业监管带来的影响。

阅读材料

[1] 张亦春,郑振龙. 金融市场学. 北京:高等教育出版社,2003.
[2] 中国人民银行网站(www.pbc.gov.cn)。借助该网站了解最新货币政策走向、银行基本知识介绍以及相关数据。
[3] 上海证券交易所网站(www.sse.com.cn)和深圳证券交易所网站(www.szse.cn),从中了解上市公司信息。
[4] 中国证券监督管理委员会网站(www.csrc.gov.cn),在"投资者保护"专栏中,能找到很多问题的最权威的答案(希望读者在有疑问时能够自己通过第一手资料寻找答案,因为间接得到的答案虽然比较容易,但是信息损耗大,准确率不高)。

第二章　固定收益证券

内容提要

① 固定收益证券的主要类别。② 债券契约包含的要素。③ 债券的评级。④ 固定收益证券的定价。⑤ 债券的久期及组合的免疫。

固定收益证券是金融市场上一类金融工具的总称,其收益固定且定期得到支付,主要包括国债、公司债券、资产抵押证券等。在我国金融市场上,固定收益证券主要有国债、央行票据、企业债券、结构化金融产品和可转换债券等。固定收益证券的期限及支付条款多种多样,不同产品结构和属性的固定收益证券所产生的收益及面临的风险也不相同。通常认为债券是固定收益证券最主要的形式,在我国的金融市场上更是如此。因此,本章重点讨论固定收益证券中的债券。

本章的主要内容包括七个部分:① 固定收益证券的分类。② 债券及其特征。③ 固定收益证券的违约风险和债券的评级。④ 固定收益证券的定价模型。⑤ 利率期限结构。⑥ 债券的久期及久期的免疫。⑦ 债券的凸性。

第一节　固定收益证券的主要类别

各种债券和其他具有固定收益特征的有价证券共同构成了固定收益证券市场。根据各自的特性,固定收益证券通常被分为以下几类,如图 2-1 所示。

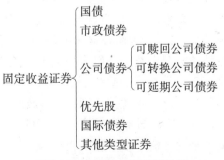

图 2-1　固定收益证券的种类

现根据图 2-1 对不同类别的固定收益证券进行阐述。

一、国 债

国债是财政部发行的以国家财政收入为还本付息保证的债券,也称为国家公债。其特点首先表现为一般不存在违约风险,故又称为"金边债券";其次,在一些国家购买国债可享受税收优惠,其利息收入可豁免所得税。

在美国,国债按期限可分为 1 年以内的短期国库券(treasury bills)、从 1 年到 10 年的中期国债(treasury notes)和从 10 年到 40 年的长期国债(treasury bonds)。前者期限较短,属货币市场工具,后两者属资本市场工具。

按债券的形式进行分类,我国国债分为记账式、凭证式和无记名式三种。记账式国债以记账形式记录债权,没有实物形态,通过证券交易所的交易系统发行和交易,所以投资者进行记账式国债买卖必须在证券交易所设立账户。记账式国债在所有交易时间都可以进行买卖,价格也随时间变化而波动。它可以记名、挂失,发行成本低,发行时间短,发行效率较高,交易手续简便。另外,记账式国债按照上市地不同可分为交易所发行和银行间债券市场发行。交易所市场发行和跨市场发行的记账式国债个人和机构投资者都可以购买,而银行间债券市场发行的记账式国债主要针对机构投资者。记账式国债提前兑现时,仅需支付少量交易手续费,仍可享受按票面利率支付的持有期利息。

凭证式国债通过银行系统发行,以"凭证式国债收款凭证"记录债权,其形式是一种收款凭证。其票面上不印制票面金额,认购数额为投资者填写和缴纳的金额,与银行存款单相似,相当于在银行进行储蓄。可记名、挂失,但不能上市流通,从购买之日起计息。在持有期内,持券人如果遇到特殊情况,需要提取现金可以提前兑取,利率按与其持有的天数相应的利率档次计算,并按兑付金额的 0.2% 收取手续费。

无记名国债又称为国库券,是一种实物债券。它以实物券形式记录债权,不记名,不挂失,可上市流通,具有标准化的债券格式。发行期内,投资者可直接在国债销售机构的柜台购买。在证券交易所设立账户的投资者,可委托证券公司通过交易系统申购。发行期结束后,实物券持有人可在柜台卖出,也可将实物券交证券交易所托管,再通过交易系统卖出。上市转让价格随二级市场的供求状况而定,当市场因素发生变动时,其价格会产生较大波动,因此具有获得较大利润的机会,同时也伴随着一定的风险。

二、市政债券

市政债券是由地方政府或其授权代理机构发行的有价证券,所筹集资金用于市政基础设施和社会公益性项目的建设。在多数国家,地方政府可以发行债券,这些债券由政府担保,同时利息收入也具有税收豁免特征,其信用风险仅高于国债。若按偿还的资金来源不同,市政债券可分为一般责任债券和收益债券两大类。一般责任债券由地方政府发行,以发行人的无限征税能力为保证来筹集资金用于提供基本的政府服务,如教育、治安、防火、抗灾等,其利息和本金的偿付列入地方政府的财政预算。收益债券则是地方政府为了给某一特定的盈利建设项目(如公用电力事业、自来水设施、收费公路等)筹资而发行的,其偿付依靠这些项目建成后的营运收入。由于投资项目的未来现金流与多种因素相关,如宏观经济(或全球经济)波动、地方财政状况变化、宏观体制和政策调整、投资项目的管理以及自然和社会因素等等,都可能给项目现金流带来难以预料的影响,所以收益债券的违约风险大于一般责任债券。

20世纪末发生在东南亚的金融危机表明,长期基本建设投资过度依靠银行贷款是非常有害的,而债券融资是长期建设资金筹集的有效方式。2009年上半年,我国地方政府债券发行开闸。地方债券由财政部通过现行国债发行渠道发行,为固定利率附息债,由地方政府作为偿还主体。首期地方政府债券新疆债已于2009年4月3日上市。2011年10月20日,酝酿多年的地方政府"自行发债"迈出了新步伐,经国务院批准,上海市、浙江省、广东省、深圳市开展地方政府自行发债试点。

三、公司债券

公司债券是公司依照法定程序发行,约定在一定期限内还本付息的有价证券。债券投资者和发行债券的公司之间属于债权债务关系,公司债券的持有人是公司的债权人,而不是公司的所有者,这是其与股票持有者最大的不同点。债券持有人有按约定条件向公司收取利息和到期收回本金的权利。这部分利息支付优先于股东分红,且公司破产清算时,债券持有人也将优先于股东收回本金。所以一般情况下债券风险小于股票,但债券持有者没有参与公司经营、管理等各项活动的权利。

公司债券与国债的风险程度是不同的,购买公司债券必须考虑违约风险。在我国债券市场发展初期,严格意义上的公司债较少,绝大多数为企业债。公司债券是由股份有限公司或有限责任公司发行的债券。企业债券是由中央政府部门所属机构、国有独资企业或国有控股企业发行的债券。除此之外,两者在发债资金用途、信用基础、管制程序、市场功能等方面有明显差异。我国2007年全年发行企业债92只,远超国债的39只。但就规模来看,企业债发行规模远小于国债,2007年国债总发行额为企业债总发行额的14倍。[1] 近年来,公司债券发展迅猛,2020年全年发行公司债3 618只,发行额33 662亿元;同年发行企业债387只,发行额为3 926.4亿元。

公司债券根据其所附带的条款的特质,可以细分为以下几种形式:

可赎回债券(redemption bond),指公司债券赋予发行公司选择权,允许发行公司选择在到期日之前的特定时间以约定价格购回全部或部分债券。一般来说,如果一家公司在市场利率高时以高利率发行一种债券,此后市场利率下跌,该公司很可能愿意回收高息债券并再发行新的低息债券以减少利息的支付,这被称为债券换新(refunding)。典型的可赎回债券是递延可赎回债券,这种债券有一个赎回保险期,在赎回保险期内债券不可赎回。尽管如此,可赎回条款的存在,仍然降低了债券的内在价值。

可转换债券(convertible bond),指公司债券附加可转换条款,赋予债券持有人按预先确定的比例(转换比率)将债券转换为该公司普通股的选择权。由于可转换债券使其所有者可以分享公司股票的升值,所以可转换债券的发行对原股票股东是利空消息。与可赎回债券相反,可转换债券的选择权在债券持有人一方。大多数可转换债券都有提前赎回条款,即拥有双重选择权,使得上市公司可以用提前赎回条款来"逼迫"债券持有者将可转债转换为股票,所以可转换债券有很强的股权性。

---

[1] 资料来源:中国金融年鉴。

例 2.1 假设一张可转换债券发行面值为 1 000 美元,可转换公司 40 股股票。目前公司股票的价格是每股 20 美元,所以这种转换的期权现在是不会被行权的。假设一段时间后,公司股票价格上涨到 30 美元。这样,每张债券可以转换成价值 1 200 美元的股票,此时行权将有利可图。但是,可转换的权利是有价格的,这一价格通过可转换债券的低利率与市场普通债券的利率差来体现。

可延期债券,又称可卖回债券(put bond)。可延期债券赋予投资者在债券到期日选择继续持有债券,延长债券到期期限的权利。如果可延期债券的利率超过当前的市场收益率,那么持券人将选择延续债券持有期,如果可延期债券的利率太低,就不再延续,而选择卖回该债券,收回本金,再投向具有较高现期收益率的其他债券工具。与可转换债券一样,可延期债券的选择权在持券人手中。

带认股证的债券(warrant bond),指公司债券可把认股证作为合同的一部分附带发行。与可转换债券一样,认股证允许债券持有人购买发行人的普通股,但对于公司来说,认股证是不能赎回的。很显然,该证券的选择权在债券持有人一方。附认股权证公司债券发行后债券和权证分别以公司债和权证的形式在交易所独立交易。我国发行的附认股权证公司债券是认股权证和债券分离交易的可转换公司债券。

偿还基金债券(sinking fund bond),其要求发行公司每年从盈利中提存一定比例存入信托基金,定期偿还本金,即从债券持有人手中购回一定量的债券。偿还基金债券降低了债券到期时一次性偿还本金金额过大而使债务人无力负担的风险。

浮动利率债券(floating-rate bond),其利息率与当前市场利率相联系,下一期的票面利率由上一期确定。例如,某浮动利率债券利息率为一年期国债利率加 2%,每年调节一次,如果一年期国库券利率在调节日为 5%,那么债券利率在次年将变成 7%。这种安排意味着债券总是提供接近市场利率的利息率,利息率随着市场利率变化而调整,从而避免了市场利率风险。

四、优先股

严格地说,优先股是股票,但通常把它归入固定收益证券中,这是因为它与债券一样,承诺定期支付定量的股息。但是与固定收益证券不同的是,优先股没有到期期限,不用偿还本金,在不能支付承诺的股息的时候,公司也不会因此而破产。对股份有限公司而言,在付清优先股持有人的股息之前,普通股的持有人是不能得到股息的。而当公司破产清算时,优先股对公司财产的索赔权虽然排在债券之后,但却优先于普通股。大多数传统的优先股只有固定的股息,无限期地提供一定的现金流。可调节或浮动利率优先股开始普及。浮动利率优先股类似于浮动利率债券,股息率与当前市场利率相联系,并定期调节。与债券的息票支付不同,对发行公司来说,优先股股息的支付不享受税赋的扣除,这减少了优先股作为筹资手段对发行公司的吸引力,但优先股具有冲抵税收的优惠。当一公司购买另一公司的优先股时,它仅对所得到的 30% 的股息付税。优先股股东很少拥有公司的完全投票权,但是,如果优先股未分配股息,其股东就会得到部分投票权。优先股一直是我国股份制改革的盲点,我国发行的优先股都是可转股的优先股,即在发行后,在一定条件下允许持有者将它转换为其他种类的股票。

五、国际债券

国际债券通常分为外国债券与欧洲债券。外国债券是由债券销售所在国之外的另一国的筹资者发行的债券，且债券以销售国的货币为单位。如一家中国公司在美国出售的以美元为计量单位的债券即是外国债券。这些债券会影响所在国的货币总量，所以外国债券的发行通常受到所在国货币当局的监管。下面是几种常见的外国债券：

扬基债券，是在美国债券市场上发行的外国债券，即美国以外的政府、金融机构、工商企业和国际组织在美国国内市场发行的，以美元为计值货币的债券。"扬基"一词英文为"Yankee"，意为"美国佬"。由于在美国发行和交易的外国债券都是同"美国佬"打交道，故名扬基债券。美国政府对其控制较严，申请手续远比一般债券繁琐。扬基债券的发行者以外国政府和国际组织为主，投资者以人寿保险公司、储蓄银行等金融机构为主。

武士债券，是在日本债券市场上发行的外国债券，即日本以外的政府、金融机构、工商企业和国际组织在日本国内市场发行的，以日元为计值货币的债券。武士债券均为无担保发行，典型期限为3～10年，一般在东京证券交易所交易。武士债券是我国金融机构最早发行的国际债券。

龙债券，是在非日元的亚洲国家或地区货币发行的外国债券。龙债券是东亚经济迅速增长的产物，从1992年起，龙债券得到了迅速发展，并在亚洲地区（香港或新加坡）挂牌上市，典型偿还期限为3～8年。

熊猫债券，是指国际多边金融机构在华发行的人民币债券，属于外国债券。2005年10月，国际金融公司（IFC）和亚洲开发银行（ADB）分别获准在我国银行间债券市场发行人民币债券，这是我国债券市场对外开放的一个重大突破。

欧洲债券，是指一国政府、金融机构、工商企业在国外债券市场上以第三国货币为计量单位发行的债券。例如，日本一家机构在英国债券市场上发行的以美元计值的债券即是欧洲债券。欧洲债券的发行人、发行地以及面值货币分别属于三个不同的国家。

六、其他固定收益证券

固定收益证券的类型还有很多种，但归根到底都是在基本债券的基础上赋予了某一新的特点。资产支持证券就是其中一种备受关注的创新产品。

资产支持证券（asset-backed security, ABS），是将能够产生稳定现金流的一部分资产，打包建立一个资产池，并以其将来产生的现金收益为偿付基础发行的证券。

到目前为止，能够进行资产证券化的资产主要包括以下几类：① 住房抵押贷款。② 应收账款。③ 消费贷款，包括汽车贷款、学生贷款、房屋建造贷款等。④ 设备租赁贷款。⑤ 信用卡贷款。

阅读材料

资产的拥有者，一般是银行或其他金融机构，向资产支持债券的发行者——特殊目的载体（special-purpose vehicle, SPV）"真实出售"需要证券化的资产；SPV将购买到的资产重新打包，根据质量不同，将资产按不同等级分类（有时还通过担保提高其信用等级），以这些资产为信用基础发行债券募集资金。2005年9月，中国联通集团通过发行资产支持证券筹资人民币32亿元，这是中国内地企业首次发行资产支持证券。

ABS与一般公司债的区别主要在于信用基础不同。资产支持证券的信用基础不在于

SPV 的资产规模、资产质量和经营利润,而是支持证券的资产的未来收益、担保人的信用或抵押物。

证券化使非标准化、非流动性的资产达到标准化,提高其流动性,资产的流动性风险得以降低,其原理见图 2-2。

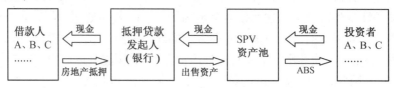

图 2-2　ABS 的原理

资产证券化以及相关衍生产品发展速度空前,但 2007 年末以来由美国次贷危机引发的国际金融危机使人们重新审视资产证券化,尤其是中国这样的资产证券化处于萌芽阶段的国家更应采取审慎的态度。但总的来看,资产证券化是一个大趋势,一旦危机过后经济复苏,资产证券化又将得到新的发展机会。

垃圾债券(junk bond),又称高风险债券,指信用评级较低的债券,值得注意的是,信用评级很高的机构同样可以发行垃圾债券。该种债券具有较高的违约风险,信用评级低于标准普尔 BBB 级。由于投资于这种债券面临较大的风险,因此需要提供较高的收益率作为补偿。

巨灾债券(calamity bond),是通过发行收益与指定的巨灾损失相关联的债券,将保险公司部分巨灾风险转移给债券投资者,代表了具体风险到市场保险的新途径。

指数化债券(indexed boval),把支付与一般物价指数或某种特定商品的物价指数相关联。例如,墨西哥曾发行由石油价格决定支付水平的 20 年期债券。在经历过高通货膨胀的国家,债券与一般物价水平相联系的情况很普遍。

反向浮动债券(inverse floating-rate bond),在一般利率水平上升时,反向浮动债券的息票率反而下降;反之,则相反。因此,对于反向浮动债券而言,当市场利率上升时,债券的持有者将会在资本利得和利息收入方面遭受双重损失。

创新证券是社会风险管理意识增强、技术进步、金融市场不断完善的产物。随着经济社会的发展,更多品种的创新债券还会不断涌现。

第二节　债券的特征

债券是体现债权债务关系的凭证。借款者为筹集一定量的现金而向投资者发行(出售)债券,债券是借款者的"借据",发行者有在指定日期向债券持有人支付规定数额的现金的法律责任。与普通借据不同的是,这种"借据"是标准化的,格式相同、内容相同、责任义务相同,这种标准化使债券具有了可转让的性质。

按息票支付方式的不同进行划分,债券有两种主要形式:贴现债券和附息债券。贴现债券(或零息债券)以低于面值的价格出售,在债券的存续期内不支付利息,到期日支付债券的票面价值。附息债券,在到期日按面值支付,同时在债券整个存续期内的每一计息周期按票面利率支付固定利息。

到期日、面值和息票率是债券契约的最基本要素。

到期日（expiration）是债券停止存续的日期，债券发行人在到期日停止付息并偿还本金，与到期日对应的是到期期限，即发行人承诺履行偿债条款的期限。债券由于其到期期限的不同可以分成短期债券、中期债券和长期债券。

债券面值（face value）是指债券票面标明的金额，即协议中规定每张债券到期日发行人向债券持有者偿还除利息以外的金额，也称为债券的本金。

息票率（coupon rate）也称为票面利率，是债券发行人同意每一计息周期支付的利息率。每期向债券持有人支付的利息金额等于息票率乘以债券面值。

例 2.2　假定有一张面值 1 000 美元、息票率为 8％的债券，出售价格为 1 000 美元。于是，买方有权在标明的有效期内（假设为 30 年）每年得到 80 美元的利息支付。通常，这 80 美元的年息分为两个半年期支付，即每半年支付 40 美元。到这张债券 30 年期满时，债券发行人要将面值标明的 1 000 美元（即债券的本金）偿还给债券持有者。

除了以上三个最基本的要素之外，其他的一些要素也在债券的研究中被经常提及，并对债券价值有重要影响。以下列出几种主要的因素，并做简要介绍。

（1）利息是否缴纳所得税。有的债券利息收入不需缴纳个人所得税，这使得投资者对这类债券的收益率要求低于同等条件下所得利息需缴纳个人所得税的其他债券。

（2）求偿等级。求偿等级关系到债权人资金的安全性。在公司破产清算时，不同求偿等级的债券有不同的偿还次序，等级高的债券优先得到偿付。

（3）限制性条款。一些债券条款规定，当债务人的投资决策使其风险增大，影响债权人的债权安全性时，债权人有权干涉债务人的投资决策。如我国的《上市公司证券发行管理办法》规定，分离交易可转债发行者改变募集资金投向时，赋予债券持有者一次回售的权利。限制性条款的存在类似于银行为了保护贷款的安全性会对贷款企业的冒险行为采取措施。

（4）选择权。某些公司公开发行的债券附有一些其他的条款，赋予了发行者或投资者相应的权利。赋予发行者权利的有赎回条款，即公司有权利决定是否按照预定价格提前赎回债券；赋予投资者权利的有延期条款和可转换条款，可延期条款在债券到期后，债券持有者有权利决定是否继续持有该债券，可转换条款使债券持有者可以选择是否按照预先约定的比例或者价格将债券转换成相应公司的股票。

从债券的以上特征，可以总结出债券与股票的相同点和区别以及债券与存款的区别。

债券和股票的相同之处在于：

（1）都是有价证券

（2）都是一种集资的手段

（3）都是能够获得一定收益的金融资产。

债券与股票的区别表现为：

（1）股票体现的是所有权关系，而债券体现的是债权债务关系。

（2）只要公司能永续经营，其股票一般是永久性的，因而是无须偿还的；而债券通常是有期限的，到期日必须偿还本金，且每一计息周期支付一次利息。因而对于公司来说，若发行过多的债券就可能资不抵债而破产，而公司发行越多的股票，其破产的可能性就越小。

（3）债券的风险要小于股票风险。股东收益来自于扣除所得税后的股利及通过买卖股票获得的资本利得等,股利具有很强的不确定性,而股票价格的波动性也非常大;债券持有者的收益是从公司税前利润中得到固定利息收入,除非企业面临破产清算风险,通常情况下债券的价格波动幅度远小于股票价格波动幅度。

（4）债券的求偿等级高于股东权益的求偿等级,当企业面临破产清算时债权人将优先得到偿还。同时,权益资本不涉及抵押担保问题,而债务资本可要求以某一或某些特定资产作为保证偿还的抵押,以提供超出发行人通常信用地位之外的担保,这实际上降低了由于债务人无法按期还本付息而使债权人遭受损失的风险。

（5）股东可以参与公司的一般决策,而债权人只有在特殊情况下才能参与公司的决策。

债券与存款的区别在于:

（1）债券是标准化的借款契约,而存款是非标准化的。所以债券在偿还前可以通过转让给非债务人的方式来兑现,而存款只能通过债务人(即银行)兑现。

（2）债券是直接融资工具,债务人信用千差万别,风险程度差别大。吸收存款属于间接融资,债务人一般是银行,风险程度差别小。

（3）债券的多样性大于存款。存款一般不会附有各种限制性条款或者选择权。

第三节 违约风险与债券评级

虽然债券提供了一个可预计的固定收益现金流,但是当债券发行人财务困难或破产时,违约可能出现,并导致投资者的损失。为了表征这一风险性质,债券需由专业的评级机构进行评级。标准普尔公司、惠誉和穆迪投资者服务公司都是世界上著名的评级机构。表2-1给出了标准普尔公司和穆迪的分级体系。

表 2-1 债券等级分类

	债券信用等级							
	信誉极高		高信誉		投机性		信誉极低	
标准普尔	AAA	AA	A	BBB	BB	B	CCC	D
穆　迪	Aaa	Aa	A	Baa	Ba	B	Caa	C

在表2-1中,信誉极高和高信誉等级的债券被认为是投资等级债券,从历史数据的统计来看,购买这些债券的投资者面临的违约风险很低;而投机性和信誉极低等级的债券通常被称为垃圾债券,这些债券的违约风险相对较高。从历史角度看,债券的违约率与其被评定的等级相关性显著。除表2-1中显示的债券等级外,标准普尔和穆迪还会使用一些符号对信用等级进行调整。标准普尔A+是标准普尔的A级中最高的,而A-是A级别中最低的。穆迪使用1、2、3从Aa到Caa对每个等级进行标记,1为最高等级。

值得注意的是,债券评级不是面向投资者的评级。也就是说,评级机构不是对当前某种债券的市场价格是否合理进行评级,也不是推荐投资者去投资某一种债券,而只是给债券贴上了商标,给投资者提供信息,让投资者自己去做决定。评级是发行者的自愿行为,但是如果债券没有评级,往往不被投资者所认可,难以体现债券的安全性。

债券评级主要以违约可能性、债务的性质和条款以及非常情况下的债权人的权利保障情况为主要原则进行。接下来具体介绍一些影响债券信用等级的因素。

一、违约风险与财务比率

债券评级机构主要根据发行公司财务状况及变动趋势,对其所发行的债券信用状况进行等级划分。评价安全性时所用的几个重要参数有:

偿债能力比率:公司的偿债能力是还本付息的重要保证。衡量公司偿债能力的重要指标包括利息保障倍数(息税前收入与利息的比值)等,低水平或下降着的偿债能力比率意味着公司可能存在现金流动困难。

杠杆比率:债务与资本总额的比率。用以反映公司偿还债务的能力。过高的杠杆比率表明负债过多,潜在的威胁是公司没有足够的资本金以保证债券的安全性。

流动性比率:最常见的两种流动性比率是流动比率和速动比率,前者指流动资产与流动负债的比值;后者指不包含存货在内的流动资产与流动负债的比值。这些比率反映了公司的短期债务偿还能力。

获利能力比率:获利能力比率是一个公司整体财务状况的指示器。资本报酬率(息税前利润与总资产的比值)是最常见的获利能力比率,具有较高资产报酬率的公司在资本市场上更容易筹资,因为它们的高利润率保证了债券利息和本金的偿付。

现金流与总负债比:现金是债券最直接的偿还资产,有利润无现金流入的企业同样会陷入债务危机,所以现金总流量与债务的比值是一个很好的评估即期债务偿还能力的指标。

反映债券违约风险的财务比率还有很多,表2-2显示了信用等级与一些财务比率之间的密切关系:

表2-2 财务比率的中值与等级划分

级别	利息保障倍数	现金流量与总负债比	资本报酬率(%)	长期负债与资本比率(%)
AAA	6.34	0.49	24.2	11.7
AA	4.48	0.32	18.4	19.1
A	2.93	0.17	13.5	29.4
BBB	1.82	0.04	9.7	39.6
BB	1.33	0.01	9.1	51.1
B	0.78	(0.02)	6.3	61.8

资料来源:Standard & Poor's *Debt Rating Guide*, 1994. Reprinted by permission of Standard & Poor's Ratings Group。

二、偿债契约

偿债契约是债券发行者与持有者间的协议,是为了保护债券持有人的权利而对发行公司所设置的一系列限制。而发行公司为了将债券出售给关心其本息安全的投资者,必须对这些保护性契约条款加以认可。偿债契约的基本要素包含担保品、偿债基金、股息政策、偿还次序、红利限制等。

(一) 担保品

某些债券的发行以特定物品的抵押为基础。这些抵押品有多种形式,但其目的都在公司违约的情况下以其部分资产为债券持有者提供补偿。如果抵押品是公司财产,该债券称为抵押债券;如果抵押品以公司其他有价证券的形式出现,该债券则被称为抵押信托债券;如果抵押品是企业生产设备,则被称为设备契约债券。如果以第三人作为担保,担保人或担保全部本息,或仅担保利息。

由于有特殊抵押品的支持,抵押债券通常被认为是比较安全的公司债券。通常的信用债券并不提供特殊的抵押品,它们是无担保债券。持有人仅以公司通常的获利能力判断债券的安全性。由于具备了更高的安全性,抵押债券通常比一般的信用债券具有较低的风险溢价。

(二) 偿债基金

债券在到期时需按面值偿付,这是固定收益证券最大的现金流。为了确保这份承付款项不会带来流动现金短缺的危机,附有偿债契约的债券要求公司必须设立偿债基金以将债务负担分散至若干年内。

(三) 次级额外债务

决定债券安全性的因素之一是发行公司全部的未偿还债务的数额。次级条款的存在限制了发行者额外借款的数额,并规定在偿还时原始债务优先,额外债务要从属于原始债务。也就是说,如遇公司破产,直到有优先权的主要债务被付清,次级债务的债权人才可能被偿付。正因为如此,次级原则有时也称作"自我第一规则",即原始的(较早期的)债券持有者在公司破产时被最先偿付。

(四) 红利限制契约

红利限制条款限制了公司支付红利的数额,迫使公司在盈利状况好时留存部分盈利作为未来债务利息和本金偿还的保证,而不是将其全部都支付给股东。一个典型的限制内容是,如果公司有史以来的红利支付超过了累积净收益与股票销售收入之和,就不得继续向股东支付红利。

第四节 债券的定价

一、基于现金流贴现法的债券定价

现金流贴现法(discounted cash flow method, DCF),又称收入法或收入资本化法。其主要原理认为任何资产的内在价值取决于该资产预期现金流的现值。对于发行人在规定到期日之前不可赎回的债券而言,其现金流包括:① 截至到期日的定期息票利息支付额。② 到期日的票面价值(到期价值),即

$$V_0 = \frac{C_1}{1+i_1} + \frac{C_2}{(1+i_1)(1+i_2)} + \cdots + \frac{C_n+F}{(1+i_1)(1+i_2)\cdots(1+i_n)} \quad (2.1)$$

其中，V_0 为债券的现值（内在价值）或理论价值；$C_t(t=1,2,\cdots,n)$ 为第 t 期债券的利息；F 为债券的面值；i_t 为第 t 期的即期利率。

（2.1）式是固定收益证券价格的一般表达式，对于零息票债券和统一公债等形式亦适用（零息债券的息票利息为零，而统一公债的期限为无限期）。为简化讨论，假设存在一种利率适合于任何到期日现金流的折现（即利率期限结构为平坦式），固定收益证券在每一计息周期具有相同的息票支付 C，到期时支付本金 F，则其理论价值为

$$V_0 = C \cdot \left[\frac{1}{i} - \frac{1/i}{(1+i)^n}\right] + F \cdot \frac{1}{(1+i)^n} \tag{2.2}$$

例 2.3　某 10 年期的债券，面值 100 元人民币，票面利率为 8%，每半年付息一次。若市场收益率为 7%，一投资者购买 100 张此债券，该投资者持有的债券价值是多少？

解：对每张债券而言，每半年获得 4 元利息，则每张债券价值：

$$V_0 = \frac{4}{\left(1+\frac{7\%}{2}\right)} + \frac{4}{\left(1+\frac{7\%}{2}\right)^2} + \cdots + \frac{4+100}{\left(1+\frac{7\%}{2}\right)^{20}}$$

$$= 4 \times \left[\frac{1}{\frac{7\%}{2}} - \frac{\frac{1}{3.5\%}}{\left(1+\frac{7\%}{2}\right)^{20}}\right] + 100 \times \frac{1}{\left(1+\frac{7\%}{2}\right)^{20}}$$

$$= 107.11(\text{元})$$

投资者购买了 100 张债券，所以该投资者持有的债券总价值为 $107.11 \times 100 = 10\,711$ 元。

浮动利率债券的息票利率等于参照利率加上一定价差。例如，某只浮动利率债券的息票利率可以设定为 3 个月期国库券的利率（参照利率）加上 100 个基点（价差）。此时，下一期的票面利率由上一期确定，浮动利率随着市场利率变化而调整，在一定程度上避免了市场风险。浮动利率债券的价格取决于以下两个因素：① 高于参照利率的价差。当市场按此类证券要求的价差变化时，浮动利率债券同样会面临价格风险。② 对息票利率所施加的限制。如某只浮动利率债券可能具有最高息票利率值（利率上限）或者最低息票利率值（利率下限）。当市场利率波动超过了一定限度，浮动利率债券的利率就不再随参照利率调整了。表 2-3 列示了某浮动利率债券的未来现金流。

表 2-3　某浮动利率债券现金流量表

日　期	LIBOR（%）	收到的利息（美元）
2006.9.1	4.20	
2007.3.1	4.80	21
2007.9.1	3.80	24
2008.3.1	3.60	19
2008.9.1	3.00	18

表2-3中,该债券是半年付息一次,面值为1 000美元,息票率等于LIBOR的浮动利率债券,且没有利率上下限的限制。由于利率波动对浮动利率债券净价没有影响,浮动利率债券在每个付息日付息之后的价格都是1 000美元,如图2-3所示。

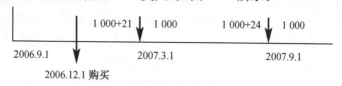

图2-3　浮动利率债券净价与全价

图2-3表明,2006年9月1日,该债券价格为1 000美元,2007年3月1日债券含息价为1 021美元,而付息之后,债券价格又回到1 000美元。那么在2006年12月1日,适用折现率为r,债券价格为:

$$p = \frac{1\,000 + 21}{\left(1 + \frac{3}{12} \times r\right)}$$

二、债券的收益率

债券收益率是影响债券价格的重要因素,通常可以用以下几个指标衡量:

(一)息票率

息票率(coupon rate)是在发行证券时,证券发行人同意支付的协议利率,通常出现于中长期公司债券与政府债券。只有在满足以下情况的时候,才能够用息票率来衡量债券的收益率: ① 投资者按面值买进证券。② 按时得到承诺的全部付款。③ 投资者按照债券面值变现债券。但实际情况是固定息票债券价格随市场波动,很少按照面值出售,所以息票率不是债券收益率的一个合适的综合衡量指标。

(二)当前收益率

当前收益率(current yield)是按息票率计算所得的债券每一计息周期的利息收入除以当前债券市场价格的比率,用以衡量投资于债券的当期回报率。

(三)到期收益率

到期收益率(yield to maturity)是使债券未来支付的现金流之现值与债券当前价格相等的折现率,体现了自购买日至到期日的平均回报率。

若已知债券当前购买价格P_0,面值为F,距离到期时间为n年,每年支付的利息总额为C,1年内共分m次付息,则满足下式的y就是到期收益率:

$$P_0 = \frac{F}{\left(1 + \frac{y}{m}\right)^{mn}} + \sum_{t=1}^{mn} \frac{\frac{C}{m}}{\left(1 + \frac{y}{m}\right)^t} \tag{2.3}$$

(2.3)式表明,到期收益率实际上就是内部报酬率,而到期收益率能否实现取决于三个条件:发行人无违约(利息和本金能按时、足额支付)、投资者持有债券到期、收到利息能以到期收益率再投资。

例 2.4 某公司债券的面值为 100 元,票面利率为 10%,每半年付息一次,距离到期还有 15 年。若该债券的现价为 105 元,求到期收益率。

解:根据(2.3)式:

$$105 = \sum_{t=1}^{30} \frac{100 \times 5\%}{\left(1+\frac{y}{2}\right)^t} + \frac{100}{\left(1+\frac{y}{2}\right)^{30}}$$

$$y = 9.34\%$$

到期收益率的计算式隐含一个假定是每期得到的利息能按到期收益率再投资。若再投资收益率不等于到期收益率,则债券利息的再投资收益必须按照实际的收益率计算,并在此基础上重新计算债券的实际回报。这一新的收益率被称为已实现收益率。下面通过一个例子来说明已实现收益率是如何计算的。

例 2.5 某面值为 1 000 元的债券,投资者以平价买入且持有 2 年,若票面利率为 10%,再投资收益率为 8%,计算已实现收益率。

解:

$$1\,000 \times (1 + y_{\text{realized}})^2 = 1\,000 \times 10\% \times (1+8\%) + 1\,000 \times (1+10\%)$$

$$y_{\text{realized}} = 9.91\%$$

到期收益率本质上是债券内部收益率,或者是隐含的收益率,在风险状况相同的条件下,到期收益率较高的债券有更高的投资价值。将其与名义利率 i^* 比较来获得投资信号:若 $y > i^*$,则该债券的价格被低估,看多;若 $y < i^*$,则该债券的价格被高估,看空。

由于到期收益率的计算非常复杂,一般使用财务计算器进行计算。在没有财务计算器的情况下,可以使用现值表,通过插值法进行估算。用插值法计算到期收益率的步骤如下:

(1) 查出现值表中计算结果最靠近债券现价的前后两个收益率 r_A,r_B。

(2) 计算出这两个收益率下债券的价格 P_A,P_B。

(3) 假设债券的现值和到期收益率分别为 P_i,r_i,那么:

$$r_i \approx \frac{1}{(P_A - P_B)} \times [(P_i - P_B)r_A + (P_A - P_i)r_B]$$

(四)持有期收益率

到期收益率考虑的是债券持有到期的情形,如果债券未持有到期则需要用另一种收益率来衡量,即持有期收益率。若债券价格为 P_0,付息周期为 n,在第 $m(m \leqslant n)$ 期按 P_m 的价格出售,则持有期收益率 h 可以通过以下式子求出:

$$P_0 = \sum_{t=1}^{m} \frac{C}{(1+h)^t} + \frac{P_m}{(1+h)^m} \tag{2.4}$$

由(2.4)式可以看出,到期收益率实际上就是持有债券到期时的持有期收益率。

例 2.6 某公司债券面值为 1 000 元,价格为 1 169 元,票面利率为 11%,每半年付息一次,距离到期还有 18 年。若在 13 年可以以 1 055 元的价格出售此债券,求持有期收益率。

解：根据(2.4)式：$1\ 169 = \sum_{t=1}^{26} \frac{1\ 000 \times 5.5\%}{\left(1+\frac{h}{2}\right)^t} + \frac{1\ 055}{\left(1+\frac{h}{2}\right)^{26}}$

$h = 8.793\%$

三、债券定价原理

1962 年麦尔奇(B. G. Malkiel)最早系统地提出了债券定价的五个原理,至今仍作为债券定价理论的经典被广泛应用。

定理一：债券的市场价格与到期收益率呈反比关系。即到期收益率上升时,债券价格会下降;反之,到期收益率下降时,债券价格会上升。

定理二：当债券的收益率不变,即债券的息票率与收益率之间的差额固定不变时,债券的到期时间与债券价格的波动幅度之间成正比关系。即到期时间越长,价格波动幅度越大;反之,到期时间越短,价格波动幅度越小。

这个定理不仅适用于不同期限债券之间的比较,而且可以用来解释同一债券在其存续期内时间和价格波动之间的关系。

定理三：随着债券到期时间的临近,债券价格的波动幅度减小,并且是以递增的速度减小;反之,到期时间越长,债券价格波动幅度增加,并且是以递减的速度增加。

定理四：对于期限既定的债券,由收益率下降导致的债券价格上升的幅度大于同等幅度的收益率上升导致的债券价格下降的幅度。即在数值上,对于同等幅度的收益率变动,收益率下降给投资者带来的收益大于收益率上升给投资者带来的损失。

定理五：对于给定的收益率变动幅度,债券的息票率与债券价格的波动幅度之间成反比关系。即息票率越高,债券价格的波动幅度越小。

这五个原理虽然没有准确地给出债券的定价公式,但是运用这五个定理,可以对债券的价格以及发展趋势做出简单有效的判断。

第五节 利率的期限结构

用(2.2)式计算债券理论价值的一个重要假定是存在一种利率适合于任何到期日现金流的折现。然而事实上利率是随着时间变化而不断变化的,很难用某一个利率来代替所有到期日的利率。本节将重点介绍利率期限结构理论以及利率期限结构与远期利率的关系。利率的期限结构,是指金融资产到期收益率与到期期限的关系及变化规律,即利率期限结构是利率水平和到期期限相联系的函数。利率期限结构不仅是债券定价的基础,同时也广泛应用于风险管理之中。在对利率期限结构理论的分析中,通常要做一些假定,如不存在违约风险、没有税收和交易成本、不考虑嵌入式选择权条款等,所以,理论界研究最多的是国债的期限结构。对于期限结构的研究目前主要有三种流派,大致可以归为市场期望理论、流动性偏好理论和市场分割理论。

一、市场期望理论

市场期望理论首先由欧文·费雪提出,是最古老的期限结构理论。20世纪以来,经过大量的实证检验,该理论得到了广泛的认同,其建立在以下三个假设条件之上:

(1) 投资者风险中性,仅仅考虑(到期)收益率而不考虑风险。

(2) 所有市场参与者都有相同的预期,金融市场是完全竞争的。

(3) 在投资者的资产组合中,不同期限的债券具有完全替代性。

在上述假定下,投资于2年到期债券的总报酬率,应等于首先投资于1年到期的债券,随后再转投资于另一个1年到期的债券所获得的总报酬率,即:

$$(1+y_2)^2 = (1+y_1)[1+E(r_2)]$$

其中,y_1 为已知的第一年投资回报率,$E(r_2)$ 为第二年投资的预期回报率,y_2 为2年期债券的投资回报率。

而根据远期计算公式有:$(1+y_2)^2 = (1+y_1)(1+f_2)$,所以,$E(r_2) = f_2$,即第二年投资的预期回报率等于远期利率。

同理,在多期投资的情况下:

$$(1+y_3)^3 = (1+y_2)^2(1+f_3) = (1+y_2)^2[1+E(r_3)]$$

$$f_3 = E(r_3)$$

进一步可得:$f_t = E(r_t)$,

$$y_t = \sqrt[t]{(1+y_1)(1+f_2)\cdots(1+f_t)} - 1, \quad t = 2,3,\cdots,n。$$

由此可见,期望理论认为,未来市场短期利率期值等于远期利率。长期投资与短期投资完全可替代,投资于长期债券的报酬率也可由重复转投资于短期债券获得。长期债券的即期利率取决于现期的短期利率和未来远期短期利率。若远期利率上升,则长期债券的到期收益率上升,即呈上升式利率期限结构,反之则相反。图2-4描述了在市场期望理论下的利率期限结构。

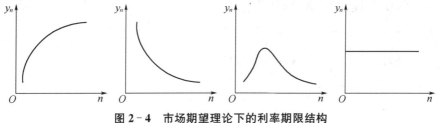

图2-4　市场期望理论下的利率期限结构

图2-4描述了四种利率与到期期限的关系,在市场期望理论下,出现以下四种利率期限结构的原因分别是远期利率上升、远期利率下降、远期利率先升后降以及远期利率保持与即期利率相同。

二、流动性偏好理论

J·希克斯首先提出了不同期限债券的风险程度与利率结构的关系,较为完整地建立了流动性偏好理论。根据流动性偏好理论,不同期限的债券之间存在一定的替代性,这意味着一种债券的预期收益确实可以影响不同期限债券的收益,但是不同期限的债券并非完全替代的,短期债券比长期债券更具有吸引力。所以流动性假说是预期假说的拓展,它认为长期利率是短期利率与流动性补偿值之和,即假定大多数投资者偏好持有流动性较强的短期债券,因此为了吸引投资者投资于期限较长的债券,投资两年期债券的收益率,应高于先投资 1 年期债券,收回的本息在下一年再投资 1 年期债券的收益率,即:

$$(1+y_2^l)^2 > (1+y_1)[1+E(r_2)]$$

由于

$$(1+y_2^l)^2 = (1+y_1)(1+f_2^l)$$

所以

$$f_2^l > E(r_2)$$

同理可证:$f_t^l > E(r_t), t = 2, 3, \cdots, n$

即流动性报酬为:

$$l_t = f_t^l - E(r_t), t = 2, 3, \cdots, n$$

例 2.7 若 $r_i(i = 1, 2, 3)$ 为各年的投资回报率,$E(r_i)$ 为预期回报率,l_i 为流动性溢价,f_i 为远期利率,若 $y_1 = r_1 = 6\%, E(r_2) = 7\%, E(r_3) = 8\%, l_2 = l_3 = 1\%$。分别用市场期望理论与流动性偏好理论计算 2 年期和 3 年期收益率,并比较计算结果。

解:如果用市场期望理论进行计算,则结果如下:

$$(1+y_2)^2 = (1+y_1)[1+E(r_2)] = (1+6\%)(1+7\%)$$

$$y_2 = \sqrt{(1+6\%)(1+7\%)} - 1 = 6.5\%$$

$$(1+y_3)^3 = (1+y_1)[1+E(r_2)][1+E(r_3)] = (1+6\%)(1+7\%)(1+8\%)$$

$$y_3 = \sqrt[3]{(1+6\%)(1+7\%)(1+8\%)} - 1 = 7\%$$

用流动性偏好理论进行计算,则结果如下:

$$f_2^l = E(r_2) + l_2 = 7\% + 1\% = 8\%$$

$$f_3^l = E(r_3) + l_3 = 8\% + 1\% = 9\%$$

$$y_2^l = \sqrt[2]{(1.06)(1.08)} - 1 = 7\%$$

$$y_3^l = \sqrt[3]{(1.06)(1.08)(1.09)} - 1 = 7.66\%$$

由此可见

$$y_2^l > y_2, y_3^l > y_3$$

由上面的例子推广得:当 $t = 2, 3, \cdots, n$ 时,$f_t^l = E(r_t) + l_t > E(r_t)$,

$$y_n^l = \sqrt[n]{(1+y_1)(1+f_2)\cdots(1+f_t)} - 1 =$$

$$\sqrt[n]{(1+y_1)[1+E(r_2)+l_2][1+E(r_3)+l_3]\cdots[1+E(r_4)+l_4]} - 1 >$$

$$\sqrt[n]{(1+y_1)[1+E(r_2)]\cdots[1+E(r_t)]}-1 = y_n$$

即用流动性偏好理论计算的 n 年期债券收益率大于市期期望理论框架下计算的 n 年期债券收益率。

三、市场分割理论

市场期望理论与流动性偏好理论都暗含着一个假定,即不同到期期限的债券之间或多或少可以相互替代,长短期利率由同一个市场共同决定。市场分割理论则持不同的观点,其与前两个理论最大的不同在于,分割理论认为长短期债券基本上是在分割的市场上,各自有自己独立的均衡价格(利率);投资者对不同期限的债券有不同的偏好,因此只关心他所偏好的那种期限的债券的预期收益水平。按照市场分割理论的解释,各种收益率曲线形式之所以不同,是因为不同期限债券的供给和需求不同。

众多评述认为,市场分割理论只有在市场无效率、长短期投资者互不知道对方信息、从而一方未能抓住另一方的获利机会时才会成立,这显然与事实不符合,也不符合无套利原则。实际上,不同到期日的债券是相互竞争的,即所谓的"优先资产理论",市场分割理论的运用已很少。但是分割理论对现实中的债券市场仍然是有解释力的,不少学者研究认为中国的国债市场就是一个被分割的市场,长期国债和短期国债面临着不同的市场需求。同样,在美国金融危机的背景下,市场对美国短期国债的需求极度膨胀,导致短期利率上升与长期利率上升的比例严重失调,从中也可以看到分割理论的影子。

第六节 久 期

一、久期的定义

债券到期日并不是衡量债券投资现金回收期限的最好工具。虽然对于零息债券而言,到期一次性支付本息,其现金回收期限就等于债券到期期限,但是对于附息债券而言,在债券到期日之前已经有现金的陆续回收,期末资金回收的压力要小于同样条件的零息债券。为了更准确地衡量债券投资现金回收期限,本节将引入久期的概念。久期是债券的每次息票支付以及本金回流时间的加权平均[①],度量了债券价格对收益率变动的敏感性。固定收益工具的久期概念是马考莱(F. R. Macaulay)于 1938 年提出的,所以又称为马考莱久期(简记为 D)。

具体地,假设某一固定收益证券每年支付利息 m 次,第 k 次支付为 C_k,计息周期数为 n。则久期定义为:

$$D = \dfrac{\sum_{k=1}^{n} \dfrac{\left(\frac{k}{m}\right)C_k}{\left[1+\left(\frac{y}{m}\right)\right]^k}}{P}$$

---

① 随着固定收益类金融工具创新的发展,有的学者认为久期已经不能作为一些新金融工具现金回流期限的衡量。因为按照久期的计算公式,一些创新产品久期可能为负数,或者远大于其到期期限。

其中 y 为到期收益率,且

$$P = \sum_{k=1}^{n} \frac{C_k}{\left[1 + \left(\frac{y}{m}\right)\right]^k}$$

简化上式,取 $m=1$,第 t 次支付为 C_t. 即每年付息一次,则久期的表达式可简化为

$$D = \sum_{t=1}^{n} t \times \left[\frac{\frac{C_t}{(1+y)^t}}{\sum_{t=1}^{n} \frac{C_t}{(1+y)^t}} \right] \triangleq \sum_{t=1}^{n} t \times w_t \tag{2.5}$$

由(2.5)式可以看出,久期是各期现金流回流期限的加权平均,权重为各期现金流现值占整个现金流现值的比重,很显然,权重之和为1。

下面通过一个例子来介绍债券久期的计算方法:

例2.8 考虑一债券,面值为 10 000 元,每期有不同的利息收入(具体见表2-4),期限为3年,市场要求的收益率为8%,求该债券的久期。

解:具体计算过程见表2-4。

表2-4 久期计算表

时间(t)	支付额(C_t)	贴现率(8%)	支付额现值	权 重	A×E
A	B	C	D=B×C	E	
0.5	300	0.962	288.6	2.85%	0.014
1	350	0.925	323.75	3.20%	0.032
1.5	400	0.889	355.6	3.51%	0.053
2	350	0.855	299.25	2.95%	0.059
2.5	500	0.822	411	4.06%	0.101
3	10 700	0.79	8 453	83.44%	2.503
总 和			10 131.2 (价格现值)	1	2.762 (久期)

由此可以看出,久期的计算比较复杂,计算量很大。下面介绍一个简单的方法来估算久期。[①]

久期的估算步骤如下:

(1) 假设证券收益率变动为 Δy,将债券收益率提高几个基点,并确定在较高收益率水平上的新价格 P_+。

(2) 将债券收益率降低同样幅度的基点,计算出新的价格 P_-。

(3) 令 P_0 表示初始价格,运用以下公式可计算出久期的近似值:

---

① 方法来自 Frank. J. Fabozzi 的《债券市场分析和策略》。

$$\text{久期的近似值} = \frac{P_- - P_+}{2P_0 \times \Delta y}$$

二、久期的特性

假设一债券存续期为 n 年,持券人在 t 期(每年支付一次利息)收到的支付为 C_t,且到期收益率为 y,则根据现金流贴现法计算债券价格的现值,表达式为:

$$P = \sum_{t=1}^{n} \frac{C_t}{(1+y)^t}$$

由此可得:

$$\frac{\partial P}{\partial y} = -\sum_{t=1}^{n} t \cdot \frac{C_t}{(1+y)^{t+1}}$$

$$\frac{\partial P}{\partial y} \cdot \frac{1}{P} = -\frac{1}{1+y} \frac{\sum_{t=1}^{n} t \cdot \dfrac{C_t}{(1+y)^t}}{P} = -\frac{D}{1+y} = -D_M$$

D_M 为修正久期,它是普通久期与 $\dfrac{1}{(1+y)}$ 之积。上式左边为债券价格对于收益率微小变动的敏感性。因此,D_M 直接度量了收益率变动时债券价格的相对变动情况。

债券的价格变化可以近似地用表达式 $\dfrac{\Delta P}{\Delta y} \approx \dfrac{\partial P}{\partial y}$ 来表示,于是久期可以用来估计收益率微小变动时债券价格的变动,即可以将价格变动近似表示为:

$$\Delta P \approx -D_M P \Delta y$$

例 2.9　已知期限为 30 年,息票率为 10%,面值和价格均为 100 元的债券(到期收益率为 10%)的久期为 9.94 年。那么 $D_M = 9.94/1.1 = 9.04$。当收益率上升一个百分点至 11% 时,估计债券价格的变动。

解:　　　　　　$\Delta P = -D_M \times 100 \times \Delta y = -904 \times 0.01 = -9.04$

因此,用久期来近似估计,价格将变为 $100 - 9.04 = 90.96$。

而实际上,用(2.2)式计算的收益率为 11% 的债券价格为 91.31 元,两者相差 0.35 元。

由此可见,当收益率上升时,通过久期估计的债券价格下降幅度要大于按现金流贴现法计算所得的债券价格下降幅度。

由修正久期的定义可得到:债券的回报率 $r = \dfrac{\partial P}{P} = -D_m \times \partial y$,则回报率的 $\dfrac{1}{v}$ 方差为

$$\text{Var}(r) = \text{Var}\left(\frac{\partial P}{P}\right) = D_m^2 \text{Var}(\partial y)$$

标准差为

$$\sigma = \sqrt{\text{Var}(r)} = \sqrt{\text{Var}\left(\frac{\partial P}{P}\right)}$$

$$= \sqrt{D_m^2 \cdot \text{Var}(\partial y)} = D_m \cdot \sqrt{\text{Var}(\partial y)}$$

在收益率微小变动下,债券回报率的标准差(风险)为收益率的 D_m 倍,D_m 越大,债券风险越大。

三、马考莱久期定理

马考莱对久期的性质进行了一系列概括,形成六条马考莱久期定理,成为描述久期的经典理论。[1]

定理一:零息债券的马考莱久期等于其到期时间。

因为零息债券以贴现方式发行,期间不支付利息,到期一次性按面值偿付。所以零息债券现金流只有一期,且等于面额。代入久期公式计算得到:

$$D = n \times \frac{\dfrac{F}{(1+y)^n}}{P}$$

$$P = \frac{F}{(1+y)^n}$$

$$D = n$$

其中,F 为债券面值,y 为到期收益率,n 为债券期限。

定理二:附息债券的马考莱久期小于其到期时间。

设一附息债券的期限为 n,价格为 P,每期现金流的现值为 C_k,$k = 1, 2, \cdots, n$,则由下式很显然可以得出结论:

$$D = \frac{\sum\limits_{k=1}^{n} k \cdot C_k}{P} = \frac{C_1}{P} \times 1 + \frac{C_2}{P} \times 2 + \cdots + \frac{C_n}{P} \times n$$

$$\leqslant \frac{C_1}{P} \times n + \frac{C_2}{P} \times n + \cdots + \frac{C_n}{P} \times n$$

$$= n$$

定理三:在到期时间相同的条件下,息票率越大,久期越短。

久期是各期现金流的加权平均时间,其权重为各期现金流现值占整个现金流现值之和的比例。息票率越大,早期支付的现金流权重越大,最后一期的本金所占的比重相对减小,加权平均的到期时间自然就短。这一性质的数学证明如下:

不妨将面值单位化为 1,息票率为 c,则:

$$P = \sum_{k=1}^{n} \frac{c}{(1+y)^k} + \frac{1}{(1+y)^n} = \frac{c}{y}\left[1 - \frac{1}{(1+y)^n}\right] + \frac{1}{(1+y)^n}$$

$$= \frac{1}{y}\left[c - \frac{c}{(1+y)^n} + \frac{y}{(1+y)^n}\right]$$

两边取对数得到:

---

[1] Francis J. C. Investments: Analysis and Management. 4th edition. McGraw-Hill Book Company, 1986.

$$\ln P = \ln\left\{c\left[1 - \frac{1}{(1+y)^n}\right] + \frac{y}{(1+y)^n}\right\} - \ln y$$

$$\frac{\partial \ln P}{\partial y} = \frac{1}{P} \cdot \frac{\partial P}{\partial y} = -\frac{1}{y} + \frac{cn(1+y)^{-n-1} + (1+y)^{-n} - n \cdot y \cdot (1+y)^{-n-1}}{c[1 - (1+y)^{-n}] + y \cdot (1+y)^{-n}}$$

$$D = \frac{1}{P} \cdot \frac{\partial P}{\partial y} \cdot [-(1+y)] = 1 + \frac{1}{y} + \frac{n(y-c) - (1+y)}{c[(1+y)^n - 1] + y}$$

所以，息票率 c 越大，则马考莱久期 D 越小。

另外由上述证明过程可见，当 $n \to \infty$ 时，久期为 $1 + \frac{1}{y}$。统一公债是一种没有到期日的特殊的附息债券，这种债券因为没有到期日，所以不还本，每年支付固定利息。利用极限的方法，可以计算出统一公债的久期：

$$D = \frac{\sum_{k=1}^{\infty} t \cdot \frac{C}{(1+y)^k}}{\sum_{k=1}^{\infty} \frac{C}{(1+y)^k}} = 1 + \frac{1}{y} \tag{2.6}$$

定理四：在息票率不变的条件下，到期时间越长，久期越长。

该定理的推导过程参见定理三，但与定理三不同的是，定理四并不是一个在实际中恒成立的结论。在实际应用中，对于平价和溢价的债券而言，该定理绝对成立。但对于贴现率大于债券到期收益率的情况，如果债券到期时间足够长，总会出现债券久期随到期时间增加而减少的情况。贴现率越高，这一情况出现得越早。所以定理四在实际中只是近似正确。

定理五：久期以递减的速度随到期时间的增加而增加。

久期随着期限的增加而增加，但增加的速度递减，即 $n+2$ 年与 $n+1$ 年的差异小于 $n+1$ 年与 n 年之间的差异。其原因是本金是最大数量的现金流，它受市场利率的影响最大。当期限增加时，本金不断后移，其现值占总现值的比重变小，重要性下降。所以，债券久期虽然增大，但增速递减。

证明：分别观察 n 期、n+1 期和 n+2 期的债券最后 1 期、倒数第 2 期、倒数第 3 期现金流的现值，

其中，

$$\Delta PV_n = \frac{F \cdot k}{(1+i)^n} + \frac{F}{(1+i)^n}$$

$$\Delta PV_{n,n+1} = \frac{F \cdot k}{(1+i)^n} + \frac{F \cdot k}{(1+i)^{n+1}} + \frac{F}{(1+i)^{n+1}}$$

$$\Delta PV_{n,n+2} = \frac{F \cdot k}{(1+i)^n} + \frac{F \cdot k}{(1+i)^{n+1}} + \frac{F \cdot k}{(1+i)^{n+2}} + \frac{F}{(1+i)^{n+2}}$$

$$\Delta PV_{n,n+1} - \Delta PV_n = \frac{F \cdot k}{(1+i)^{n+1}} + \frac{F}{(1+i)^{n+1}} - \frac{F}{(1+i)^n}$$

$$\Delta PV_{n,n+2} - \Delta PV_{n,n+1} = \frac{F \cdot k}{(1+i)^{n+2}} + \frac{F}{(1+i)^{n+2}} - \frac{F}{(1+i)^{n+1}}$$

所以，$\dfrac{\Delta PV_{n,n+2} - \Delta PV_{n,n+1}}{\Delta PV_{n,n+1} - \Delta PV_n} = \dfrac{1}{1+i} < 1$

定理六：在其他条件不变的情况下，债券的到期收益率越小，久期越长。

这是因为，到期收益率越低，未来支付的现金流的现值相对越大，其在债券现金流总现值中占的权重也越大。

证明：

$$\frac{\partial D}{\partial y} = -\frac{1}{P}\sum_{t=1}^{n} t^2 c_t (1+y)^{-t-1} - \frac{1}{P^2}\frac{\partial P}{\partial y}\sum_{t=1}^{n} tc_t (1+y)^{-t}$$

$$= -\frac{1}{1+y}\left\{\sum_{t=1}^{n}\frac{t^2 c_t (1+y)^{-t}}{P} + \left[(1+y)\left[\frac{\frac{\partial P}{\partial y}}{P}\right]\right]\left[\frac{\sum_{t=1}^{n} tc_t(1+y)^{-t}}{P}\right]\right\}$$

$$= -\frac{1}{1+y}\left\{\sum_{t=1}^{n}\frac{t^2 c_t (1+y)^{-t}}{P} - D^2\right\}$$

因为，$\displaystyle\sum_{t=1}^{n}\frac{t^2 c_t (1+y)^{-t}}{P} - D^2 = \sum_{t=1}^{n}\frac{c_t (1+y)^{-t}}{P}(t-D)^2 \geqslant 0$

所以，$\displaystyle\frac{\partial D}{\partial y} = -\frac{1}{1+y}\left\{\sum_{t=1}^{n}\frac{t^2 c_t (1+y)^{-t}}{P} - D^2\right\} \leqslant 0$

四、债券组合的久期

假设某一投资组合由不同到期期限的若干债券组成。这一投资组合与一个固定收益证券相似：收益固定且定期得到支付。但构成组合的各债券期限不同，息票率也不同，所以其收益率的变化情况比单个证券复杂。但是对于大型机构投资者，组合是最常用的投资方式。所以研究如何计算出这样的投资组合的久期，具有一定的现实意义。

设债券 B_1 和债券 B_2 组成一个投资组合，下面将推导出两债券组合久期的表达式。

假设债券组合包括 N_1 份债券 B_1 和 N_2 份债券 B_2，其价格分别为 P_1 和 P_2，则

$$P = N_1 P_1 + N_2 P_2$$

假设债券具有相同的收益率 y，将组合价格对收益率 y 求导：

$$\frac{\mathrm{d}P}{\mathrm{d}y} = N_1\frac{\mathrm{d}P_1}{\mathrm{d}y} + N_2\frac{\mathrm{d}P_2}{\mathrm{d}y}$$

由此得：

$$-\frac{1}{P}\frac{\mathrm{d}P}{\mathrm{d}y} = \frac{N_1 P_1}{P}\left(-\frac{1}{P_1}\frac{\mathrm{d}P_1}{\mathrm{d}y}\right) + \frac{N_2 P_2}{P}\left(-\frac{1}{P_2}\frac{\mathrm{d}P_2}{\mathrm{d}y}\right)$$

$$D_M = \frac{N_1 P_1}{P}D_{1M} + \frac{N_2 P_2}{P}D_{2M}$$

所以，
$$D_M = w_1 D_{1M} + w_2 D_{2M}$$

其中，$w_i = \dfrac{N_i P_i}{P}, i = 1, 2$。

以此类推，对于一个包含 N 种债券、每种债券的久期为 D_{iM}、投资比例为 w_i 的债券组合：

$$D_M = \sum_{i=1}^{N} w_i D_{iM} \qquad (2.7)$$

其中，$\sum_{i=1}^{N} w_i = 1$。

投资组合的久期衡量了投资组合的价值对于收益率变动的敏感性。即收益率发生微小变动时，投资组合的总价值将根据价格与久期之间的关系发生预计数量的大致变动。

但是，假设一个组合内所有债券受同一个到期收益率的影响与现实偏离较大，一种比较接近现实的假设是，每种债券有不同的收益率 y_i，但是所有收益率都受同一个基准收益率 y 的影响，影响系数 $y_i' = \dfrac{dy_i}{dy}$，于是，$D_M = \sum_{i=1}^{N} w_i D_{iM} y_i'$。在这一假设下，投资组合久期衡量了投资组合价值对基准收益率变动的敏感性。基准收益率发生微小变动时，投资组合的总价值将根据各组成部分久期及各部分收益率对基准利率的敏感性发生相应的变动。

五、免 疫

利率波动会给债券带来价格波动的风险，一个现实的问题是能否通过构造债券投资组合来防止这种风险。这种构建免于利率波动风险的债券投资组合的方法被称为免疫。免疫是投资学中运用最广泛的风险管理技术之一，它显著降低了利率变动所带来的风险，保证了未来支付，所以养老保险基金、保险公司等众多希望保持投资收益稳定性的金融机构非常注重免疫技术在投资组合中的应用。下面将介绍一种利用久期进行免疫的方法。

假设一个资产管理者面临着一系列现金流的流出，他希望通过构建一个投资组合来偿还这些负债。那么，最好的资产组合应该满足两个条件：

（1）资产组合所带来的现金流入大于或等于未来负债所带来的现金流出。这保证了负债能够足额得到偿还。如果选择的资产组合与负债有相同的到期收益率，那么只需资产组合与负债的现值相等即可近似地满足该条件。

（2）资产组合的久期与负债的久期一致。因为久期是衡量债券价格受利率影响的指标，两者的久期一致，必然的结果就是利率变化引起的资产组合现值变化的数额与负债变化的数额相同，偿债能力依然能够保证。

如果以上两个条件可以满足，就称该资产和负债的组合是免疫组合。由此可见，免疫就是通过分别匹配负债和资产的久期和现值来解决利率变动带来的风险问题。如果资产的久期与负债的久期一致，则对于收益率的变动，资产的现值与负债的现值在一阶意义上会产生几乎相同的变动。具体地，如果收益率增加，则资产的现值将会减少，相应地，负债的现值将会减少大致相同的数量，因而投资组合的价值依然能够满足清偿负债的要求。反之，则相反。下面通过一个例子具体了解免疫方法的应用。

例 2.10 ABC 公司 10 年后需偿还一项债务，债务的现值为 10 000 元，每年利息为 9%，到期一次偿还。该公司现在希望进行投资以便将来获得足够的收益来清偿债务。如果市场上存在 10 年期的零息债券，那么可以直接购买该零息债券对该债务进行免疫，或者可以购买与债务有相同到期收益率，久期为 10 年的息票债券进行免疫。但如果市场上并不存在 10 年期的零息债券或相应的久期为 10 年息票债券，也可以通过其他债券构造免疫组合来满足 10 年后的债务偿还要求。若市场上,面值为 100 元债券 A 和债券 B 的久期分别为 $D_A = 9$ 年和 $D_B = 11$ 年,到期收益率相同,均为 9%。价格分别为 $P_A = 102$ 元,$P_B = 105$ 元。如何选择债券 A 和 B 构成资产组合,规避利率变动的风险。

解:假设该公司将购买 a 份 A 债券,b 份 B 债券。债券 A 和债券 B 的现值占组合现值的比例分别为 ω_A 和 ω_B。根据题意,有:

$$aP_A + bP_B = PV$$

$$D_A\omega_A + D_B\omega_B = 10$$

$$\omega_A = \frac{aP_A}{PV}, \omega_B = \frac{bP_B}{PV}$$

第一个等式代表,资产的现值与负债的现值相等;第二个等式代表资产的久期与负债的久期相等。由此可以解出分别需要债券 A 和债券 B 的数量,进而得到了具有免疫功能的债券组合。

解得,$\omega_A = \omega_B = \frac{1}{2}$,$a = 49$,$b = 47.62$。

综上所述,久期免疫方法可以分为以下四步:
(1) 计算负债久期。
(2) 计算组合中各个资产的久期。
(3) 调整组合中各个资产的权重,使得资产组合的久期等于负债的久期。
(4) 根据负债的现值,计算分别需投资的资产数量(金额)。

作为一种免疫方法,利用久期进行免疫最大的优点是简单。它同样适用于银行这类资产负债受利率变化影响较大的机构。银行通常通过使资产负债的平均久期尽量相同来减小利率风险,但是久期免疫的缺陷也是不容忽视的。首先,免疫假设所有债券的收益率都是相等的,但这样的条件不易满足,因为假设久期较长的债券和久期较短的债券的收益率相同是不现实的。另外,免疫的过程是动态的,因为随着到期时间的临近,不论资产还是负债,其久期都是不断变化的,这就导致了投资者必须重新选择债券类型使得资产和负债的久期匹配。重新调整债券组合会付出人力成本、交易成本等,频繁地调整债券组合将使交易成本变得很大。所以免疫组合的调整只能是一段时间进行一次,而在这期间,组合并非完全免疫的。另一种更精确的免疫技术是精确匹配计划。精确匹配计划同样是构造资产组合,使其未来每笔现金流入都大于或等于债务每笔未来现金流出,求得成本最小的投资组合。值得注意的是,精确匹配计划中的现金支付是由资产组合的利息和到期的本金来偿付的,所以不会有利率风险,只有信用风险。

第七节 凸 性

一、凸性的定义

上一节介绍了债券的久期,久期衡量了债券价格对收益率变动的敏感性。然而,用久期作为价格对利率变动敏感性的衡量,只考虑了价格变化与收益率变化之间的一阶关系,并假定价格变化是收益率变化的线性函数。但只要通过计算不同收益率下的价格便可得知，这一假设并不符合实际情况，如图 2－5 所示。

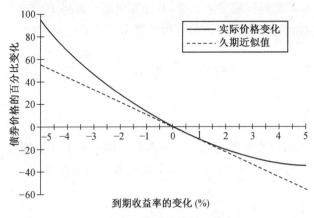

图 2－5 债券价格的凸性

图 2－5 表明，即使在同一收益率下，债券价格因收益率不同方向的变动所产生的变动额也是不同的。事实上，收益率变化与债券实际价格的变化间呈现出一种非线性关系。如果只用久期来估计收益率变动和价格变动率之间的关系，那么，收益率下降和上升相同的幅度时，价格上升和下降的幅度是一样的。根据债券定价原理的定理 4，同样也可以知道这一结论并不准确。

用泰勒公式将债券定价公式进行展开：

$$dP = \frac{dP}{dy}dy + \frac{1}{2}\frac{d^2P}{dy^2}(dy)^2 + 0(dy)$$

可以看出，债券价格的变化不仅受一阶项的影响，还受二阶甚至更高阶项的影响。但在 Δy 很小的情况下，更高阶项非常小，所以只考察到二阶的情况。将上式两边同时除以价格 P，得到价格变化的百分比：

$$\frac{dP}{P} \approx \frac{dP}{dy} \cdot \frac{1}{P}dy + \frac{1}{2}\frac{d^2P}{dy^2} \cdot \frac{1}{P}(dy)^2 \tag{2.8}$$

(2.8)式右边第一部分即为久期所引起的价格变化。记：

$$C = \frac{1}{P}\frac{\partial^2 P}{\partial y^2} \tag{2.9}$$

C 被定义为债券的凸性值，用以衡量到期收益率发生变动而引起的债券价格变动幅度的变动程度。凸性是对债券价格曲线弯曲程度的一种度量。

将债券定价(2.1)式代入(2.9)式中，从现金流的角度加以表示，假设每年利息支付 m 期，则：

$$C = \frac{1}{P\left[1+\left(\frac{y}{m}\right)\right]^2}\sum_{k=1}^{mn}\frac{k(k+1)}{m^2}\frac{C_k}{\left[1+\left(\frac{y}{m}\right)\right]^k}$$

其中，C_k 为第 k 期支付的利息，n 为债券的存续期。

凸性值的计算公式比久期的计算更为复杂，Fabozzi 的书中同样给出了凸性的一种简便计算方法。步骤如下：

（1）将债券收益率提高几个基点，并确定在较高收益水平上的新价格 P_+。

（2）将债券收益率降低同样幅度的基点，并计算出新的价格 P_-。

（3）令 P_0 表示初始价格，运用以下公式可计算出凸性的近似值：

$$凸性的近似值 = \frac{P_- + P_+ - 2P_0}{P_0 \times (\Delta y)^2}$$

二、凸性的意义

久期体现的债券价格与收益率间的线性关系是平均意义上的到期时间，而凸性值是指债券价格随利率变动的平方所发生的变化。（2.8）式可以重新描述为：

$$\frac{\mathrm{d}P}{P} \approx -D_M \mathrm{d}y + \frac{C}{2}(\mathrm{d}y)^2 \tag{2.10}$$

在知道债券修正久期和凸性的条件下，可以更准确地估计债券价格的变动。

同时，从（2.10）式可以看出，在存在凸性的情况下，债券收益率升高时价格下降幅度小于线性估计，而收益率降低时价格上升幅度大于线性估计。所以对于债券持有者，凸性是一个"有利"的性质。而对于在某一收益处有相同久期的两种债券，无论收益率上升还是下降，具有较大凸性值的债券价格始终高于具有较小凸性值的债券价格，凸性具有减少久期近似误差的性质。因此，在其他条件相同时，人们会偏好凸性大的债券。那么，什么样的债券具有较大的凸性值呢？可以证明，凸性值同时受久期、各期现金流偏离久期的程度、债券收益率三个因素的共同影响。

债券的凸性有以下三个特征：

（1）凸性值随收益率的上升（下降）而下降（上升）。

（2）对于具有相同久期和收益率的债券，其现金流越分散，凸性值越大。

（3）对于既定收益率和到期日的债券，息票率越低，凸性越大。

例 2.11　10 年后到期、当前价格为 100、息票率是 10% 的债券，其久期和凸性经过计算分别为 $D = 6.52$ 年，$C = 58.07$。假定收益率上升 1% 和下降 1%，利用久期和凸性计算债券价格的变化。

解：根据债券的久期和凸性可以计算出价格变化分别为：

$$-100 \times 1\% \times 6.52 + \frac{1}{2} \times 100 \times 58.07 \times 1\%^2 = -6.23$$

$$-100 \times (-1\%) \times 6.52 + \frac{1}{2} \times 58.07 \times 100 \times (-1\%)^2 = 6.81$$

第八节　中国债券市场简介

从 1988 年财政部在全国 61 个城市进行国债流通转让试点开始，中国债券市场经过 30 多年的发展，债券品种日益丰富，参与范围不断扩大，市场功能逐渐完善，形成了一个包括国债、地方政府债、央行票据、金融债、短期融资券、企业债、公司债、中期票据、资产支持债券、可转债、分离交易可转债等11个品种,政府、企业、国内外机构、个人多方参与,银行间市场、交易所市场、柜台市场多层次交易的多功能、大范围债券市场,在政府融资、货币市场调控、解决金融机构资产负债期限匹配问题、企业流动资金筹集、项目融资、盘活非流动性资产等方面发挥了积极作用。

作为债券发行和交易的场所,债券市场由多个要素构成,具体包括债券、投资者、发行人、监管机构、中介机构、交易场所、发行、交易制度、法律法规等。从品种上看,目前我国市场中的债券主要分为11个品种,包括国债、地方政府债、央行票据、金融债、企业债、公司债券、短期融资券、中期票据、资产支持债券、可转债、分离交易可转债。从投资者方面来看,主要分为中央及地方政府、各类金融机构、工商类企业、个人投资者等;除个人投资者外,其他的投资者同时也是债券市场上的发行人。从交易市场上看,债券交易市场主要有银行间市场、交易所市场、柜台市场,各个市场的交易制度不同,导致了市场在参与者、交易量、流动性上的巨大差异。从监管机构方面来看,监管机构主要对债券的发行和交易进行监管,发行监管机构因债券发行人及品种不同而异,交易监管机构因债券所在的交易市场不同而异。从法律法规方面来看,不同的债券由于其性质的不同,所适用的法律法规差别较大。除了使用较为普遍的《证券法》外,各类债券的法律依据主要是其相对应的监管部门颁布的管理办法及相关条例。

表2-5对各个债券的相关情况进行了总结。

表 2-5 各种债券的发行与流通

	发行人	发行对象	流通方式	期限	发行管理
记账式国债	财政部	视发行市场而定	在其所发行的市场流通	任意	全国人大
凭证式国债	财政部	个人及机构	不能流通,可在原购买网点提前赎回	1~5年	全国人大
电子式储蓄国债	财政部	个人	不能流通,可以提前兑取、质押贷款和非交易过户	1~7年	全国人大
地方政府债券	财政部代理、地方政府发行	视发行市场而定	银行间或交易所流通	3~5年	国务院
央行票据	人民银行	公开市场一级交易商	银行间市场流通	3~36个月	人民银行
金融债券	金融机构	银行间市场参与者	银行间市场流通	任意	人民银行
企业债券	国有独资企业国有控股企业	视发行市场而定	在其所发行的市场流通	3年以上	发展改革委
公司债券	股份有限公司有限责任公司	交易市场参与者	交易所市场流通	3~10年	证监会
中期票据	非金融企业	银行间市场参与者	银行间市场流通	3~5年	交易商协会
短期融资券	非金融企业	银行间市场参与者	银行间市场流通	1年以内	交易商协会

（续表）

	发行人	发行对象	流通方式	期限	发行管理
资产支持证券	证券公司信托机构	视发行市场而定	在其所发行的市场流通	任意	交易商协会
可转债	上市公司	交易所市场参与者	交易所市场流通	3～8年	证监会
分离交易可转债	上市公司	交易所市场参与者	交易所市场流通	3～6年	证监会

从表2-5可以看出，各个债券在发行人、发行对象、流通方式、期限、发行管理机构方面都有着较大的不同。从发行对象来看，债券发行可能面向个人或机构或两者兼而有之；从流通方式来看，可以分为交易所市场流通、银行间市场流通、柜台流通或者不能流通；从期限来看，债券期限从短期、中期、长期不等；从发行管理来看，发行管理部门包括了全国人大、地方人大、人民银行、发展改革委和证监会。以上各个因素交织构成了债券市场。

通过30多年的高速发展，我国债券市场达到了一定的规模，品种在探索中逐步丰富，市场设施也日益完善，多层次的市场结构广泛调动了各类投资者的参与度。总结我国债券市场的发展过程与现状，可以发现以下特点：政府主导型的债券是债券市场主体，国债、政策银行金融债、央行票据三种债券占据了债券市场大半江山；市场主导型的债券份额在不断上升，已由不足1%上升到20%左右；多市场共存，但银行间市场起主导作用，银行间市场在托管量和交易量上与其他市场相比有绝对优势。

从发展趋势来看，未来债券市场的规模将继续扩大，但增速将有所放缓，直到政策或产品创新带来新的突破。从债券品种来看，债券的发展一般面临三个阶段，债券市场健康发展的动力源自市场主导型债券，短期融资券、中期票据的成功发展便是有力的作证，而新的市场契机可能会出现在创新类证券中。从市场层次来看，银行间市场参与者的研究分析能力整体上高于交易所市场的参与者，因此，银行间市场将比交易所市场更快走向成熟。但是，银行间市场在引入新的债券品种时更需要警惕系统性风险。银行间市场交易量大，参与者之间相关度高，参与者资本金比率远低于非金融机构，一旦系统性风险爆发，将对金融体系的稳定运行产生巨大的威胁。

本章小结

固定收益证券收入固定且定期得到支付，主要是指一些债务类工具，如国债、公司债券等，一般期限较长（一年以上）。债券是最基本的固定收益证券，息票率、到期日、面值是债券最基本的要素，其他要素包括是否税前付息、选择权、限制性条款、求偿等级等。固定收益证券的主要类别包括国债、市政债券、公司债券、优先股、国际债券以及其他新品种债券。债券评级是对债券质量的一种评价制度，主要是对债券发行者的信誉评级，核心是违约的可能性。债券的违约风险直接影响到期收益率的实现。债券定价一般采用现金流贴现法。衡量债券收益指标有息票率、当前收益率、到期收益率、持有期收益率等。久期是债券未来现金支付时间的加权平均，度量了债券价格对利率变动的敏感性。而在久期给定的情况下，凸性反映了债券未来现金流的集中程度。

习　题

1. 债券契约有哪些基本要素?

2. 列举三项以上债券和股票的区别。

3. 中国有哪些国债品种?

4. 外国债券与欧洲债券有哪些区别?

5. 在穆迪投资者服务公司和标准普尔公司的评级体系中,哪些债券属于投资级,哪些债券属于投机级?

6. 什么是债券的嵌入式期权?列举三个债券中包含嵌入式期权的例子,并分析对于基准利率,嵌入式期权导致风险报酬的增加还是减少?

7. 请解释为什么使用同一收益率来贴现金融资产的全部现金流量是不恰当的。

8. 即期利率和远期利率之间有什么关系?

9. 某养老基金经理知道下列负债必须偿还,该负债如下:

从现在起的年限数	负债(百万美元)
1	2.0
2	3.0
3	5.6
4	4.8

假设该养老基金经理希望投资一笔资金以满足上述债务现金流量的偿还需要。若今天任何一笔投资获得的年利率都为 7.6%,那么今天必须投入多少资金才能满足上述债务现金流量的偿还需要?

10. 某投资者贷款购买一价格为 100 万的房产。无首付,每月偿还相等数额,10 年还清,贷款利率为 8%。计算该投资者每月偿还多少数额贷款?第一个月偿还多少本金?

11. 假设各只债券具有相同的到期收益率,那么能否根据下面的信息指出当收益变动时,下列哪只债券的价格波动最大?

债　券	息票利率(%)	期限(年)
X	8	9
Y	10	11
Z	11	12

12. 考虑下面两种国债:

债　券	价格(美元)	修正久期(年)
X	100	6
Y	80	7

当利率变动 25 个基点时,请问哪只债券的价格波动比较大?

13. 计算下列问题中债券 A 和债券 B 的指标(假设每只债券都是每半年付息一次):

债　　券	A	B
息票利率	8%	9%
到期收益率	8%	8%
期限(年)	2	5
面　　值	100 美元	100 美元
价　　格	100 美元	104.055 美元

(1) 一个基点的价值。

(2) 马考莱久期。

(3) 修正久期。

(4) 当收益率变动 20 个基点时,请用简便公式估算久期,并将估算的久期值与上题中的久期值相比较。

(5) 凸性值。

(6) 当收益率变动 20 个基点时,请用简便公式估算凸性,并将估算的凸性值与上题中的凸性值相比较。

阅读材料

[1] 中国证券监督管理委员会. 公司债券发行试点办法,2007.

[2] 中国证券监督管理委员会. 证券市场资信评级业务管理暂行办法,2007.

[3] [美]Frank J. Fabozzi. 债券市场,分析与策略(第五版). 北京:北京大学出版社,2007. Fabozzi 的书兼具理论性和实务性,从他的书里可以了解更多固定收益工具。

[4] 更多的评级机构信息请访问各评级机构网站:标准普尔中国网站(www. standardandpoors. com),穆迪中国网站(www. moodys. com. cn),惠誉(www. fitchratings. com. cn)。从评级网站上可以了解各机构的评级方法。

[5] 和讯债券(http://bond. hexun. com)提供了全面的债券数据。关于中国债券投资更加实务的知识可以从这个网站上了解到,或者可以从中国债券信息网(www. chinabond. com. cn)了解相关信息。

[6] Macaulay F. R. *Some Theoretic Problems Suggested by the Movement of Interest Rates, Bond Yields and Stock Prices in the United States Since* 1856: *Paper of National Bureau of Economic Research*. New York: Columbia, 1938.

[7] Malkiel B. G. Expectations, Bond Prices and the Term Structure of Interest Rates. *Quarterly Journal of Economics*, 1962.

[8] Black Fischer, Cox Johon C. Valuing Corporate Securites: Some Effects of Bond Indenture Provisions. *Journal of Finance*, 1976, 31.

[9] Fisher Lawrence. Determinants of Risk Premiums on Corporate Bonds. *The Journal of Political Economy*, 1959, 67.

第三章 股权证券

内 容 提 要

①股权证券特征及价值的计算。②股权变更时股价的调整。③股票价格指数的计算方法。

与固定收益证券代表持有者的债权不同,股权证券代表了持有者对公司的所有权。股权证券是股份有限公司为筹集资金而发行的,用以证明投资者的股东身份和权益,并据此获取股息的凭证。股权证券包括了优先股和普通股两种。人们经常提到的股票一般是指普通股。不论是从投资者还是发行者的角度来看,优先股的受欢迎程度都远低于普通股。我国目前上市交易的证券中没有优先股,所以本章主要介绍普通股。

本章由以下几个部分构成:①股权证券的特征。②股权变更与红利发放。③股票的价值表示。④股票的价值分析模型。⑤股票价格指数。

第一节 股权证券的特征

按是否享有优先权,股权证券通常分为优先股和普通股。

优先股虽然是一种股权证券,代表了优先股持有者对公司的所有权,但优先股混合了股权证券和债券的特点。它的股息率确定且股息优先分派,一旦公司遭遇清算,优先股股东剩余资产分配权将优先于普通股股东,但优先股股东一般没有公司的决策参与权。优先股有多种类型,按照优先股股息在当年未能够足额分派时是否在以后年度补发,可分为累积优先股和非累积优先股;按照在公司盈利较多的年份里除获取固定的股息之外能否参与本期盈余的分配,可分为参与优先股和非参与优先股;根据优先股能否在一定条件下转换为其他品种债券,可分为可转换优先股和不可转换优先股;根据在一定条件下优先股能否由原发行的股份公司赎回,分为可赎回优先股和不可赎回优先股;根据股息率是否变动,可分为股息率可调整优先股和股息率固定优先股。优先股定期获得定额收益,对它的价值分析已经在上一章固定收益证券进行了介绍。

普通股的持有人作为企业的股东,即企业的所有人,理论上控制着企业的决策权、经营权等一切权利。普通股是实施这些权利的凭证,也是获得剩余索取权的依据。同时,企业的股东是内部人,因此,股东的命运掌握在自己的手上和脚上。股东可以选择"用手投票"或"用脚投票"决定自身在企业决策中的参与度。"用手股票"是指通过参加股东大会,支持或反对公司的某项决策;而"用脚投票"是指股东卖出所持有的该公司股票。

我国法律规定,普通股股东有权通过投票参与公司的重大决策,有权分配公司盈余和剩余资产,有权了解公司经营状况、转让股票、优先认股等。但普通股股东不能退股,持有公司5%以上有表决权股份的股东,将其持有的股份进行质押时,应当自该事实发生之日起3日内向公司做出书面报告。由此可见,普通股股东要从其持有的股票获得收益只有两种方式,一种是股息分红,另一种是将股票转卖给他人。

从投资视角来看,普通股的价值主要体现在以下几个方面:

(1) 剩余索取权。

剩余索取权是指股东对扣除债务、税金后的所有资产和收益按其持股比例所享有的要求权。剩余索取权强调两方面的权利,一是股东拥有相应的权利,二是这种权利是在清偿了其他债务、税金之后的。具体地,剩余索取权主要表现为报酬的剩余性和清偿的附属性。报酬的剩余性是指只有支付了股东之外的所有其他利益相关者的收益后,若有剩余,股东才能获得股利支付,但是剩余的所有收益都归属股东。清偿的附属性是指,股本并不是必然要偿还的。《破产法》中明确规定了企业的破产清偿顺序:清算费用、职工工资、所欠税款、有抵押债、无抵押债、优先股,在支付上述事项后有剩余才对股东按持股比例进行清偿。由上述对剩余索取权的解释可以看出股票具有高收益和高风险的特性:股东的收益上不封顶,但是报酬是剩余的,清偿是附属的,因此,相对于债券,股票的收益和风险都较大。

(2) 剩余控制权。

股东对企业的所有权不仅体现在剩余索取权上,更重要的是剩余控制权。股东对公司的控制表现为合同所规定的经理职责范围之外的决策权,如果公司破产,股东将丧失其剩余控制权。按照现代企业理论,企业是一系列契约的组合,而剩余控制权指契约中没有规定的活动的决策权,主要体现为股东的"投票权"。但事实上,股东每年仅对少数几个决策进行投票,而其余大多数决策权都是由股东大会选举出来的董事会赋予经理层行使的。

(3) 有限责任。

对于有限责任公司,股东仅以其出资额为限对公司的债务承担责任,即公司的债务与股东个人的其他财产不具有连带关系。有限责任制使公司作为法人具有了与其投资者(股东)相互独立的"人格",它减小了股东投资的风险,有效鼓励了投资。上市公司都是有限责任制公司。在有限责任制下,股票不会因为持有人财富的不同而价值不同,股票对于所有人是标准化、无差异的责任。正是因为责任的非人格化,股票具有可转让性,亦即流动性,从而使得投资者可以在二级市场上自由买卖上市公司的股票。

(4) 无到期期限。

股票的可转让性给了投资者退出的渠道,且其退出不影响公司的存在(而在无限责任下,公司任何一个股东变更都意味着企业变更,所以企业不可能永续经营)。因此,只要公司没有破产或解散就可以永远经营下去;相应的,股票也是一个没有到期日的永久性收益凭证。

从以上股票的性质可以看出,股票具有如下特征:

① 收益性：股东有权从公司领取红利，获得投资收益。

② 风险性：股票投资者面临着两方面的风险，一种是投资收益上的风险，另一种是股票价格波动所带来的风险。

③ 流动性：投资者可以在二级市场上买卖上市公司的股票，普通股股票可以流通。

④ 永久性：股东的状况不会影响公司的经营状况，所以可以假设公司是永续经营的，股票具有永久性。

⑤ 参与性：股票持有者可以通过投票的方式参与公司的重大决策。

阅读材料

我国的上市公司中很大部分是国有企业。国有企业上市前的股份制改造把我国上市公司的股票分为了非流通股和流通股。

一、非流通股

非流通股是指暂时不能上市流通，或者经过批准后才能上市流通的国家股（国有资产折成的股票）和法人股（发起人出资认购的或者向其他法人机构募集的股份）。非流通股除了流通权与流通股不一样外，其他权利和义务都是完全一样的。非流通股也是可以转让的，根据《上市公司非流通股股份转让业务办理规则》，上市公司非流通股份转让必须在证券交易所进行，由沪、深证券交易所和中国证券登记结算公司集中统一办理，场外股票交易属于非法行为。

非流通股的存在是由于股权分置。由国企股份制改造产生的国有股事实上处于暂不上市流通的状态，其他公开发行前的社会法人股、自然人股等非国有股也暂不流通。非流通股存在诸多问题，最严重的就是流通股股东和非流通股股东之间的利益不平衡。非流通股股东拥有大部分股权而对公司有主要控制权，不利于公司治理结构改善，损害了流通股股东的利益。

为了解决流通股股东和非流通股股东利益不一致的问题，我国逐步进行了股权分置改革。股权分置改革的目标是股票的全流通，实现真正的同股同权。股权分置问题的解决将促进证券市场制度和上市公司治理结构的改善，有助于市场的长期健康发展。同时，解决股权分置问题，可反映证券市场真实的供求关系并完善定价机制，有利于改善投资环境，促使证券市场持续健康发展。2005 年 5 月 9 号开始的股权分置改革，截至 2006 年底，沪深两市已进入或完成改革程序的上市公司共 1 301 家，占应改革上市公司的 97%，对应市值占比 98%。目前，股权分置改革已基本完成，但是在进行股权分置改革时，限制了一些上市公司的部分股票上市流通的日期。这部分股票的上市将给股票市场带来巨大的压力。随着大小非解禁，可以看出完成股权分置改革只是改变流通股和非流通股股东利益不均衡的第一步。小非，即小部分禁止上市流通的股票，占总股本 5% 以下。反之叫大非，即大规模的限售流通股，占总股本 5% 以上。解禁，即非流通股票已获得上市流通的权力。如何顺利地过渡到全流通，仍然是一项艰巨而复杂的任务。

二、流通股

目前，我国股票中的流通股是指可在上海证券交易所、深圳证券交易所及北京两个法人股系统 STAQ、NET 上流通的股票。在我国可流通的股票中，按市场属性的不同可作不同的分类。

A 股：境内发行、以人民币标明面值，仅对中国居民发售流通（社会公众股和内部职工股）。

B 股：境外发行、以人民币标明面值、外币购买，过去仅对境外居民发售和流通，2001 年起对境内居民开放（2001 年 2 月 20 日，允许境内居民以持有的外汇开立 B 股账户）。

H 股：内地企业在香港上市发行的股票，如江苏宁沪高速公路（0177）、南京熊猫（0553）。

N股：中国企业在纽约证券交易所上市发行的股票。中国联通、中国电信于2000年、2001年分别在纽约上市。

另外，关注股票市场行情的读者会发现股票名称前经常会有一些英文字母。这些英文字母是对股票的提示，具体含义如下：

ST：公司经营连续两年亏损，特别处理。当上市公司出现财务状况或者其他状况异常，可能损害投资者权益的情形时，需要将股票进行特别处理。其中财务状况异常是指最近两个会计年度净利润为负或每股净资产低于股票的面值(1元)；其他异常是指自然灾害、重大事故等导致公司经营中止。对这类ST股票的特别处理包括股票涨跌幅度限制为5%，中报要求审计，股票行情特别提示等。

S：尚未完成股改。

*ST：公司经营连续三年亏损，退市预警。

S*ST：公司经营连续三年亏损，退市预警＋尚未完成股改。

SST：公司经营连续两年亏损，特别处理＋尚完成股改。

L：此股票带有相关的权证、债券等。

PT：公司经营连续三年亏损，其股票将暂时上市，需实施特别转让服务。

第二节　股权变更

股权变更是指公司流通股数量的变化和每股代表权益的变化，包括上市公司增发、配股、拆股、并股、发放红利以及股票回购等一系列行为，往往伴随着股票价格的变化。下面对上市公司股权变更行为逐一进行介绍，并分析其对价格的影响。

一、增　发

增发是指上市公司除了首次公开募集股份之外，再次向不特定对象公开发行股票募集资金的行为。增发对上市公司股东回报率的影响取决于上市公司增发所筹集资金的使用效率。如果仅仅是为了"圈钱"而增发，筹集资金并无实际用途，那么增发无疑会降低总资产收益率，为股东所诟病。总的来说，我国市场上增发对股价一般是利空消息。

二、配　股

上市公司第一次募集资金后，可以继续发行股票：向社会公众发售股票被称为"增发"，向原股东按其持股比例配售被称为"配股"。按照惯例，公司在增发新股时，原股东拥有优先认股权。优先认股权是指当股份公司为增加公司资本而决定增加发行新的股票时，原普通股股东享有的按其持股比例、以低于市价的某一特定价格优先认购一定数量新发行股票的权利。赋予股东优先认股权主要目的有两个：一是保证原股东的控制权不会因为增发而被稀释；二是保护原股东的利益，为增发可能带来的股价下降进行补偿。

三、拆股和并股

拆股是指股票分割,即将一股高价格股票分割为多股低价格股票;并股就是反分割,即将多股低价股票合并为一股高价股票。拆股和并股后,股东权益保持不变。例如:对市价为10元/股的股票采取1∶2的拆股,则原先持有100股的股东拆股后持股数为200股,相应地每股价格为5元/股,总的股东权益没有变化。

四、红利发放

红利发放是股权证券吸引投资者的一个重要原因。一般来说,上市公司每年都会根据盈利情况决定当年发放红利的形式和数额。红利的数额是由董事会决定的,发放红利的形式则包括以下几种:

(一)现金红利

现金红利是指公司以现金形式发放股利。相对应的有股权登记日,在这一天确定哪些股东可以参加分红,即在这一天仍持有公司股票的为此次分红面向的股东。在股权登记日后的第一个交易日就是除息日,从这一天开始,投资者购买该公司股票不享受此次分红。红利的发放使股东能够提前收回投资,是最实在的回报。为了鼓励上市公司现金分红,2008年10月9日发布的《关于修改上市公司现金分红若干规定的决定》要求,上市公司"最近三年以现金方式累计分配的利润不少于最近三年实现的年均可分配利润的百分之三十",否则不得进行再融资。

股票分红派息后,其价格需进行相应调整,这一过程称为降权降息,调整后的价格称为除权除息价。

例3.1　某公司股东大会决议通过分红0.23元/股,公告日期为2007-06-20,股权登记日2007-07-04,除息日2006-07-05。股权登记日的收盘价为10.07元/股,计算除息价。

解:

$$除息价 = 股权登记日收盘价 - 每股所派现金$$
$$= 10.07 - 0.23 = 9.84(元/股)$$

(二)股票红利

股票红利是指公司以股票的形式向股东支付股利,俗称"送红股"。送红股是上市公司留存本年利润进行再投资,发放股票作为红利,从而将利润转化为股本。公司发放股票红利的股权登记日后的第一个交易日被称为除权日。

送股除权价 = 股权登记日收盘价/(1 + 送股比例)

配股除权价 = (股权登记日收盘价 + 配股比例 × 配股价)/(1 + 配股比例)

通常,在股票代码前面加XR为除权,XD为除息,DR为息权同除,以提示投资者从该日购买的股票已不再具有此次分红派息的要求权。

例3.2　某公司股东大会决议通过发放红利,方式是每10股送2股配4股,配股的价格为7元/股,公告日期为2007-06-20,股权登记日为2007-07-04,除权日为2006-07-05。股权登记

日的收盘价为 10.07 元/股,同时送股及配股的除权价计算方法:

除权价＝(股权登记日收盘价＋配股比例×配股价)/(1＋送股比例＋配股比例)
　　　＝(10.07＋0.4×7)/(1＋0.2＋0.4)＝8.043 75 元 / 股

同时送红、派息、配股的除权价计算方法为:

除权价＝(股权登记日收盘价＋配股比例×配股价－每股所派现金)/(1＋送股比例＋
　　　配股比例)

五、股票回购

股票回购是指上市公司利用现金等方式,从股市上购回本公司发行在外的一定数额股票的行为。回购完成后可将回购的股票注销,或作为"库藏股"保留以作他用,如实施雇员持股计划、发行可转换债券等。股票回购有利于增加公司的价值。

第三节　股票估值

在选择股票进行投资时,首先应该对股票的价值有所了解。本节将介绍几种常见的股票价值表示以及股票价值估计方法。对股票的基本分析,即预测公司期望收益从而估计股票价值的研究方法。一般采用"自上而下"的分析方法,包括宏观分析、行业分析和公司分析。证券分析师总是在寻找价值被低估的证券。

一、股票价值表示

1. 每股面值

每股面值(par value per share)是公司新成立时所设定的法定每股价格。面值是名义价格,指每张股票标明的特定面额。大多数企业的股票面值都为 1 元。事实上,面值是可以由上市公司自行规定的,但法律规定股票不得低于面值发行,如可口可乐的股票面值为 0.25 美元/股。与债券和优先股不同,普通股的面值与其实际代表的财富关系不大。公司资产负债表上资产总是超过了股票面值之和的。面值的作用主要是表明股东持有的股票占公司总股本的比重,同时可以通过面值计算新公司成立时的资本总额。但股票面值的作用十分有限,每股股利与其没有直接关系,其与市价差距很大,没有必然联系。而债券的面值十分关键,是决定利息收入和返还本金的依据。

2. 每股账面价值

每股账面价值(book value per share)表明了每股所代表的公司的股东权益。

例如某公司拥有 149 500 000 元的总资产,其中,普通股 100 000 000 元,资本公积 5 000 000 元,盈余公积 30 000 000 元。那么股东权益是 135 000 000 元。若在外发行 10 000 000 股,则每股账面价值是 13.5 元。

但是,账面价值只是股票持有者股权的会计价值。尽管每股账面价值在投资决策中起到重要的作用,但它仍然不能代替投资者最关心的每股市场价值。因为账面价值只是一种历史公允的价值,它仅仅代表过去的实际,而不是今天的公允价值。账面价格不一定大于企业的市场价值,可能低、高或相等。

3. 清算价值

清算价值(liquidation value)指公司破产清算时出售资产、清偿债务以后的剩余资金,它将用来分配给股东。清算价值更好地反映了股价的底线。公司市值必然会大于或等于清算价值,因为如果公司的市值跌落到清算价值以下,会成为被收购的目标,在这样的情况下,并购后立即清算就可以获利。

4. 重置价值

重置价值(replacement value)是指重置公司各项资产的价值(成本)减去负债项目的余额。重置价值基本上代表公司的市值。市值不会比重置成本高出太多,因为如果那样,竞争者将争相进入该行业,竞争的压力迫使所有公司的市值下跌,直到与重置成本相等。Tobin 的 q 值理论就是基于重置价值的以上性质的:

$$q = \frac{v_m}{v_r}$$

其中 v_m 为公司所有资产的市值,v_r 为重置价值。

如果 $q>1$,公司的资产市值高于重置成本,对公司具有投资激励作用。

如果 $q=1$,激励作用接近于 0。由于市值不会比重置成本高出太多,所以长期来看,市值对重置成本的比率为 1。

如果 $q<1$,公司的资产市值低于重置成本,公司无资本投资的意愿。

5. 股票的市场价值

也称股票的市值(market value),指股票在股票市场进行交易过程中所具有的价值,是一种经常变动的数值,它直接反映了股票的市场行情。

6. 股票的经济价值

股票的经济价值(economic value)是指未来每股股利的现值,也称为内在价值(intrinsic value)。由于股票是一种没有偿还期的证券,股票转让的本质是领取股利收入的权利的转让。如果股票的经济价值和股票的市场价值不一致,那么很可能有两个原因:一是股票价格的计算方法有问题。二是股票市场缺乏效率。股市的低效率使投资者无法获得完全的信息。股票价格未包含所有的信息,则与公司股票的真正价值(充分信息)有差异。

二、绝对估值法

使用绝对估值法对股票进行估值的主要方法包括股息贴现模型和自由现金流模型两种。根据对增长方式做出假设不同,每种模型又可以分出若干形式。

(一)股息贴现模型(dividend discounted model)

债券的内在价值为未来利息和本金的现值之和,相应地,股票的价值亦为未来现金流现值之和,其现金流即为股票持有者获得的股息。具体地,股票的价值可以表示为:

$$v = \frac{D_1}{(1+i)} + \frac{D_2}{(1+i)^2} + \cdots = \sum_{t=1}^{\infty} \frac{D_t}{(1+i)^t} \tag{3.1}$$

其中,D_t 为 t 期的股息,i 为某一利率水平下合适的折现率,且假设各期相同。

(3.1)式是基于现金流贴现法而得到的。现金流贴现法又称为收入资本化法,通常包含以下步骤:

(1) 获得被评估企业历史财务数据并进行分析和调整,得到正常化的财务数据。

(2) 通过财务数据预测未来的收益。在某些情况下,预测的下一年的收益或历史几年的平均收益都被用来作为进行资本化计算的收益。

(3) 计算资本化率。

(4) 将收益资本化以计算待估价值。

(5) 就非经营性资产和溢余资产的价值进行评估,并对上述待估价值进行调整。

根据对股息增长的不同假设,式(3.1)可进一步推导得出下述股息贴现模型:

1. 零增长模型(zero growth model)

零增长模型假设股息的增长率为零,即股息每年均保持不变。其表达式可整理为:

$$v = \sum_{t=1}^{\infty} \frac{D_0}{(1+i)^t} = D_0 \sum_{t=1}^{\infty} \frac{1}{(1+i)^t} = \frac{D_0}{i} \tag{3.2}$$

这一模型假设股息固定不变,与现实相差较远。但是由于优先股的股息是一定的,所以可以应用于决定优先股的经济价值,判定优先股的价值是否合理。

例如,某公司的优先股股利为 8 元/股,且折现率为 10%,则其经济价值为 80 元,若当前价格为 75 元,则被低估,即可买进。

2. 固定增长模型(Constant growth model-Gordon model)

固定增长模型假定公司的股息以一个固定的速率 g 增长,若前一年的股息为 D_0,则今年的股息为 $D_1 = D_0 \times (1+g)$,依此类推可得第 n 年的股息为 $D_n = D_0 \times (1+g)^n$。从而固定增长模型中的股票价值可表示为:

$$v = \sum_{t=1}^{\infty} \frac{D_t}{(1+i)^t} = \sum_{t=1}^{\infty} \frac{D_0(1+g)^t}{(1+i)^t}$$

当 $i > g$ 时(如果 $i < g$,该公司价值将无限膨胀,趋于无穷,显然不可能),

$$v = D_0 \sum_{t=1}^{\infty} \frac{(1+g)^t}{(1+i)^t} = D_0 \frac{1+g}{i-g} = \frac{D_1}{i-g} \tag{3.3}$$

这种模型适用于稳定增长的公司。

例如,某公司在过去一年中所支付的股息为每股 1.8 元,同时预测该公司的股息每年按 5% 的比例增长,若折现率为 11%,则其合理价格是 31.5 元。

事实上,当考虑红利再投资时,若再投资率(收益留存率),即再投资资金占盈利的百分比为 b,则股息增长率

$$g = ROE \times b \tag{3.4}$$

其中,ROE 为净资产收益率(rate of return on common stockholders' equity,ROE) 净资产收益率=税后利润/所有者权益。

3. 两阶段增长模型(two stage growth model)

这一模型假设股息的增长分为两个阶段,分别以 g_1 和 g_2 为固定的增长率。则股价模型

表达如下：

$$v = \sum_{t=1}^{n} \frac{D_t}{(1+i)^t} + \sum_{t=n+1}^{\infty} \frac{D_t}{(1+i)^t}$$

$$= \sum_{t=1}^{n} \frac{D_0(1+g_1)^t}{(1+i)^t} + \sum_{t=n+1}^{\infty} \frac{D_n(1+g_2)^{t-n}}{(1+t)^t}$$

$$= \sum_{t=1}^{n} \frac{D_0(1+g_1)^t}{(1+i)^t} + \frac{D_n(1+g_2)}{(1+i)^n(i-g_2)} \tag{3.5}$$

4. 三阶段增长模型（three stage growth model）

两阶段模型假设公司的股利在前 n 年以每年 g_1 的速率增长，从 $(n+1)$ 年起由 g_1 立刻变为 g_2，而不是稳定地有一个从 g_1 到 g_2 的过渡期，这是不合理的，为此，Fuller(1979)提出了三阶段模型。

Fuller 模型假设从 A 到 B 年间的增长率是线性下降的，则在此期间增长率为：

$$g_t = g_a - (g_a - g_b) \cdot \frac{t-A}{B-A}, \text{其中} g_a > g_b \tag{3.6}$$

增长率变化如图 3-1 所示：

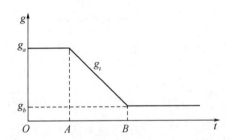

图 3-1 三阶段模型的股息增长率变化

则三阶段增长模型计算的公司股票价值为：

$$v = D_0 \sum_{t=1}^{A} \left(1 + \frac{g_a}{1+i}\right)^t + \sum_{t=A+1}^{B} \left[\frac{D_{t-1}(1+g_t)}{(1+i)^t}\right] + \frac{D_B(1+g_b)}{(1+i)^B(i-g_b)} \tag{3.7}$$

例 3.3 假设某股票初期支付的股息为 1 美元/股，上市之后两年的股息增长率为 6%。股息增长率从第 3 年开始递减，从第 6 年开始每年保持 3% 的增长速度。另外股息贴现率为 8%。则有：

$$A = 2, B = 6, g_a = 6\%, g_b = 3\%, D_0 = 1, i = 8\%, g_t = 6\% - (6\% - 3\%) \cdot \frac{t-2}{6-2}$$

$$g_3 = 0.06 - (0.06 - 0.03) \cdot \frac{3-2}{6-2} = 5.25\%$$

$$g_4 = 0.06 - (0.06 - 0.03) \cdot \frac{4-2}{6-2} = 4.5\%$$

$$g_5 = 0.06 - (0.06 - 0.03) \cdot \frac{5-2}{6-2} = 3.75\%$$

年份	股息增长率(%)	股息
1	6	1×1.06＝1.06
2	6	1.06×1.06＝1.124
3	5.25	1.124×1.0525＝1.183
4	4.5	1.183×1.045＝1.236
5	3.75	1.236×1.0375＝1.282
6	3	1.282×1.03＝1.32

从而可得该股票的内在价值为：

$$v = 1 \times \sum_{t=1}^{2} \left(\frac{1+0.06}{1+0.08} \right)^t + \sum_{t=3}^{6} \left[\frac{D_{t-1}(1+g_t)}{(1+0.08)^t} \right] + \frac{D_6(1+0.03)}{(1+0.08)^6(0.08-0.03)}$$

$$= 22.64 \text{ 美元}$$

5. 多元增长模型(multipce growth model)

此模型假设在时刻 T 以前的 $T-$ 时刻，股利可以按照任何比例增长，但在 T 之后的 $T+$ 时刻按照固定比率增长，且一直持续下去。那么 $1 \sim T-$ 的股利只能按照最一般的公式计算，$T+$ 以后可以按照固定增长模型计算。其表达式为：

$$v_{T-} = \sum_{t=1}^{T} \frac{D_t}{(1+i)^t}$$

$$v_{T+} = \sum_{t=T+1}^{\infty} \frac{D_t}{(1+i)^t} = \frac{D_{T+1}}{(i-g)(1+i)^T}$$

$$v = v_{T-} + v_{T+} = \sum_{t=1}^{T} \frac{D_t}{(1+i)^t} + \frac{D_{T+1}}{(i-g)(1+i)^T}(i>g) \tag{3.8}$$

总的来说，这些模型都是用收入资本化的方式来估计股票的内在价值，对收入（即股息）的不同预测方式形成了上述不同的模型，每一种假设都可以说是现实中某一类型的公司的缩影。当然，对于更加复杂的增长方式，可以综合利用上述模型进行估计。

（二）自由现金流模型(free cash flow model，FCFM)

1. 股权自由现金流(free cash flow of equity，FCFE)

公司每年不仅需要偿还一定的利息或本金，同时还要为其今后的发展维护现有的资产、购置新的资产。当我们把所有这些费用从现金流入中扣除之后，余下的现金流就是股权自由现金流。FCFE 的计算公式为：

FCFE＝净收益＋折旧－资本性支出－营运资本追加额－债务本金偿还＋新发行债务

2. 稳定增长(一阶段)FCFE 模型

如果公司一直处于稳定增长阶段，即以一个不变的比率持续增长，那么这个公司就可以使用稳定增长的 FCFE 模型进行估价。

在稳定增长模型中股权资本的价值是三个变量的函数：下一年的预期 FCFE、稳定增长率和投资者的要求收益率。则股票的价值可以表示为：

$$v = \frac{FCFE_1}{r - g_0}$$

$$P_0 = \frac{FCFE_1}{(r - g_n)}$$

其中，P_0 为股票当前的价值，$FCFE_1$ 为下一年预期的 $FCFE$，r 为公司的股权资本成本（即投资者的要求收益率），g_n 为 $FCFE$ 的稳定增长率。

这个模型的前提假设与 Gordon 增长模型非常相似，因此它在应用方面也面临着同样的限制条件。模型中使用的增长率必须是合理的，它与公司所处的宏观经济环境的发展速度有关。作为一种通用规则，公司的稳定增长率不会超过其所处的宏观经济增长率 1~2 个百分点以上。

公司处于稳定状态的假设也说明了公司必须具备的其他维持稳定增长所需的条件。比如说，不允许公司的资本性支出远远大于折旧额，公司的资产也必须具有市场平均风险（如果应用 CAPM 模型，那么公司股权的 β 值应与 1 相差不大）。一家公司要能够实现稳定增长，就必须具备下面两个特征：

（1）折旧能够完全弥补资本性支出。

（2）股票的价值为 1。如果应用其他模型来估计公司的股权资本成本，那么其结果与市场全部股票的平均股权资本成本应相接近。

3. 两阶段 FCFE 模型

FCFE 两阶段估价模型适用于那些预计会在一定时间段内快速增长，然后再进入稳定增长阶段的公司。

假定股票的价值由两部分组成：一是超常增长时期每年 FCFE 的现值，二是超常增长时期结束时期末价值的现值。则：

$$v = 高速增长阶段\ FCFE\ 的值 + 期末价值现值$$
$$= \sum_{t=1}^{n} \frac{FCFE_t}{(1+r)^t} + \frac{P_n}{(1+r)^n}$$

其中，$FCFE_t$ 为第 t 年的 $FCFE$，P_n 为高速增长阶段期末的股票价格，r 为高速增长阶段内股权投资者的要求收益率。

期末价值 P_n 一般使用永续稳定增长模型进行计算：

$$P_n = \frac{FCFE_{t+1}}{(r_n - g_n)}$$

其中，g_n 为第二阶段，即稳定增长阶段的增长率，r_n 为稳定增长阶段内股权投资者的要求收益率。

股息贴现模型和股权自由现金流模型之间最基本的差别在于现金流的定义。股息贴现模型使用的股权现金流定义是狭义的，即现金流就是指股票的预期红利；而 $FCFE$ 模型使用的股权现金流定义是广义的，即现金流是指公司在履行了各种财务上的义务和满足了公司投资者需求之后的剩余现金流。当公司的 $FCFE$ 与股息不相同时，两种模型所得的估价结果就会不同。当我们在对将被购并或极有可能发生控制权变动的公司进行估价时，$FCFE$ 模型所提供的结果是更理想的估价结果。

估计股票内在价值对于投资具有一定的意义。如果内在价值高于目前市场上的价格，那么可以说该股票价格被低估，做多很大可能上会获得收益；反之，内在价值低于市场价格，股票价格被高估,则应做空。

从价值发现和资源配置的角度来看,作为虚拟经济代表的资本市场必须与实体经济保持高度的价值相关性,脱离上市公司的基本面支撑,股价上涨将不会持久,类似的财富效应也不会经常出现。因此,任何国家或地区的资本市场发展,离不开价值相关性这个根本出发点。从微观层面来说,价值相关性表现为上市公司披露的财务会计信息与股票价格的关联性。对这种关联性的研究,一直是资本市场发展进程中的永恒主题之一。

三、相对估值法

在相对估值法中,上市公司的价值通过参考"可比"公司价值或其他某一变量,如收益、现金流和账面价值等比率来对目标公司进行估值。常用的相对估值法包括市盈率(PE)估值法、市盈率/增长率法以及市销率(PSR)、市研率(PRR)评估法。

1. 市盈率(PE)估值法

市盈率=交易价格/每股盈余。一般而言,市盈率越低越好。市盈率越低,表示公司股票的投资价值越高;反之,则投资价值越低。然而,也有一种观点认为,市盈率越高意味着公司未来成长的潜力越大,也即投资者对该股票的评价越高;反之,投资者对该股票的评价越低。

但在实际的应用中,仅仅分析市盈率不够科学,为此引入在 PE 基础上的相对估值法。

PE 估值法的基本步骤如下所示:

(1) 预测公司的 EPS(每股收益)。

(2) 收集可比公司的 PE,考查取值范围。

(3) 确定公司的市盈率 PE。

根据上述数据,公司股价的计算公式为:

$$v = 市盈率 \times EPS$$

2. 市盈率/增长率法

PEG 指标是用公司的市盈率除以公司的盈利增长速度。

PEG 指标是彼得·林奇发明的股票估值指标,在 PE(市盈率)估值的基础上发展而成,弥补了 PE 对企业动态成长性估计的不足,其计算公式为:

$$PEG = PE/企业年盈利增长率$$

3. 市销率、市研率评估法

市销率、市研率评估法是由费雪投资公司的创办人兼总裁肯尼斯·费雪提出的,分别基于销售收入和研发投入对股票价格进行评估。公式为:

$$市销率(PSR) = 当前股票价格 \times 总股本 \,/\, 年销售收入$$
$$市研率(PRR) = 当前股票价格 \times 总股本 \,/\, 年研发投入$$

用市销率对股票价格进行评估时,要避开 PSR 超过 1.5 的股票,尤其是 PSR 大于 3 的公司;积极寻找 PSR 低于 0.75 的超级公司;坚决卖出任何 PSR 涨到 3~6 的公司。

用市研率对股票价格进行评估时,要避开 PRR 高于 15 的公司;寻找 PRR 介于 5~10 的超级公司。

第四节　股票价格指数

股票指数是关于股票市场表现的报告,它是一种价格指数,是综合反映不同时期股票价格变动水平的相对指标。本节首先简要说明几种股票指数的计算方法以供参考,然后介绍我国主要股票价格指数,最后简要介绍世界上几个主要的股票价格指数。

一、股票价格指数的计算

在介绍股票价格指数的计算方法之前,先介绍一个与股票价格指数一样可以衡量股票市场总体价格水平及变动趋势的尺度——股价平均数。股价平均数与股价指数的不同在于,股价平均数以绝对数的形式反映市场价格水平,而股价指数以相对数的形式直观地反映股票价格相对于基期的变化。

(一)股价平均数

股价平均数可以分为算术平均股价、加权平均股价和修正平均股价三种形式。

算术平均股价的计算方法为:

$$算术平均股价 = \frac{各样本股收盘价总和}{样本股票的种类数}$$

加权平均股价是将各种股票的发行数或者交易数作为权数计算出来的股价平均数,其计算公式为:

$$加权平均股价 = \frac{样本股成交总额}{同期样本股成交总数}$$

或者:

$$加权平均股价 = \frac{样本股市值总额}{同期样本股发行总量}$$

修正平均股价是在算术平均股价的基础上,考虑拆并股、增发配股等情况,通过变动除数来使股价不受影响。

(二)股票价格指数

股票价格指数是反映不同时点上股价变动情况的相对指标。通常是将报告期的股票价格与确定的基期价格相比,并将两者的比值乘以基期的指数值,得到该报告期的股票价格指数。股票价格指数的计算方法有三种:一是相对法,二是综合法,三是加权法。

1. 相对法

相对法又称平均法,即先计算各样本股票指数,再求总的算术平均数。其计算公式为:

$$股票指数 = \frac{n个样本股指数之和}{样本股数量n}$$

2. 综合法

综合法是先将样本股票的基期和报告期价格分别加总,然后相比求出股票指数。其计算公式为:

$$股票指数 = \frac{报告期股价总和}{基期股价总和}$$

例 3.4 假设市场中有 4 种股票,其基期和报告期的股票价格分别如表 3-1 所示:

表 3-1 基期和报告期的股票价格

股 票	基期价格	报告期价格
A	5	8
B	8	12
C	10	14
D	15	18

那么,用综合法计算出来的股票指数为:

$$股票指数 = \frac{8+12+14+18}{5+8+10+15} = 136.8\%$$

即报告期的股价比基期上升了 36.8%。

3. 加权法

从平均法和综合法计算股票指数的本质来看,两者都未考虑到由于样本股票的发行量和交易量的不同而对整个股票市场股价的影响不同等因素。因此,计算出来的指数不够准确。为使股票指数计算精确,需要加入权数;这个权数可以是交易量,亦可以是发行量。

加权股票指数是根据各期样本股票的相对重要性予以加权,其权数可以是成交股数或股票发行量等。按时间划分,权数可以是基期权数,也可以是报告期权数。以基期成交股数(或发行量)为权数的指数称为拉斯拜尔指数,简称拉氏指数;以报告期成交股数(或发行量)为权数的指数称为派许指数,简称派氏指数。价格指数用派氏指数表示更佳,因为它综合反应股票价格和数量的变动,且具有现实意义。在派氏指数下,股指的增长可能总量扩大。目前世界上大多数国家的股票指数是派氏指数。以下分别是两种指数的计算公式:

$$拉氏指数 = \frac{\sum_{i=1}^{n} p_{it}q_{i0}}{\sum_{i=1}^{n} p_{i0}q_{i0}} \times 100(或 1\,000)$$

$$派氏指数 = \frac{\sum_{i=1}^{n} p_{it}q_{it}}{\sum_{i=1}^{n} p_{i0}q_{it}} \times 100(或 1\,000)$$

其中,p 表示价格,q 表示数量,下标 0 表示基期,下标 t 表示报告期。

二、中国的股票价格指数

(一)上海证券交易所股票价格指数

上海证券交易所股价指数有多种,最受关注的是上证综合指数。我国的上证综合指数选取 1990 年 12 月 19 日为基期,基期为 100 点;采用全部上市股票为样本股,并选用报告期发行总股本为权数;采用加权平均法进行计算。计算公式如下:

$$上证综指 = \frac{现时样本股总市值}{基期样本股总市值} = \frac{\sum_{i=1}^{n} p_{it}q_{it}}{\sum_{i=1}^{n} p_{i0}q_{it}} \times 100 \qquad (3.11)$$

上证综指的样本股为全部股票,p_{it} 为各样本股的即时市价,q_{it} 为各样本股的发行数量(全部普通股发行量),p_{i0} 为各样本股基期日收盘价。

新上证综指于 2006 年 1 月 4 日首次发布。其选择已完成股权分置改革的上交所上市公司组成样本,包括了 A 股市值和 B 股市值,是一个全市场指数。新上证综指的基期是 2005 年 12 月 30 日,采用该日所有样本股股票市值相加为基期市值,基点为 1 000 点。

除综指之外,上交所还有样本指数和分类指数,样本指数包括上证成分股指数、上证 50 指数、上证红利指数,分类指数有 A 股指数、B 股指数及工业类、商业类、地产类、公用事业类、综合类共 7 种。

其中,上证科创板 50 成份指数(简称科创 50)由上海证券交易所科创板中市值大、流动性好的 50 只证券组成,反映最具市场代表性的一批科创企业的整体表现,是新一代信息技术、生物医药、高端装备等战略新兴行业蓬勃发展下的产物,受到投资者广泛关注。该指数以 2019 年 12 月 31 日为基期,以 1 000 点为基点。

(二)深圳证券交易所股票指数

深圳证券交易所股票指数也分为综合指数、样本指数、分类指数三类。深圳证券交易所最主要的指数有四种:深证成指、深圳综指、中小板指、创业板指。

深证成份股指数是深交所自 1995 年 1 月 23 日起开始编制并发布的成份股指数,计算公式同上证综指,不同点在于前者选用 40 家上市公司为样本股,以 1994 年 7 月 20 日为基期日,基期为 1 000 点;选用上市流通股为权数计算,而非发行量。成份股保持相对稳定,但不实行终身制。深交所定期考察成份股的代表性,并对不具代表性的公司进行更换。成份股的选取方法为根据上市公司一段时间内的平均可流通股市值、成交金额等指标,经过综合评比,并参考公司经营业绩、管理水平、行业代表性等因素而挑选 40 家成份股股票,包括工业类(18 家),商业类(3 家),公用事业类(4 家),金融类(3 家),综合企业类(7 家),地产类(5 家)。随着中小板、创业板持续发展,深圳证券市场的规模和结构发生了巨大变化,深证成份指数对深圳市场的整体代表性已显不足。深证成指不能反映多层次资本市场发展成果,其市场认同度和影响力不断下降。为增加市场中反映成长型中小上市公司的标尺性指数,有效发挥基准指数表征市场的重要作用,深交所决定对深证成指实施扩容改造。2015 年 5 月 20 日,深证成指的样本股由 40 只扩容至 500 只。

深证综指是由深圳证券交易所编制,以深圳证券交易所挂牌上市的全部股票的发行量为权数计算的加权综合股价指数。该指数的基准日期是 1991 年 4 月 3 日,基期指数定为 100 点。深证综指综合反映深交所全部 A 股和 B 股上市股票的股价走势。

中小板是相对于主板市场而言的、流通股市值在 1 亿以下的创业板块,是向创业板的过渡。中小板指数的样本是在深圳证券交易所中小企业板上市并正常交易的全部股票,以 2005 年 6 月 7 日为基期,基期指数为 1 000 点。中小企业板指数采用自由流通股数进行加权计算。

创业板指数采用派氏加权法编制,以"流通市值市场占比"和"成交金额市场占比"为依据选取样本股并定期调整,指数计算以样本股的"自由流通股本"的"精确值"为权数。创业板指数基日为 2010 年 5 月 31 日,基点为 1 000 点。

(三)中证指数

中证指数是由中证指数有限公司编制的,而中证指数有限公司由上海证券交易所和深圳证券交易所共同发起设立。中证指数也主要包括三种:沪深 300 指数、中证流通指数、中证 100 指数。以上指数都是采用派氏法编制的,实时计算,每一个交易日集合竞价结束后用集合竞价产生的价格计算开市指数,随后连续竞价中每有一笔成交,就重新计算一次,直至收盘。

三、世界主要股票价格指数

(一)道·琼斯指数

1884 年 7 月 3 日,美国道·琼斯公司首次公布以纽约证交所中 11 家样本股为代表的综合股指,此后扩大到 65 家,且一直保持至今,基期指数为 100 点。样本股包括 30 家工业类股票,20 家运输类股票和 15 家公用事业类股票,并同时编制这三类分类股指。现在,世界各地经常引用的道·琼斯股指并非是 65 家综合股指,而是 30 家工业类股指。

道·琼斯指数采用修正平均数法。1972 年 11 月 14 日,指数触及 1 000 点;1999 年 3 月 29 日,指数突破 10 000 点。

(二)标准普尔指数

标准普尔指数是由标准普尔公司制作的,包括了 500 只股票的综合指数,被投资者认为是衡量整个市场走势的较好的标准,因为该指数包含了美国股票市场 75% 的市值。标准普尔指数是一个市值加权平均指数。

(三)纳斯达克指数

纳斯达克指数是由全美证券交易商协会公布的若干指数,是包括工业、银行、交通运输、保险、生物、电信、电子等行业指数构成的综合指数。这些指数是以 NASDAQ 市场上市的,所有本国和外国的上市公司的普通股为基础计算的。基期为 1971 年 1 月,基点为 100 点。

(四)日经指数

日经指数是日本经济新闻社编制的东京证交所股指,基期日是 1949 年 5 月 16 日,以东京证交所上市的第一批 225 家股票为样本股。1975 年 5 月 1 日,日本经济新闻社购得道·琼斯商标,改为日经道·琼斯指数。

(五)香港恒生指数

香港联合交易所著名的恒生指数由香港恒生银行编制。恒生指数 1969 年 11 月 24 日首次公开发布,基期为 1964 年 7 月 31 日,是以香港股票市场中的 33 家上市公司股票为成份股样本,以其发行量为权数的加权平均股价指数。

现在香港联交所还公布由恒生银行编制的 H 股指数,也称国企指数或红筹股指数,其基期日为 1994 年 7 月 8 日,基期指数为 1 000 点。

本章小结

股权证券是股份公司为筹集资金而出售给股东作为享受权益凭证的有价证券,股票是股权证券的简称,包括普通股和优先股。我国的股票按其是否上市流通可以分为流通股和非流通股;按其上市地点不同可分为 A 股、B 股、H 股、N 股。公司向股东发放的红利可分为现金红利和股票红利。股票价值计算模型有股息贴现模型和市盈率模型,这两大类模型根据不同的假定可以演化出多种子模型。股票指数是反映不同时点上股价变动情况的相对指标。计算股票指数的方法包括相对法、综合法和加权法。我国股票价格指数计算主要是采用加权法的派氏指数。

习　题

1. 什么是剩余索取权和剩余控制权?

2. 什么样的股票被称为 ST 股?

3. 除权日和除息日有什么区别?

4. 股票面值、股票账面价值、清算价值和重置价值之间有什么关系?

5. 简要说明上证指数是如何计算的。

6. (单选)普通股和优先股是按(　　)分类的。

A. 股东享有的权利

B. 股票的格式

C. 股票的价值

D. 股东的风险和收益

7. (单选)(　　)是指注册地在我国境外,中资控股,上市地在香港的股票。

A. H 股

B. 红筹股

C. 蓝筹股

D. 创业板股票

8. 股份有限公司进行破产清算时,资产清偿的先后顺序是(　　)。

A. 债权人、优先股东、普通股东

B. 债权人、普通股东、优先股东

C. 普通股东、优先股东、债权人

D. 优先股东、普通股东、债权人

9. 股票可能使投资者遭受经济利益的损失,这是股票的(　　)特征。

A. 风险性　　　　B. 收益性　　　　C. 流动性　　　　D. 参与性

10. 如果红利增长率(　　),运用固定增长的红利贴现模型就无法获得股票的价值。

A. 高于它的历史平均水平

B. 高于市场资本化率

C. 低于它的历史平均水平

D. 低于市场资本化率

11. 如果一家公司的股权收益率为 15%,留存比率为 40%,则它的收益和红利的持续增长率为(　　)。

A. 6%　　　　　　B. 9%　　　　　　C. 15%　　　　　　D. 40%

12. 某只股票股东要求的回报率是 15%,固定增率为 10%,红利支付率为 45%,则该股票的价格-盈利比率为(　　　)。

    A. 3　　　　　　　B. 4.5　　　　　　　C. 9　　　　　　　D. 11

13. MF 公司的股权收益率(ROE)为 16%,再投资比率为 50%。如果预计该公司明年的收益是每股 2 美元,其股价应为多少元?假定市场资本化率为 12%。

14. 已知 A、B 两只股票的市场资本化率均为每年 10%。投资者对这两只股票的初步分析结果如下表:

项　目	A 股票	B 股票
股权期望收益率(ROE)(%)	14	12
每股收益估计值 E_1(美元)	2	1.65
每股红利估计值 D_1(美元)	1	1
目前每股市价 P_0(美元)	27	25

(1) 求这两只股票的红利期望分配率;

(2) 求这两只股票的红利期望增长率;

(3) 求这两只股票的内在价值;

(4) 投资者会投资哪种股票?

15. 股票 ABC 当前的交易价格为 29.5 美元,当前每股的股利为 0.5 美元,10 年后预期会增加 2 倍。

(1) ABC 的增长率是多少?

(2) 如果必要投资收益率为 13%,股票的内在价值是多少?股票是高估还是低估?

16. 某股价指数按基期加权法编制,并以样本股的流通股数为权数。样本股有 A、B、C 三种股票,它们的基期价格分别为 5.00 元、8.00 元和 4.00 元,流通股数分别为 7 000 万股、9 000 万股和 6 000 万股。某月第一个交易日这三种股票的收盘价分别为 9.50 元、19.00 元和 8.20 元。当日 C 股票配股,10 配 5,配股价为 5.60 元,次日为除权日。次日三种股票的收盘价分别为 10.60 元、20.80 元和 8.50 元。请计算该月第一个交易日和第二个交易日的加权股价指数,设基期指数为 1 000 点。

阅读材料

[1] Fuller R. J., Hsia C. C. A Simplified Model for Estimating Stock Prices of Growth Firms. *Financial Analysts Journal*, 1984.

[2] 新浪财经(finance.sina.cn.cn)、雅虎财经(finance.cn.yahoo.com)等网页均提供股票信息查询,包括公司基本情况、财务数据、股票走势图、股票历史数据。同时,这些网站上也会提供各种股票市场指数的走势图及相关数据。

[3] 王长江等. 现代投资银行学. 北京:科学出版社,2002.

[4] 中国证券监督管理委员会. 上市公司股权分置改革管理办法,2005.

证券投资基金

内 容 提 要

　　① 基金的特点。② 基金的种类。③ 基金净值计算。④ 基金交易。⑤ 基金投资策略。

　　近年来中国的基金业发展迅速,证券投资基金已经成为中国资本市场最重要的机构投资者。根据万得资讯统计显示,截至 2021 年 5 月,我国已发公募产品的基金管理公司达 135 家,发行公募基金数量 8 061 只,资产规模总计 22.91 万亿。其中 2007 年以及 2015 年两轮牛市中,公募基金市场都迎来爆发式发展,2007 年一年,证券投资基金规模增加了 16 320 亿元,而 2015 年一年增加了 38 696 亿元。中国证券市场机构化的轮廓特征已经清晰可见,其中证券投资基金是主角。

　　本章的主要内容包括:① 证券投资基金的特点。② 证券投资基金的分类。③ 基金净值的计算和收益分配方法。④ 证券投资基金的交易。

第一节　证券投资基金及其特点

一、投资基金的含义

　　证券投资基金,美国称为共同基金,简称基金。投资基金作为一种金融信托,是指以追求投资收益为目的,由发起人以基金份额的形式将不特定的众多投资者的资金汇集起来,交由专业投资机构,通过组合投资方式分散投资于股票、债券、房地产或高科技等市场领域,以共享投资收益的一种投资方式和制度。也就是说,证券投资基金通过发行基金单位,集中投资者的资金,由基金托管人托管,基金管理人管理和运用资金,从而形成利益共享、风险共担的集合投资方式。证券投资基金追求投资者利润最大化,区别于比尔盖茨基金,国家自然科学基金等福利性质的基金。对于中小投资者而言,基金是非常理想的投资工具,因为将资金交由专业人员进行投资,基金投资者可以不必像股票投资者那样进行复杂的证券投资分析,这是社会深度分工的结果。

　　要对证券投资基金有全面的了解,必须理解投资基金的概念中包含的两种组合:一是投资者资金的组合;二是投资于各类资产的组合,这是投资基金的本质。投资基金的这种组合,使其具有如下的一系列特征和功能:第一,资金组合的规模效益。由不特定多数的社会投资者,为了共同的目标,按照自愿的原则,以一定的组织形式,将分散的资金积聚起来,形成集合投资,以达到在分散条件下难以达到的规模经济效益。第二,投资的组合效益。资本的积聚使投资者实现了过去零星资本条件下无法进行的组合投资。基金通过够买大量不同种类的证券,有效分散了证券特有的风险,可以使组合风险下降到仅剩系统风险的水平。第三,管理集合效应。在分散投资条件下,委托专家投资对中小投资者来说是种奢望,高昂的管理费用是单个投资者难以承担的。在集合投资条件下,基金的庞大资本委托给一个具有专业知识和操作技能的专家群体——专业化的基金管理机构,可以克服普通大众投资者在投资技术和投资策略上的欠缺,有效控制风险,实现稳定、较高的投资收益。同时,管理费用分摊到众多投资单位后变得可以接受。因此,专家理财效应就是在资金集合基础上的管理集合所带来的效益。图4-1显示了基金的运作本质。

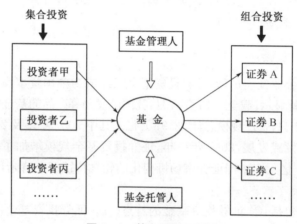

图 4-1 基金运作示意图

图4-1表明,证券投资基金本质上实行集合投资、专家理财、风险共担、利益共享。

我国证券投资基金是伴随着我国证券市场的发展而诞生的,其发展从三个层面展开。其一,基金业的主管机构从中国人民银行过渡为中国证监会;其二,基金的监管法规从地方的行政法规起步,到国务院证券委出台行政条例,再到全国人民代表大会通过《证券投资基金法》和中国证监会根据基金法制定一系列配套规则;其三,基金市场的主流发展品种从不规范的"老基金",到封闭式基金,再到开放式基金。中国基金业的发展大致可分为四个阶段:萌芽时期(1985—1992年),老基金时代(1992—1997年),封闭式基金发展阶段(1997—2002年),开放式基金发展阶段(2002年至今)。

二、我国证券投资基金的发展

以1997年11月14日颁布的《证券投资基金管理暂行办法》和2004年6月1日颁布的《证券投资基金法》为节点,我国证券投资基金发展大致分为三个阶段:

(一)早期探索阶段(20世纪80年代末—1997)

20世纪70年代末,中国进行经济体制改革,中国经济快速发展,社会对资金极度需求,此时基金作为一种筹资手段受到注意。1987年,中国新技术创业投资公司与汇丰集团、渣打集团在中国香港联合设立了中国置业基金,标志着中资金融机构开始正式涉足投资基金业务。随后,随着上交所、深交所相继开业,中国投资基金迎来发展热潮。1994年后,我国进入经济金融治理整顿阶段,基金发展中的各种不规范问题暴露出来,大量基金资产状况恶化,中国基金业的发展因此停滞。

人们习惯上将1997年《暂行办法》以前设立的基金称为"老基金",所以这一阶段也可称作老基金阶段。截至1997年底,老基金共有75只,筹资规模在58亿元左右。

(二)试点发展阶段(1997—2004)

《暂行办法》为我国基金业的规范发展奠定了基础,由此,中国基金业的发展进入规范化的试点发展阶段。1998年,中国证监会批准南方基金管理公司和国泰基金管理公司分别发起设立了基金开元和基金金泰,拉开了中国证券投资基金试点的序幕。2001年9月,我国第一只开放式基金——华安创新诞生,突现了从封闭式基金到开放式基金的跨越。此后,开放式基金逐渐取代封闭式基金成为中国基金市场发展的方向。开放式基金的发展为基金产品的创新开辟了新天地,我国的基金品种日益丰富。

(三)快速发展阶段(2004—)

《证券投资基金法》为我国基金业的发展奠定了法律基础,标志着我国基金业的发展进入了一个新的阶段。这一阶段,我国基金业迅猛发展。基金品种日益丰富,开放式基金成为主流,LOF、ETF、QDII、ETF联接基金等新品种层出不穷。基金公司业务多元化、开放化、创新化,一批规模较大的基金公司涌现。同时,基金投资者队伍迅速壮大,个人投资者成为基金的重要持有者。

三、基金的特点

投资基金作为金融工具,与其他投资工具相比,其特点如下:

(1)集合投资、专业管理。投资基金将中小投资者的小额资金汇集成一笔数额较大的资金后,实现投资的规模经济效益(信息与交易成本的节约)。由于有较大的投资规模,降低了聘请专业人员进行管理的平均成本,使得中小投资者享受专业理财成为可能。

(2)组合投资、分散风险。多样化投资对象能分散风险,投资基金由于其资金雄厚,所以有能力分散投资于不同行业的多种股票、债券、期货等金融工具,从而实现风险的分散化。

(3)利益共享、风险共担。基金托管人、管理人只能按照规定收取一定比例的托管费、管理费,不参与基金收益的分配,投资收益和风险由所有投资者共同承担。

(4)独立托管,保障安全。投资操作与财产保管严格分离。基金管理人负责基金的投资操作,基金财产的保管由独立于基金管理人的基金托管人负责。这样做的目的是相互监督、相互制约,保障投资者资金的安全。

(5)严格监督、信息透明。各国基金监管机构都对基金业实行严格的监督,强制基金进行充分的信息披露,严厉打击各种有损投资者利益的行为。

总之,基金是集专家理财组合投资分散风险等优点于一体的集合投资方式。基金使每个人都像专业人员那样投资。

为了更好地理解证券投资基金的特点,现将证券投资基金与几种常见的金融工具作一比较。

（一）基金与信托的比较

投资基金既是一种金融制度，又是一种金融工具。作为一种金融制度的投资基金，本身属于广义信托的范畴。信托（trust）是指委托人基于对受托人的信任，将其财产权委托给受托人，由受托人按委托人的意愿以自己的名义，为委托人的利益或者特定目的，进行管理或者处分的行为。这里的财产权包括物权、债权、知识产权等。因此，基金与信托具有本质联系，它们之间的共同点在于：

（1）投资基金与信托都是代理他人运用资金。信托财产的一个重要特征是独立性。而《证券投资基金法》也规定，基金财产是独立于基金管理人、基金托管人的固有财产。基金管理人、基金托管人不得将基金财产归入其固有财产。

（2）投资基金与信托都有融资和投资功能，都能有效地融通资金和集中社会闲散资金。

（3）投资基金与信托都有委托人、受托人和受益人三方当事人。

但投资基金与信托又存在一些不同之处：

（1）二者的业务范围不同。信托业务范围广泛，包括金融信托和商业信托，信托不仅能投资于金融工具，还能投资于实业，而投资基金的投资范围目前以股票和债券居多，只是金融信托的一种。

（2）二者的资金运用形式不同。信托机构可以运用代理、租赁和出售等形式处理委托人的财产，既可以融通资金，也可以融通财物。而投资基金主要是运用代理方式进行资金运用，一般不能融通财物。

（3）二者的当事人不同。信托业务的当事人主要是委托人、受托人和受益人。而投资基金业务的当事人除了上述三者外，还必须有一个资产的保管人（基金托管人），基金托管人也是基金的受托人之一。

（4）信托对委托人的资金要求较高，一般委托资产要达到一定的规模，信托公司接受委托人的资金信托合同不得超过 200 份，每份合同金额不得低于 5 万元，异地推介集合信托计划每份合同金额不得低于 100 万元。而基金对委托人的资金要求较低。

（5）流动性不同。开放式基金的赎回和转让都不存在大的限制，封闭式基金通常在证券交易所上市，流动性也较强。而信托计划在信托期限届满之前不得赎回，但可依法转让，流动性较差。

（二）基金与股票、债券的比较

投资基金是一种金融工具，其受益凭证又可称为基金证券，它和股票、债券一样可以成为证券市场的买卖对象，但它与股票、债券又有区别。主要区别在于：

（1）反映的经济关系不同。股票反映的是所有权关系，债券反映的是债权债务关系，而投资基金反映的是委托代理关系，是以托管人的名义开立基金托管专户和证券交易资金账户，以基金托管人及基金联名的方式开立基金证券账户。

（2）资金投向不同。股票、债券筹集的资金主要投向实业，是一种直接投资工具，而证券投资基金主要投向有价证券，是一种间接投资工具。

（3）风险与收益状况不同。偿债是法定义务，如果持有到期，普通债券的收益几乎可以看作固定的（浮动利率债券、垃圾债券除外）；而股票的收益是不确定的，其收益取决于发行公司的经营效益，股票的分红也非法定，所以投资股票风险较大。基金种类众多，不同种类基金的风险收益情况差别很大。货币市场基金仅投资于货币市场工具,风险很小;而从事国际投机活动的对冲基金风险非常大。所以基金的风险不能一概而论。但总的来说,大多数基金都非常重视风险控制。基金组合投资的特点能够有效地分散风险,风险相对适中,收益相对稳健。

(三) 基金与银行存款的比较

基金与银行存款的区别体现在:

(1) 二者性质不同。存款体现的是一种债权债务关系,银行对存款者有法定偿债义务,但基金体现的是一种委托代理关系,投资者购买的基金是其个人财产,并不是基金公司对投资者的负债。

(2) 二者收益风险状况不同。存款由于体现的是一种债权债务关系,所以存款本金是安全的,而且在本金基础上银行要支付确定的利息。但是基金是不承诺保本的,其风险要大于存款。

(3) 二者的信息披露要求不同。基金有义务披露资金使用信息,但是银行没有义务披露资金使用信息。

第二节　证券投资基金的分类

投资基金的品种也像其他金融工具一样,是一个不断创新、不断丰富的过程。投资基金的品种繁多,可以按照规模、组织形式、投资对象、投资目标、募集方式等角度分成不同的种类。

一、按规模是否可变分类

根据基金规模是否可变,投资基金可分为封闭式基金和开放式基金。

封闭式基金(close-end fund)是指基金管理公司在设立基金时,限定了基金的发行总额,发行期满后就封闭,不再追加新的发行单位的基金。封闭式基金在其存续期内规模不变,不可赎回,可以上市,转让价格由市场供求决定,投资资产的流动性相对较低。封闭式基金的存在有期限限制,一般为5~15年,期满后,按照基金份额分配剩余资产。

开放式基金(open-end fund)是指基金发行总额不固定,基金单位总数随时间变化而增减,投资者可以按基金的报价在规定的营业场所申购或赎回的一种基金。因此,开放式基金规模可变,可赎回,投资资产流动性强,没有期限,风险小,一般不能上市。目前,开放式基金已成为国际基金市场的主流品种,占据了基金市场的绝大部分份额。值得注意的是,我国的LOF(listed open-end fund)和ETF(Exchange Trade Funds),既可以在场外申购、赎回,也可以在二级市场上交易。其中ETF的中购、赎回必须采用组合证券的形式。

开放式基金和封闭式基金的区别主要体现在:

(一) 期限不同

封闭式基金有固定的存续期,目前我国封闭式基金的存续期为10年或15年。期满时,要进行基金清盘,但在基金持有人大会通过并经监管机关同意的情况下,可以延长存续期。而开放式基金没有固定的存续期,只要基金的运作得到基金持有人的认可,同时基金的规模没有低于规定的最低标准,基金就可以一直延续下去。

(二)基金规模是否可变不同

封闭式基金发行上市后,在存续期内,未经法定程序认可,不能扩大基金的规模。而开放式基金的规模是不固定的,开放式基金募集成功后有一个封闭期(一般为三个月或更短的时间),封闭期结束后投资者随时可以申购新的基金单位,也可以随时向基金管理公司赎回基金单位。投资者一般会申购业绩表现好的基金,赎回业绩表现差的基金,所以业绩好的基金规模会越滚越大。相反,业绩差的基金,会遭到投资者的抛弃,规模逐渐萎缩,直到规模小于某一标准时,基金被清盘。

(三)价格的决定方式不同

封闭式基金在证券交易所二级市场上挂牌买卖,其价格随行就市,直接受到基金供求关系、其他基金的价格以及股市、债市行情等的共同影响,可能会偏离基金的资产净值,产生基金价格和基金资产净值之间的"折价"或"溢价"现象。开放式基金申购(赎回)的价格,是以每日计算出的该基金资产净值为基础,加上必要的申购(赎回)费用所形成的,不存在"折价"或"溢价"的情况。

(四)交易方式不同

封闭式基金在封闭期不能赎回,持有人只能在证券交易所出售给第三者。而开放式基金在封闭期(一般三个月)后,持有人可随时向基金管理人或中介机构提出申购或赎回,通常不上市交易,只有极少数会在交易所作名义上市。

(五)投资策略不同

从理论上说,封闭式基金设立后,由于在整个封闭期的相当长时期内,资本规模固定,基金管理人可以进行长线投资。而开放式基金随时要应对投资者的申购和赎回,特别是为了应对投资者的赎回,基金资产必须留存部分现金及流动性强的资产。万一遭遇大规模赎回,基金资产要能迅速变现。所以开放式基金的资产不能全部进行长线投资,在基金资产的流动性要求方面,开放式基金远远高于封闭式基金。

(六)信息披露要求不同

目前我国规定,封闭式基金不必按日公布资产净值,只需要每周公布一次单位资产净值。开放式基金要求基金管理公司每个交易日公布基金单位资产净值,并按基金单位资产净值为基础确定交易价格,受理基金的申购与赎回业务。

(七)激励机制不同

由于封闭式基金期限较长,且没有赎回压力,信息披露要求较低,所以封闭式基金的激励机制较为缺乏。而开放式基金因为有赎回压力,信息披露要求高,业绩差的基金会遭到投资者的抛弃,规模逐渐萎缩,有清盘压力,相反业绩好的基金会受到投资者的追捧,出现所谓的"明星基金经理"现象。所以开放式基金的激励机制总体来说要好于封闭式基金。

开放式基金与封闭式基金的区别可简要归结为表4-1。

表 4-1　开放式基金与封闭式基金比较

	封闭式基金	开放式基金
期　　限	5 年以上,多数 15 年	没有固定存续期
规　　模	设立时限定,规模不变	没有发行规模限制
交易价格	由二级市场投资者竞价决定,取决于供求关系	依据单位资产净值确定,与供求关系无关
交易方式	在证券交易所出售给第三方	方式灵活,随时交易
投资策略	没有赎回的压力,可长期投资	为保持基金资产的流动性,在投资组合上保留一部分现金以便投资者赎回
激励机制	缺乏	较好
单位资产净值	一般一周公布一次	每个交易日连续公布

　　世界基金业发展的历史是一部从封闭式基金走向开放式基金的历史,中国的证券投资基金亦是如此。封闭式基金曾是我国基金业发展的"领头部队",1998 年两只封闭式基金——开元和金泰的发行,拉开了我国真正意义上的基金的序幕,到 2001 年底第一只开放式基金华安创新面世之前,封闭式基金一直处于一统天下的地位。但开放式基金发展迅速,给封闭式基金带来了巨大的冲击,开放式基金的募集大大超过了封闭式基金。从发达国家的金融市场来看,开放式基金已成为世界投资基金的主流。截至 2021 年 5 月,我国市场上有开放式基金 6 972 只,而封闭式基金只有 1 089 只。

二、按照组织形式分类

　　按照组织形式划分,投资基金可分为契约型基金和公司型基金。契约型基金(contractual-type fund)又称为合同型基金,它是基于"信托合同"而成立的基金。一般由投资者、基金管理人和托管人三方通过订立信托投资契约而建立。当事人之间是合同关系、信托关系,而且基金本身不是一个法人,是虚拟企业。公司型基金(corporate-type fund)是依据《公司法》而成立的投资基金。即委托人发起组织以投资为目的的投资公司(或称基金公司),发行投资基金股份,投资者购买基金股份,参与共同投资的信托财产形态。投资者具有双重身份,既是基金持有人,又是股东,具有股东所有的权力,如投票权、利益分配请求权、剩余财产分配权等,基金本身是一个独立法人。公司型基金成立后,通常委托特定的基金管理人或者投资顾问运用基金资产进行投资。

　　契约型基金与公司型基金有以下几点区别:① 资金性质不同。公司型基金可以发行股票,也可以发行债券筹资,契约型基金发行受益凭证筹资。② 投资者地位不同。公司型基金的投资者购买公司股票后成为公司股东,以股息形式取得收益,并可参加股东大会,行使股东权利。契约型基金的投资者购买受益凭证,是契约关系的当事人,即委托人和受益人,他对资金的运用没有发言权。所以公司型基金的投资者权力较大。③ 基金财产的法人资格不同。公司型基金具有法人资格,而契约型基金没有法人资格。④ 营运依据不同。公司型基金依据公司章程规定运用信托财产,而契约型基金依据基金契约来运用信托财产。⑤ 融资渠道不同。公司型基金具有法人资格,在业务顺利、资金运用状况良好的情况下,需要增加投资组合的总资产时,可以向银行借款。而契约型基金一般不能向银行借款。⑥ 基金运营方式不同。公司型基金像一般的股份有限公司一样,除非依据公司法规定到了破产、清算阶段,否则公司具有永久性;契约型基金则依据基金契约建立、运作,契约期满,基金运营相应终止。

对于这两种类型的投资基金,孰优孰劣,很难断定,因为它们各有所长。公司型投资基金的优点是具有永久性,不会面临解散的压力,经营比较稳定,有利于长期发展。契约型基金的优点是比较灵活,可以根据不同的投资偏好来设定具有不同投资政策的基金,投资者还可以免除企业所得税负担。因为契约型基金没有法人资格,所以契约型基金的设立、投资政策的确定、基金的解散等都不受公司法限制。从整个基金业的发展趋势上看,公司型基金除了多一层基金公司组织外,其他各方面都倾向于与契约型基金趋同。

美国的基金多为公司型基金,我国香港、台湾地区以及日本多是契约型基金。我国目前存在的基金全部是契约型基金,平常所接触的"基金公司"实际上是"基金管理公司"的简称,一个基金管理公司可以管理多只契约型基金。

三、按照投资对象分类

按照投资对象来划分,投资基金可分为货币市场基金、股权基金、固定收益基金、混合基金和指数基金。

货币市场基金(money market funds)主要以货币市场上具有较高流动性的有价证券,如国库券、大额可转让定期存单、商业票据、承兑汇票、银行同业拆借以及回购协议等为投资对象,主要面向机构投资者,个人一般通过基金投资于市场,其主要特点是:① 流动性强,安全性高。这类基金以货币市场的短期融资工具作为投资对象,而这些融资工具的流动性是各类有价证券中最高的,接近于货币的流动性。而且,这些有价证券是由政府或大的商业银行、著名工商企业发行的,或由大银行担保的,安全性很高。② 投资成本低,收益高于银行存款。这类基金股份的认购与出售一般不需要手续费用,与银行存款相同。但这类基金的投资组合是短期有价证券,高于银行同期储蓄存款的收益水平。③ 基金期限无限期。货币市场基金设立的期限一般是无限期的。依据中国证监会对基金类别的分类规定,仅投资于货币市场工具的基金为货币市场基金。截至 2021 年 5 月底,我国市场上共有货币市场基金 332 只。

股权基金(equity funds)是指投资于股票的基金,这是当代各国采用最广泛的一种基金形式。股权基金大部分投资于普通股票,其投资目标在于追求资本利得和长期资本增值。投在普通股票上的基金被称为普通股票基金,投在优先股票上的基金被称为优先股票基金。投在普通股票上的基金,按照投资分散化程度又可分为一般普通股票基金和专门普通股票基金。一般普通股票基金分散投资于各类普通股票,在普通股票基金中占多数。专门普通股票基金是指把资金专门投资于某个部门、行业、地区的普通股票上的基金。随着 2015 年 8 月 8 日股票型基金创立新规生效,股票型基金指股票仓位不能低于 80%。截至 2021 年 5 月底,我国市场上共有股票型基金 1 445 只。

固定收益基金(fixed-income funds)又称债券基金是指投资于固定收益证券的基金,其规模仅次于股票基金。这种基金是基金管理公司为稳健投资者而设计的,它的投资风险比较低,因为不论政府发行的债券,还是公司发行的债券,不仅要按照规定付息,而且最终还要归还本金。根据中国证监会对基金类别的分类规定,80%以上的基金资产投资于债券的基金为债券基金。截至 2021 年 5 月底,我国市场上共有债券型基金 1 642 只。

混合基金(hybrid funds)是指同时以股票、债券、货币市场工具为投资对象的基金。根据股票、债券投资比例以及投资策略的不同,混合型基金又可分为偏股型基金、偏债型基金、配置型基金等多种类型,其中配置型基金是混合型基金中最有特色的一种新品种。资产配置型基金可以按照资产组合管理者对每一个部门相对业绩的预测而显著改变资金在每一个市场的分配比例。因此,配置型基金的目标是抓住市场机遇,而不是降低风险。根据中国证监会对基金类别的分类规定,投资于股票、债券和货币市场工具,但比例不符合股票基金和债券基金的为混合基金。截至 2021 年 5 月底,我国市场上共有混合型基金 3 379 只。

指数基金(index funds)是试图与一个主板市场的指数业绩相匹配的基金。基金所购买的股票组合是根据某一特定指数所包含的所有样本公司来选取的,而购买的股票与证券的数量则与该公司的市值在指数总市值中所占的比例相一致。

四、按照投资目标分类

按照投资目标来划分,投资基金可分为成长型基金、收入型基金和平衡型基金。

成长型投资基金(growth funds)是以资本长期增值(而不是现金分红)作为投资目标的基金。其投资对象主要是市场中有较大升值潜力的小公司股票和一些新兴行业的股票。这类基金一般很少分红,经常将投资所得的股息、红利和盈利进行再投资,以实现资本增值,这样的基金投资目标一般体现在基金的名称上,例如国泰金鹰增长证券投资基金。

收入型基金(income funds)追求当期收益,稳定收入,因而其投资对象主要是那些绩优股和派息较高的债券以及可转让大额定期存单等收入较高而且比较稳定的有价证券。为满足投资者对收益的要求,收入型基金一般把所有的利息、红利都分配给投资者,而不是再投资。

平衡型基金(balanced funds)是既追求长期资本增值,又追求当期收入的基金。这类基金主要投资于债券、优先股和部分普通股,各类有价证券在投资组合中有比较稳定的组合比例,其风险和收益状况介于成长型基金和收入型基金之间,例如招商安泰平衡基金。

成长型基金和收入型基金不仅在投资对象上有区别,其收益分配方式也不同。一般而言,成长型基金风险大、收益高;收入型基金风险小、收益低;而平衡型基金的风险和收益则介于前两者之间,投资者可根据其投资目标进行选择。

五、按照募集方式分类

按照募集方式来划分,投资基金可分为公募基金和私募基金。公募基金(Public offering fund)是向非特定的对象募集基金份额,其特征是阳光操作、信息披露、严格监管。基金募集对象不固定,对投资金额要求较低,适合中小投资者。私募基金(Private placement fund)是向特定的对象募集基金份额。其特征是无需披露信息,监管不严,具有隐蔽性。如美国的对冲基金(hedge fund),采取合伙制度,人数一般不会超过 100 人。

私募基金与公募基金相比有以下特点:① 私募基金以非公开方式募集资金。其参加者主要通过获得的所谓"投资消息",或者直接认识基金管理者的形式加入。② 在募集对象上,私募基金的对象只是少数特定的投资者,并且每位投资者投入的资金量大。③ 和公募基金严格的信息披露要求不同,私募基金信息披露要求低,政府监管比较宽松。因此私募基金的投资具有隐蔽性,运作也更为灵活,相应获得高收益回报的机会也更大。④ 私募基金发起人、管理人必须以自有资金投入基金管理公司,基金运作的成功与否与他们的自身利益紧密相关。

六、按照投资理念分类

按照投资理念来划分,投资基金可分为主动型基金和被动型基金。

主动型基金一般以寻求超越市场基准组合的表现为目标,其基金管理者一般认为证券市场是无效的,有一些股票存在着错误定价的问题。

被动型基金一般选取特定的指数成份股作为投资对象,与主动型基金寻求超越市场不同,被动型基金试图复制指数的表现。被动型基金一般费用低廉,风险较小。其基金管理者认为市场是有效的。

七、按照资金的来源和用途分类

按照资金的来源和用途的不同可将投资基金分为国内基金、国际基金、离岸基金和区域基金等。

国内基金是指资金来源于国内并且投资于国内金融市场的基金,一般在一国基金市场占主导地位。

国际基金是指资金来源于国内但投资于境外市场的投资基金。各国经济金融市场发展不均衡,国际基金的跨国投资可带来更多的机会并且更有助于分散风险,但是成本和费用也相对较高。

离岸基金的资金来源于国外也投资于国外。为了吸引全球投资者,离岸基金一般都在卢森堡、开曼群岛、百慕大等地注册以尽量"避税"。

区域基金一般指投资于某个特定区域的基金。

八、其他创新基金

(一)交易型开放式指数基金(exchange traded fund,ETF)

ETF 基金可以像封闭式基金一样在交易所进行交易,也可以像开放式基金一样申购、赎回。不同的是,它的申购是用一揽子股票换取 ETF 份额,赎回时也是换回一揽子股票而不是现金。但是基金份额的申购、赎回,须按基金合同规定的最小申购、赎回单位或其整数倍进行,而最小申购、赎回单位往往也是非常大的,故一般投资者只能选择二级市场交易。绝大多数的 ETF 采取跟踪某一标的市场指数的策略,因此具有指数基金的特点。2004 年,我国第一只 ETF——上证 50ETF 成立,截至 2021 年 5 月底,我国共有 473 只 ETF 基金。

(二)上市开放式基金(listed open-ended funds,LOF)

上市开放式基金是一种既可以在场外申购、赎回,也可以在二级市场上交易的基金。但与 ETF 不同的是,LOF 的申购和赎回是基金份额和现金的交易,而 ETF 与投资者交换的是基金份额和一揽子股票。只有基金份额在 50 万份以上的大投资者才能参与 ETF 一级市场的申购、赎回交易,而 LOF 在这方面没有特别要求。同时,ETF 通常采用完全被动式管理,而 LOF 只是普通开放式基金增加了交易所的交易方式而已,可以有各种类型的管理方式。同样在 2004 年,国内第一只 LOF——南方积极配置诞生,也开启了开放式基金的场内交易模式,截至 2021 年 5 月底,我国共有 500 只 LOF 基金。

（三）QDII 基金（Qualified domestic institutional investor）

QDII 基金是指在一国境内设立,经该国有关部门批准从事境外证券市场的股票、债券等有价证券业务的证券投资基金。它是在货币没有实现完全可自由兑换、资本项目尚未开放的情况下,有限度地允许境内投资者投资境外证券市场的一项过渡性安排。2007 年我国推出首批 QDII 基金,截至 2021 年 5 月底,我国共有 174 只 QDII 基金。

（四）系列基金

系列基金,又称伞形基金,是指多个基金共用一个基金合同,子基金独立运作,子基金之间可以相互转换的一种基金形式。

（五）基金中的基金（FOF）

指以其他证券投资基金为投资对象的基金,其投资组合由各种各样的基金组成。

（六）保本基金（避险策略基金）

指通过采用投资技术、组合保险技术,保证投资者在投资到期时至少能够获得投资本金或一定回报的证券投资基金,它属于低风险低回报的基金产品。

（2017 年 1 月 24 日证监会公布《关于避险策略基金的指导意见》,将"保本基金"名称调整为"避险策略基金",引导投资者形成合理预期。）

（新旧规则衔接:相关存续保本基金到期后,应调整基金名称、转换保本保障方式,符合新《意见》规定。）

第三节　投资基金的治理结构

基金的治理结构,是指基金管理人、托管人、持有人以及其他利益相关主体之间的相互关系。狭义的基金治理结构是用以协调基金相关利益方之间关系和利益的一种制度安排;广义的治理结构不仅包括了狭义方面,即内部治理,也包括了市场机制等外部治理和第三方监管。这里主要介绍狭义上的基金治理结构。

根据基金组织制度的不同,基金治理结构分为公司型基金的治理结构和契约型基金的治理结构。由于公司型基金本身是一个公司,其治理结构可以参照公司治理结构。但是契约型基金本身并不是一个独立的法人实体,没有相应的法人组织体系,其治理结构不同于公司治理结构。在契约型基金中,基金持有人既是委托人又是受益人,基金管理人和基金托管人则是共同受托人。

我国的基金都是契约型基金,基金管理人是基金管理公司。基金管理公司主要从事基金募集业务、基金管理业务、受托资产管理业务、基金销售业务。《证券投资基金法》规定,基金托管人由依法设立并取得基金托管资格的商业银行或其他金融机构担任。

下面从证券投资基金各当事人关系的角度来详细说明契约型基金的治理结构。

一、持有人与管理人关系

基金持有人与基金管理人的关系是通过信托关系而形成的委托人与受托人之间的关系。信托关系具有所有权与利益相分离、信托财产独立和责任有限等特征。作为受托人,基金管理人必须按《证券投资基金法》和基金合同的约定履行受托职责,负责基金财产的投资运作,为基金份额持有人的利益服务。基金管理人管理、运用基金财产,使财产增值,但是他们不参与基金分红,只收取管理费。基金持有人和管理人之间存在着一定利益冲突。由于持有人和管理人对基金的剩余索取权和剩余控制权都不匹配,所以可能带来转移剩余收入、创造剩余收入的激励不足和降低剩余收入的质量等问题。

二、持有人与托管人关系

基金持有人与基金托管人的关系是通过信托关系而形成的委托人与受托人之间的关系。作为受托人,基金托管人必须按《证券投资基金法》和基金合同的约定履行受托职责,负责基金财产的保管,执行基金管理人的划款及清算指令;监督其投资运作;复核审查基金管理人计算的基金资产净值以及基金价格等等。为基金份额持有人的利益服务。基金托管人保管基金财产,收取托管费,但是不参与基金分红。

三、管理人与托管人关系

依据《证券投资基金法》,在我国,管理人和托管人是基金的共同受托人。但不同于信托法对共同信托人的有关规定,针对证券投资基金活动的特点,《证券投资基金法》对基金管理人和基金托管人的受托职责进行了具体划分,规定基金管理人和基金托管人分别履行基金财产的投资运行和基金财产的托管职责并实行相互监督。任何一方有违规之处,对方都有权监督并及时制止,直至请求更换违规方。基金管理人、基金托管人在履行各自职责过程中,违反基金法或基金合同约定,给基金财产或者基金份额持有人造成损害的,应当分别对各自的行为依法承担赔偿责任;因共同行为给基金财产或者基金份额持有人造成损害的,应当承担连带责任。为保证监管机制的有效发挥,充分保护基金份额持有人的利益,我国《证券投资基金法》规定,基金托管人与基金管理人不得为同一个人,不得相互出资或者持有股份。

图4-2反映了基金相关利益方之间的关系。

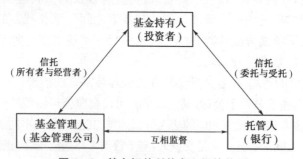

图4-2 基金相关利益方之间的关系

事实上,基金所有的财产包括各种证券、现金、印章都存放在托管人处,基金管理人只有指令权,而没有控制实际的资产。图4-3反映了基金的实际运作过程。

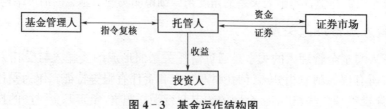

图4-3 基金运作结构图

由图 4-2 和图 4-3 可见,基金管理人负责分析金融市场,选择投资组合,但他不能直接在证券市场上进行买卖。可以说基金管理人是"脑",直接决定基金的投资方向,而托管人是"手",因为所有的操作都是由托管人完成,托管人从管理人处接收指令,同时复核指令,互相监督,然后托管人作为参与者在证券市场上买卖证券。最后基金获利分红也是由托管人支付给投资者,同时托管人和基金管理人收取一定的托管费和管理费。

第四节　基金的收益及其分配

根据有关基金运作的法律法规,基金获得投资收益,在扣除有关费用后,应将收益分配给基金的投资者,也就是基金的持有人。从实际操作上看,虽然各个国家对基金收益的分配都制定了各自不同的规定,但其中最大的共同点是基金收益中应分配给投资者的部分占基金收益的比例都很高。

一、基金收入类项目及其计算原则

(一)红利收入

红利是基金购买上市公司的普通股而享有的对该公司净利润的分配权。红利的支付通常可以采用三种形式:现金、股票和实物,或者是两种或三种的结合。常见的是派发现金股利和分红股两种形式(允许派发实物红利的国家并不多见,而且一般来说,派发实物红利的上市公司的财务状况必定不太理想,投资基金一般是不会购买这类股票的)。无论是派发现金还是股票,都能形成基金的收益。基金对红利收入的原则是除息日计入,采用实现原则。

(二)股息收入

股息是指基金购买上市公司的优先股而享有的对该公司净利润的分配权。股息是按照一定的比例事先规定的,这是股息和红利的主要区别。对于股息收入的计算原则同红利收入一样,也是采用实现原则。

(三)资本利得

资本利得是指股票或其他有价证券因卖出价高于买入价而获得的那部分收入。资本利得是股票基金收益最主要的来源,这部分收益的计算也必须遵循实现原则。

(四)债券利息收入

债券基金主要投资于各种债券而获得债券利息。债券利息收入较稳定,其计算采用计提的方式。

(五)存款利息收入

可以说任何类型的投资基金,其收益中都包含部分存款利息收入,因为无论是封闭式基金还是开放式基金在任何时刻都必须保留一定数额的现金。封闭式基金保留现金是为了寻求更好的投资机会,或者在遭遇投资风险时能够做出相应的补救,而开放式基金为了满足基金所有者赎回基金份额的要求,必须经常性地保留一定比例的现金,否则就很容易发生流动性危机,甚至给基金带来巨大的损失。一般来说,基金会将必须保留的这部分现金存入银行,从而获得存款利息收入。存款利息收入的计算原则是逐日计提。

(六) 其他收入

除了上面的五种收入外,基金还有一些其他收入,如佣金优惠,新股手续费返还等,这些收益的计算都遵循实现原则。

二、基金费用

证券投资基金的费用包括基金交易费、基金管理费和托管费以及其他费用。

基金交易费是指基金进行证券买卖交易时所发生的费用,如交易佣金、过户费、手续费等,这部分费用直接由投资者承担。

基金管理费是支付给直接管理基金资产的基金管理人的费用。基金管理人可按固定费率或固定费率加提业绩报酬的方式收取管理费。基金托管费指基金托管人托管资产所收取的费用。

基金管理费和托管费可按基金净资产的一定比例逐日计提累计后按月支付。如果现金的持有比例高于20%的,超过部分不提。每日计提的计算公式如下:

$$每日计提的管理费 = 计算日基金资产净值 \times 管理费率 \div 当年天数$$

$$每日计提的托管费 = 计算日基金资产净值 \times 托管费率 \div 当年天数$$

基金的管理费率通常与风险成正比,与基金规模成反比。不同国家、不同地区、不同类别的基金管理费率完全不同。目前,我国封闭式基金都是股票基金,均按照1.5%的比例计提基金管理费;开放式基金分为股票基金和债券基金,股票基金的管理费率为1%~1.5%,债券基金的管理费率通常低于1%,货币市场基金的管理费率通常为0.33%。具体数字见基金募集公告。

基金托管费率一般也与基金的种类和规模有关。封闭式基金按0.25%的比例计提基金托管费;开放式基金根据基金合同的规定比例计提,通常低于0.25%。基金管理费和托管费在基金利润分配前直接从基金资产中扣除。

其他费用包括审计费、律师费、信息披露费、持有人大会费等。随着基金规模的扩大,每单位基金所分摊的这部分费用会越来越少。

三、基金的收益分配

基金的净收益=基金的当期收益-基金的当期费用

收益和费用数据都须经过具备从事证券相关业务资格的会计师事务所和注册会计师审计确认后,方可实施分配。

基金分红是指基金将收益的一部分以现金方式派发给基金投资人,若未分配净收益,则增加基金的净值。

《证券投资基金运作管理办法》规定:"封闭式基金的收益分配每年不得少于一次,封闭式基金年度收益分配比例不得低于基金年度已实现收益的90%。"一般来说,如果基金以前年度有亏损,则当年的净收益应弥补相应亏损后有余额才能进行分配。如果基金当年净亏损,则原则上不进行收益分配。封闭式基金一般采用现金分红的方式。基金派发现金红利和股票的现金分红非常相似,基金管理人根据基金的收益情况,按照投资者持有基金份额的多少,将现金红利派发给投资者。

对于开放式基金,其分红方式可以在分配现金和分配基金单位(分红再投资)之间进行选择。现金分红方式与封闭式基金相同,而分配基金单位这种方式是将分红资金按照分红实施日的基金净资产折算成相应的基金份额记入投资者的账户。投资者选择分红再投资表示他们愿意放弃当前的现金红利而追求长期的资产增值。对于这种红利的再投资,通常基金管理人是不收取申购费用的,以鼓励投资者继续投入资本。

对于货币市场基金,证监会做出专门规定:对于每日按照面值进行报价的货币市场基金,可以在基金合同中将收益分配的方式约定为红利再投资,并应当每日进行收益分配。

总的来说,目前我国基金的收益分配原则如下:

(1)每份基金单位享有同等分配权。

(2)投资者可以选择现金分红或红利再投资的分红方式(开放式基金)。

(3)基金当年收益先弥补上期亏损后,方可进行当期收益分配。

(4)如果基金投资当期出现亏损,则不进行收益分配。

(5)基金收益分配后每基金单位净值不能低于面值。

(6)全年合计的基金收益分配比例不得低于基金年度净收益的90%;在分配时间上,基金每年应至少分配收益一次。

第五节　基金的净值计算及财务报告分析

一、基金净值计算

每个营业日根据市场收盘价(或者平均价)所计算出的基金总资产价值,扣除基金当日各类成本及费用等负债后,所得到的就是该基金当日之净资产值。

基金单位资产净值(net asset value, NAV),是基金净值除以基金当日发行在外的基金单位总数。计算公式为:

$$NAV_t = \frac{V_t}{N_t} = \frac{A_t - L_t}{N_t} \tag{4.1}$$

(4.1)式中基金的总资产 A_t 是指基金拥有的所有资产的市值,包括股票、债券、银行存款、应收利息等;基金的总负债 L_t 是指基金应付给基金管理人的管理费和基金托管人的托管费等必要的开支;N_t 为基金份数。

单位净值对投资者而言能衡量基金是否保值、增值,如果基金单位净值偏离合理价格,基金有可能成为套利工具,所以单位净值的计算非常重要。而由于计算方法不同,单位净值也会不同。因此,有关法规和基金设立文件应对基金估值方法做出明确规定,特别是对基金持有的非公开市场交易或无参考价值的证券,应明确其资产价值的计算方法。基金累计单位净值等于基金单位净值与基金成立以来累计分红派息之和,它属于一个参照值,衡量了基金自成立以来的投资收益。

基金资产净值计算最关键点在于基金资产的价值评估,我国评估基金资产价格的基本原则是最紧密联系原则：① 任何上市流通的股票和债券，以计算日的收市价计算，若该日无交易的，按照最近一个交易日的收盘价计算。② 未上市的股票和债券，股票以其成本价计算，国债及未到期定期存款，以本金加计至估值日的应计利息额计算。

当基金的市价高于净值时称为溢价交易，当基金的市价低于净值时，称为折价交易，基金溢价和折价的大小可通过下列公式来计算

$$d_t = \frac{p_t - NAV_t}{NAV_t} \tag{4.2}$$

（4.2）式中，d_t 为 t 时刻的折（溢）价率，NAV_t 为基金单位净值，p_t 为市价，$d_t > 0$ 时为溢价交易。

在绝大多数时候，封闭式基金的价格均低于资产净值，即处于折价交易状态。如美国封闭式基金折价幅度一般在 10%～20%。我国封闭式基金也基本处于折价状态，这也是 2006 年后不少封闭式基金转为开放式基金的原因之一。表 4－2 列示了 2008 年 12 月 16 日我国封闭式基金的经营情况。从表 4－2 可以看出我国封闭式基金折价的普遍性和折价的严重程度。2008 年美国金融危机之后，随着股票市场行情的好转，封闭式基金的折价程度有所减小。

表 4－2　封闭式基金的折价率排行（2008.12.16）[1]

基金代码	基金名称	单位净值（元）	2008 年以来		最近两年波动幅度（%）	最近两年夏普比率	折溢价率
			总回报率（%）	排名			
184699	基金同盛	0.759 2	−50.10	25	37.73	0.39	−33.61
184693	基金普丰	0.992 3	−46.36	20	35.46	0.38	−33.59
184690	基金同益	0.934 7	−49.58	24	38.17	0.39	−32.06
500011	基金金鑫	0.744 4	−45.77	18	35.48	0.35	−31.89
500018	基金兴和	0.899 3	−45.67	17	34.30	0.44	−31.72
184721	基金丰和	0.670 4	−37.95	3	34.21	0.65	−31.53
500038	基金通乾	1.094 8	−45.50	14	39.50	0.52	−31.49
500001	基金金泰	0.823 4	−48.09	22	36.45	0.40	−31.38
184701	基金景福	1.015 0	−50.23	26	37.75	0.33	−31.03
184698	基金天元	1.042 8	−45.62	16	37.78	0.61	−30.76
500058	基金银丰	0.825 0	−42.14	6	36.84	0.63	−30.42
500056	基金科瑞	0.963 5	−44.53	11	37.29	0.43	−30.25
184722	基金久嘉	0.691 6	−43.45	8	38.33	0.64	−30.02
500015	基金汉兴	1.199 3	−43.04	7	33.07	0.50	−29.71
184728	基金鸿阳	0.614 2	−50.36	27	37.60	0.14	−29.50

① 数据来源：晨星网 cn.morningstar.com

（续表）

基金代码	基金名称	单位净值（元）	2008 年以来		最近两年波动幅度（%）	最近两年夏普比率	折溢价率
			总回报率（%）	排名			
500009	基金安顺	1.099 4	−37.55	1	33.18	0.67	−29.42
184689	基金普惠	1.229 2	−50.48	28	37.32	0.40	−29.30
184691	基金景宏	1.232 8	−49.10	23	42.75	0.55	−28.70
184692	基金裕隆	0.949 8	−39.43	4	37.21	0.82	−27.46
500003	基金安信	1.286 8	−40.50	5	32.73	0.57	−26.17
184688	基金开元	0.781 7	−47.95	21	44.87	0.54	−26.06
500008	基金兴华	0.994 0	−37.64	2	33.16	0.80	−25.65
500002	基金泰和	0.712 2	−46.27	19	39.67	0.67	−25.30
500005	基金汉盛	1.444 2	−43.54	9	35.51	0.57	−23.90
150003	建信优势动力	0.580 0	—	—			−20.69
150002	大成优选	0.528 0	−54.83	29	—	—	−20.64
500006	基金裕阳	1.274 0	−45.09	12	36.72	0.63	−19.94
184705	基金裕泽	0.845 3	−45.56	15	36.52	0.49	−18.85
184703	基金金盛	1.028 6	−45.44	13	38.99	0.51	−12.99
184706	基金天华	0.766 9	−43.61	10	33.55	0.41	−9.77
161010	富国天丰强化收益	1.030 0	—	—	—	—	−2.82
150001	瑞福进取	0.295 0	−74.59	30			57.63

　　对封闭式基金的折价之谜,虽然还没有形成统一的看法,但总体来看,应与以下几个因素有关:① 对基金资产变现成本的预期。市场有涨有落,基金资产在未来变现时,未必能够实现基金资产的估计价值。除非证券市场极度向好,在通常情况下,以低于估计净值的价格投资于封闭式基金是投资人理性的选择。② 交易费用。基金资产变现的时候,会发生一定的交易费用,造成投资收益的下降,封闭式基金折价中的一部分是为了抵偿市场的交易成本。

　　除此之外,由于我国证券市场具有与其他国家市场不同的特点,我国基金的折价交易还有特定的一些原因,如证券市场投资者行为投机性较重,基金资产净值失真,缺乏规避风险的工具等。

二、基金财务报告分析

　　基金财务会计报告是指基金对外提供的反映基金某一特定日期的财务状况和某一会计期间的经营成果、现金流量等会计信息的文件。基金财务会计报告包括资产负债表、利润表和净值变动表。基金财务会计报告分析可以达到以下目的:评价基金过去的经营业绩及投资管理能力;通过分析基金现时的资产配置及投资组合状况来了解基金的投资状况;预测未来的发展趋势,为基金投资者的投资决策提供依据。

作为一种进行证券投资的资产组合,基金的财务报告与一般企业不同。

基金财务报告的分析,主要包括以下六方面内容:

1. 基金持仓结构分析

分析基金的持仓结构,主要包括分析股票投资占基金净值的比例、债券投资占基金净值的比例、银行存款等现金类资产占基金净值的比例、某行业投资占基金净值的比例等。基金的持仓结构往往与基金的风险和收益能力有关。在进行持仓结构的分析时应注意,股票投资占基金资产净值的比例如果发生少量变动,并不意味着基金经理一定进行了增仓或减仓操作,因为市场波动也可能引起计算结果的变动。通过持仓结构分析可以分析出基金的重点投资方向,了解基金的资产配置情况与能力。

2. 基金盈利能力和分红能力分析

在基金定期报告中,基金一般会披露本期利润、本期已实现收益、加权平均基金份额本期利润、本期加权平均净值利润率、本期基金份额净值增长率、期末可供分配利润、期末可供分配基金份额利润、期末基金资产净值、期末基金份额净值等指标。通过这些指标可以分析基金的盈利能力和分红能力。

3. 基金收入情况分析

基金收入包括利息收入、投资收益、公允价值变动损益和其他收入。对基金的收入结构进行分析,可以了解基金各项投资的收益情况。

4. 基金费用情况分析

基金费用一般包括管理人报酬、托管费、销售服务费、交易费用、利息支出和其他费用,都是按比例计提支付,对股票基金影响不明显,但是费用高低对货币市场基金净值影响较大。

5. 基金份额变动分析

对于开放式基金来说,基金的份额会随申购、赎回活动而变动,基金在定期报告中一般会披露基金份额的变动情况和基金持有人的结构。通过对基金份额变动情况和持有人结构的比较分析,可以了解投资者对该基金的认可程度。如果基金份额变动较大,则可以对基金管理人的投资不利。

6. 基金投资风格分析

根据基金披露的投资组合情况,可以从不同角度对基金的投资风格进行分析。常用的分析角度包括以下三方面:

(1) 持仓集中度分析。通过计算前 10 只股票占基金净值的比例可以分析基金是否倾向于集中投资。

(2) 基金持仓股本规模分析。通过基金持有股票的股本规模分析,可以了解基金所投资的上市公司的规模偏好。

(3) 基金持仓成长性分析。通过分析基金所持有的股票的成长性指标,可以了解基金投资的上市公司的成长性。

第六节 基金的交易

一、封闭式基金的交易

封闭式基金上市交易后,基金持有人可以通过经纪人在二级市场上自由转让,基金的价格由交易双方在证券交易市场上通过公开竞价的方式来确定,即按市价买卖。

封闭式基金交易规则:

(1) 竞价规则:价格优先、时间优先。

(2) 最小价格变动单位:0.001 元。

(3) 最小和最大数量:100 份,100 万份。

(4) 交割时间:T+1。

(5) 涨跌停板:10%(除基金上市首日以外)。

(6) 交易时间:每周一至周五,上午 9:15~9:25 集合竞价;上午 9:30~11:30,下午 13:00~15:00 连续竞价,法定假期除外;

(7) 交易费用:成交金额的 0.25%,不足 5 元的按 5 元收取。除此之外,上海证券交易所还按成交面值的 0.05%收取登记过户费,由证券商向投资者收取。

二、开放式基金的交易

不同于封闭式基金,一般意义上的开放式基金没有二级市场,投资者只能向基金管理公司申购(赎回)基金。开放式基金的交易是指基金成立后进行申购和赎回,有别于募集期的认购。

基金的认购是指在基金募集期内,投资者到基金管理公司或选取基金代销机构开设基金账户,按照规定的程序申请购买基金份额的行为。申购是指投资者按照规定的程序申请购买已经成立的基金单位。赎回是指投资者把手中持有的基金单位,按规定的价格卖给基金管理人并收回现金的过程,是与申购反方向的操作过程。这里主要介绍后两种行为。

开放式基金交易有两大基本原则:一是"未知价"交易原则,也就是说申购、赎回时候并不知道资产的成交价格;二是"金额申购,份额赎回原则"。

(一) 金额申购

基金申购的价格是基金单位净值再加上前端费用,其中基金单位净值(net asset value)等于基金权益与基金负债之差除以已经出售在外的基金单位数,前端费用(front-end load)是购买基金份额时所支付的佣金或者销售费用。《证券投资基金销售管理办法》规定,"基金管理人办理基金份额的申购,可以收取申购费。"我国股票基金申购费率多在 1%~1.5%,债券基金的申购费率通常小于 1%,货币市场基金一般不收取申购费。一般基金合同中规定的都是基金申购费率的上限。基金申购费率的上限与基金的灵活性有关,流动性越强的基金,基申购费率上限越低,但总的来说,随着管理效率的提高和基金经理人之间竞争的加剧,基金申购费率的上限呈下调趋势。

不同基金的申购费率不同,而同一只基金对于不同数额的前端申购费用也不同。例如,易方达平稳增长基金,申购额大于 1 000 万时,费用按笔收取,每笔 1 000 元;申购额在 500 万~1 000万,申购费率是 1%;申购金额在 100 万~500 万,申购费率为 1.6%;申购金额小于 100 万时申购费率为 2%。

由于申购时基金资产净值未知,故确切的购买数量在申购的时候未知(确切的申购份额要到下一交易日才能知道),只能实行金额申购。基金申购份额的计算如下:

1. 内扣法

$$申购日:净申购额 = 申购金额 - 申购金额 \times 申购费率$$

$$次日:申购份数 = 净申购额 / 申购日基金单位净值$$

2. 外扣法

$$净申购金额 = 申购金额/(1 + 申购费率)$$

$$申购费用 = 净申购金额 \times 申购费率$$

$$申购份额 = 净申购金额/申购当日基金单位净值$$

与内扣法相比,外扣法对申购者更有利,可以少一些申购费,多一些申购份额。为了促进基金业的发展,我国目前多采用"外扣法"。

例 4.1 假定某个交易日有一投资者以 10 000 元认购某基金,前端申购费率为 1%。次日,确定前一个交易日该基金单位净值为 0.99 元。请计算该投资者认购基金的份额数量。

解一:内扣法

申购日:申购费用 = 申购金额 × 申购费率 = 10 000 × 1% = 100(元)

申购日:净申购金额 = 申购金额 - 申购费用 = 10 000 - 100 = 9 900(元)

次日:申购份数 = 申购金额/申购日基金单位净值 = 9 900/0.99 = 10 000(份)

解二:外扣法

申购日 = 净申购金额 = 申购金额/(1 + 申购费率) = $\dfrac{10\ 000}{1 + 1\%}$ = 9 901

次日 = 申购份数 = 申购金额/申购日基金单位净值 = 9 901/0.99 = 10 001(份)

(二) 份额赎回

基金持有人赎回基金单位时,采用未知价法,先以份额赎回,然后换算成基金金额,基金赎回所得等于赎回总额减去赎回费用。其中赎回费又称为撤离费(back-end load)、后端收费。

《证券投资基金销售管理办法》规定,"基金管理人办理开放式基金份额的赎回应当收取赎回费。"而实际上大多数基金合同中约定的赎回费率上限都低于 3%。同时,基金管理人会根据基金持有人持有时间的不同,规定不同的赎回费率。例如,易方达平稳增长基金对于持有基金时间在 0~364 天的基金持有人按 0.5%的赎回费率收取赎回费用,而持有时间在 365~729 天的赎回费率为 0.25%,持有 730 天以上赎回费率为 0。

赎回的时候价格未知,赎回总额未知,所以投资者只能申请赎回多少份额。投资者在赎回日提出赎回份额,次日计算赎回金额的计算过程如下:

$$赎回总额 = 赎回数量 \times 赎回日基金单位净值$$

$$赎回费用 = 赎回总额 \times 赎回费率$$

$$赎回金额 = 赎回总额 - 赎回费用$$

例 4.2　某投资者以 10 000 元申购某基金，申购日该基金单位净值为 1 元，申购费率为 5%。规定赎回费率为 3%，每年递减 1%。假设该基金扣除运作费用后年净收益率为 10%。问投资者在持有 1 年后申请全部赎回，能赎回多少资金？

解：

申购净额 $= 10\ 000 \times 0.95 = 9\ 500$（元）

申购份数 $= 9\ 500/1 = 9\ 500$（份）

赎回总额 $= 9\ 500 \times (1 + 10\%) = 10\ 450$（元）

赎回费用 $= 10\ 450 \times 2\% = 209$（元）

赎回金额 $= 10\ 450 - 209 = 10\ 241$（元）

第七节　基金投资策略

一、投资政策

投资基金的投资政策是指基金管理者投资于不同种类证券的原则性、方针性的措施，是规范基金投资决策人和相关管理人行为的总则。各类投资基金为实现基金设立的宗旨，往往制定和实施不同的投资政策，选择其认为能获得最大投资利益的投资组合及经营管理方式。

（一）投资政策的基本特征

基金管理公司所制定的投资政策的基本特征一般包括以下几个方面：

1. 投资组合的类型

一个投资基金所投资的证券是普通股、优先股和债券的平衡组合，或不完全组合。一般而言，由安全性高的证券组成的基金，其目标比全部由普通股所组成的基金更注重收入和价格的稳定性。

2. 证券分散化的程度

基金的分散化程度由该基金所持证券的品种数以及基金总值中不同品种分配的百分比来衡量。每只基金的具体分散化政策各不相同。如果基金目标是追求当期收入的稳定性，则其投资政策采取较大程度的多样化，而那些只单纯投资在一个种类的普通股票上或具有特殊要求的基金，其分散化程度是有限的。同时，投资的分散化还体现在证券性质的选择上，只选择绩优证券还是只选择投机性证券，或是二者组合选择的程度，都反映了基金投资政策的分散化倾向。

3. 基金投资的充分程度

如果基金注重取得当期固定收入或追求高的资本增值，往往会把全部资产投资于股票市场，而有些基金则可能根据对金融市场前景的判断，经常在货币市场、债券市场和股票市场之间进行资本转移。

4. 投资组合质量

投资组合能否保证投资基金贯彻既定的投资政策，并达到基金的预定目标，是评价投资组合质量高低的依据。

（二）制定基金投资政策的依据

证券投资基金制定投资政策的具体依据是：

（1）根据宏观经济环境及其对证券市场的影响制定投资策略；

（2）根据货币政策的变化、利率的走势决定不同期限的国债占投资组合的比重；

（3）根据对行业及上市公司的调查研究确定具体投资股票的数量和金额；

（4）在《证券投资基金法》和有关政策、法规框架下确定投资组合。《证券投资基金法》第六十八条规定，开放式基金应当保持足够的现金或者政府债券以应付基金的赎回，比例由国务院证券监督管理机构具体规定；第七十二条规定，基金财产可用于上市交易的股票、债券以及国务院证券监督管理机构规定的其他证券品种；第七十三条对基金财产不得投资的活动也做出了明确的规定。

二、基金投资策略

国债与股票是基金资产组合中最重要的两个构成部分，因此以下所介绍的基金投资策略主要是针对国债及股票这两种金融工具而言。

（一）国债投资的操作策略

通常，基金资产组合中针对国债的投资主要兼顾以下三个方面：

一是收益性。投资于当前收益率高的债券可使年度经常收入增加，因此基金持有到期收益率高的债券直至期满，则是降低成本的一种选择。

二是安全性与流动性。由于国债以国家信用作为担保，因此风险较小，安全性较高，为了更灵活地应对市场，基金组合需要保持一定的流动性水平，而国债是其重要的流动性因子，当然流动性选择会在一定程度上侵蚀收益率。

三是期限结构均衡调整。由于利率的波动会导致债券的价格发生变化，当市场利率下降时，债券价格上涨，但长期债券的价格上升幅度大，因此投资配比结构应以长期债为主。反之，则相反。当利率走势不明确时，则可考虑选择船舵型投资配比结构或杠铃型投资配比结构。所谓船舵型投资配比结构，是将不同偿还期的债券做简单的等量持有，以求行情变动风险的平均化；而杠铃型投资配比结构，则将债券集中在短期债和长期债两侧，呈杠铃型。在行情动态清晰时，可容易地将短期债和长期债平分秋色的配比结构，转化为以长期债为主的配比结构，或转化为以短期债为主的配比结构，从而在改善投资配比结构上具有较高的灵活性。

（二）股票投资的操作策略

相较于国债而言，股票的收益高，但其波动性大。基金投资于股票市场以求获利的方式通常有长期投资和波段套利。

长期投资是指长期持有一只或者多只股票，以获取股息和红利为目的的投资策略。长期投资可避免频繁操作的交易成本，也有助于稳定地获得平均收益。长期投资的风险主要来自于上市公司未来发展的不确定性和二级市场的股价波动，因此，基金在进行长期投资时，需对股票市场做出稳定成长的长期预期。

波段套利，即通常所说的高抛低吸，在市场的波段底部区域逢低吸纳建仓，而在市场的波段顶部逢高减仓获利了结。波段套利的现实基础是二级市场股价保持周期性的波动运行特征。当然,在存在买空、卖空机制的条件下,也可利用股票市场的波段行情进行相反操作,以获得收益。

(三)固定比例投资策略

固定比例投资法即将一笔资金按照固定的比例分散投资于不同类型的基金上,当某个基金的净资产发生变化而使得投资比例跟着发生变化时,迅速卖出或买进该基金,维持原先的投资比例不变。

固定比例投资的优势是降低成本、分散投资,抵御投资风险,见好就收,不至于因某一只基金表现不佳或奢望价格上升而损失到手的收益。当然,前提是买入的基金品类不能相同。

基金中还有"更换操作"、"定期定额"等众多投资策略,本章不再详细说明,读者可自行了解。

三、基金管理策略

根据对市场有效性的不同看法,基金管理策略可分为消极管理型和积极管理型两种。

(一)消极管理型基金的特征与运作

消极管理型基金管理者认为证券市场是有效的,在这样一个现存的证券市场上,证券的现行价格已包含了所有的信息,即每种证券已得到公平定价。即使证券市场存在无效,可以通过技术分析之类的方法寻找到定价不公允的证券,但这一寻找过程成本超出其所带来的收益。因此,在市场有效条件下,任何企图获得超过市场平均收益的举动都是徒劳的。最明智的做法是持有与市场组合相似的投资组合,获得与市场一样的收益。持有市场组合的替代组合品种是消极管理型基金的组合策略,通常的做法是建立指数基金(index fund)。这种基金根据一个反映证券市场平均收益和平均风险水平的价格指数构建投资组合,组合的成分和权重与市场价格指数相似。1976年以后,指数化策略在美国获得了很多投资者的青睐。

指数基金的特征是投资组合比较分散,持有的证券长期稳定,交易成本较低,同时由于不需要委托证券分析人员进行证券分析,管理费用很低。其缺点是为了使基金的组合与目标指数匹配,必须频繁地调整组合资产,从而产生了高昂的交易费用,所以指数基因的收益率往往低于其复制的指数的收益率。

(二)积极管理型基金的特征与运作

与消极管理型基金相反,实行积极管理模式的基金管理者认为市场不是有效的,随时可能出现定价不当的证券。他们委托证券分析师,收集和分析证券信息,发掘那些有可能导致证券价格发生变化,但尚未被广大投资者解读的信息,作为投资决策的依据,并通过调整投资组合,实现超额利润。积极管理型基金需要随着宏观经济的状况、证券市场的整体走势和投资机会的变化,不断改变投资组合,其特征表现为结构变动频繁,证券的持有时间较短,交易成本高,风险也较大。通常,除指数型基金以外,大多数基金都实行不同程度的积极管理策略。尽管众多研究者指出,无法证明积极管理型基金的业绩优于指数基金,但从表4-2中可以看出,在市场大跌的情况下,多数基金的跌幅都小于市场指数跌幅,这说明积极管理的基金有一定的抗跌性。

第八节　基金绩效衡量

基金如何进行投资是基金管理者面临的问题,而基金投资者面临的问题是如何对基金进行选择,这就涉及基金绩效的衡量问题。由于市场上的基金种类众多,投资目标各异,风险程度和收益差别也较大。一般认为,衡量基金绩效应该从多方面综合考虑,包括基金的投资目标、投资的收益性和风险性、投资的时期等等。以下介绍两类四种方法。

一、收益率衡量

第一类方法是从收益率出发来衡量基金业绩。基金的持有期收益率为:

$$r = \frac{\text{NAV}_t - \text{NAV}_{t-1} + C_t}{\text{NAV}_{t-1}}$$

其中,NAV_t 为 t 期基金净值,NAV_{t-1} 为 $t-1$ 期基金净值,C_t 为 t 期基金分红。

在使用这类方法之前,需要将各种基金按照不同的投资策略、不同的风险类型、不同的风格进行分组,将有可比性的基金放在一起,比较其收益率的大小,然后进行选择。如表4-3所示:

表4-3　积极配置增长型基金(2008.12.16)

基金代码	基金名称	收益率			
		单位净值	最近一年	最近两年	最近三年
270002	广发稳健增长	1.029 5	−49.05	3.96	36.39
519003	海富通收益增长	0.534	−51.98	−3.01	21.92
70002	嘉实增长	2.847	−38.13	8.16	40.82
350001	天治财富增长	0.638	−37.17	−0.74	23.35

表4-3选取了四只积极配置的增长型基金,从单位净值,最近一年、两年、三年收益率方面对它们进行比较,投资者可以根据这样的比较来选择适合投资的基金。

二、风险调整绩效衡量

不同投资策略的基金所面临的风险不同。高收益的基金并不一定是因为基金经营管理有效,有可能是因为承担了较大的风险。而这样的基金在下一年就很可能遭受较大的损失。所以以收益来衡量基金绩效时,有必要将其波动率一同纳入衡量范围,这就是风险调整绩效衡量方法的原理。

现代投资组合理论提供了三个评估风险调整后的绩效指标,分别为特雷诺指数(Treynor measure)、夏普指数(Sharpe measure)和詹森 α(Jensen's alpha),它们分别是以各自的提出者命名的。这三个指标同时也是衡量基金绩效的有效方法,下面分别介绍这三个指标是如何进行绩效分析的。

（一）特雷诺指数

特雷诺指数实际上是一个收益-风险比率。它将一段时间内资产组合的平均超额收益率和资产组合 β 测度的系统风险联系在一起，其基础为资本资产定价模型和证券市场线，这部分知识将在第七章学习到。特雷诺指数的计算方式为：

$$T_p = \frac{r_p - r_f}{\beta_p}$$

其中，r_p 为基金收益率，r_f 为无风险收益率。如果特雷诺指数高于市场风险溢价 $(r_m - f_f)$，投资组合收益在证券市场线之上，投资组合的业绩超过市场。

（二）夏普指数

夏普指数是威廉·夏普根据自身对资本市场理论的研究提出的一种风险调整测度方式，它用超额收益除以该基金的所有风险得到一个衡量风险收益的指标，具体表达式如下：

$$S_p = \frac{r_P - r_f}{SD_p}$$

其中，r_P 和 r_f 的定义同特雷诺指数，SD_p 为组合标准差。与特雷诺指数只调整系统风险不同，夏普比率是对组合的全部风险进行调整。夏普指数越大，基金绩效越好。

（三）詹森 α

詹森 α 也是基于 CAPM 和证券市场线发展起来的一个风险调整差异衡量指标。其计算方式为：

$$\alpha_p = (r_p - r_f) - \beta_p(r_m - r_f)$$

其中，r_m 为市场组合的收益率。

与前两个指数不同的是，詹森 α 不是一个相对值的指标，而是一个绝对值的指标，只要 α 大于 0，那么该基金就具有投资价值。

本章小结

投资基金是集专家理财、组合投资、分散风险等特点于一体的集合投资方式，其使得每个人都能委托专业人员进行投资。基金种类很多，根据基金单位是否可以增加或赎回，投资基金可分为开放式基金和封闭式基金；按照组织形态划分，投资基金可分为契约型基金和公司型基金，我国目前存在的都是契约型基金；按照投资对象来划分，投资基金可分为货币市场基金、股权基金、固定收益基金、混合基金和指数基金；按照投资目标来划分，投资基金可分为成长型基金、收入型基金和平衡型基金。在契约型基金中，基金持有人既是委托人又是受益人，基金管理人和基金托管人则是共同受托人，基金管理人只有指令权。基金单位净值等于基金所持有的资产总值减去基金的负债，再除以发行在外的基金份额。开放式基金交易有两大基本原则：一是"未知价"交易原则，也就是说申购、赎回时候并不知道资产的成交价格；二是"金额申购，份额赎回原则"。市场的有效性程度以及基金经理对证券市场有效性的不同看法决定了基金公司投资策略的选择，基金投资策略选择主要分为消极管理型和积极管理型两种模式。基金绩效的衡量方法，可归结为两类共四种。

习 题

1. 基金的本质是什么？

2. 开放式基金和封闭式基金有哪些区别？

3. 什么是资产净值？它对现金分配有什么影响？

4. ETF 基金与 LOF 基金有哪些区别？

5. 什么是开放式基金的"金额申购,份额赎回"原则？

6. 简述基金托管人、基金管理人和基金持有者之间的关系。

7. (单选)证券投资基金运作中的三方当事人一般是指基金的( )。

A. 发起人、管理人、投资人   B. 管理人、托管人、投资人

C. 托管人、发起人、投资人   D. 受益人、管理人、投资人

8. (单选)下面对基金的限定,错误的是( )。

A. 封闭式基金事先确定发行总额和存续期限

B. 封闭式基金条件下,管理人没有基金份额持有人随时要求赎回的压力

C. 开放式基金具有法人资格

D. 契约型基金不具有法人资格

9. (单选)基金的市场交易价格是以基金单位的( )为中心上下波动。

A. 资产   B. 资产值   C. 资产净值   D. 资本净值

10. (单选)封闭式基金份额要达到上市交易的条件,基金合同期限应该在( )。

A. 3 年   B. 5 年   C. 10 年   D. 20 年

11. (单选)目前,我国证券投资基金的( )应代表基金以基金的名义开设证券账户。

A. 基金发起人   B. 基金份额持有人

C. 基金托管人   D. 基金管理人

12. (单选)我国证券投资基金托管费以( )为基础计提。

A. 基金资产总值   B. 基金资产净值

C. 基金发行规模   D. 固定金额

13. 一开放式基金净资产值为每份 10.7 美元,它销售的前端费用为 6%,它的申购价是多少？

14. 合作基金年初资产净值为 12.5 美元,年末时资产净值为 12.1 美元,基金支付了年末收入分配和资本利得 1.5 美元。该基金投资者的收益率是多少？

15. 若每次基金经理交易股票,交易成本(如经纪人佣金和买卖价差)合计为交易额的 0.4%,如果资产组合的换手率为 50%,交易成本使投资总收益率减少多少？

16. 选取几只基金,分别用两年期数据计算其特雷诺指数、夏普指数和詹森 α。通过比较,分析用不同的绩效衡量方法对基金的选择有什么影响？

阅读材料

[1] 在中国证券监督管理委员会网站(www.csrc.gov.cn)上下载阅读《证券投资基金销售管理办法》,其中的规定是基金合同和基金公司所要满足的最低要求。

[2] 下载一只基金的基金招募说明书和基金发行公告书阅读,找出其基金类型、投资方向、基金管理人、基金托管人、管理费用以及申购与赎回的费用和方式。

[3] 通过 fund.jrj.com.cn 里的基金词典了解关于基金交易的名词。

[4] 晨星网(cn.morningstar.com)中有比较全面的基金信息,包括研究报告、各种排名、基金工具、专题研究、基金数据等。

[5] 证券投资基金法。

第五章 衍生金融工具

内 容 提 要

① 远期合约及其定价。② 期货合约的特点及交易策略。③ 期权的价值及投资策略。

原生证券(primitive security)是由证券发行者负责支付的金融工具,是实际信用活动过程中能够出具证明债权债务关系或所有权关系的一种凭证。其收益直接取决于发行者的经营状况(财务状况)。衍生证券(derivative security)是在原生证券基础上产生的,它的收益不取决于发行者的状况,也不是由证券发行者支付,而是取决于或者衍生于标的证券价格波动。

衍生证券的主要类型有远期合约、期货合约、期权和互换。这些衍生证券在金融市场每天的交易中扮演重要角色,因为其既是对冲与标的资产有关风险的有效工具,也是投机者在证券市场进行投机的常用工具。

本章由三个部分组成:① 远期合约,远期合约使交易双方规避了未来标的资产价格变动带来的风险。② 期货,期货降低了远期交易的自由性,但是增加了流动性。③ 期权,期权是在规定的条件下,以一定价格购买或卖出一种资产的权利,由于互换可以被看成一种特殊的远期,而且许多微观金融学教学参考书中都有介绍,因此本书没有对互换进行专门阐述。

第一节 远 期 合 约

若粮食市场的交易双方是农民与粮食加工企业,对于收获粮食的农民来说,为使收入最大化,他们关注的不仅是粮食的收成,同时还必须关心粮食的价格;作为以粮食为加工原料的粮食加工企业,为控制成本也必然密切关注粮食的价格。然而,现实市场上粮食价格不断波动,这就使交易的双方,即农民和粮食加工企业,均面临价格波动的风险。若创设一种契约,在播种的时候,就将收获时粮食交割的价格确定下来,农民就可以集中精力把农作物种好,而不必自己充当"价格分析师"。同时,作为需求者的粮食加工企业同样也迫切需要一种能固定未来价格的契约,从而安心从事生产经营。于是,远期合约应运而生。

一、远期合约的涵义

(一) 远期合约的定义

定义：甲乙双方（目前）时刻 t 签订一份合约：在将来给定时刻 T 以（当前）设定的价格成交一定数量的某种物品（称为标的资产，或标的物品），这样的一份合约称为 $[t, T]$ 上的一个远期（合约）。所设定的成交价格称为交割价格，也称远期价格，时刻 T 称为到期时刻。在到期时刻 T 将成为标的资产买方的称为多头，而将成为标的资产卖方的称为空头。远期合约通常也简称为远期，规定了交换的资产、日期、价格和数量。

例如，买卖双方约定，次年 3 月 15 日以 12 美分/磅的价格交易 100 000 磅糖。合约由买、卖双方签订，买方称为 100 000 磅糖的多头，卖方则是空头。多头或空头的数量就是每一方的头寸，12 美分/磅就是交割价格。在合约签署的时刻，双方一定只会同意一个使该合约价值为 0 的交割价格。这意味着交易双方无须成本就可以处于合约的多头和空头。但是，随着时间推移，标的资产的价格会发生波动，远期合约可能具有正的或者负的价值。因此，远期合约的价值是标的资产即期价格的函数。

早期的远期合约只是针对实物商品。但市场发展到一定程度之后，大量的金融远期合约开始出现，如远期利率协议、远期外汇合约、远期股票合约等等。

远期合约的特点如下：

(1) 远期合约是根据买卖双方的特殊需求由买卖双方自行签订的，专属性强，所以缺乏流动性。

(2) 远期合约是场外交易，交易双方有对等的权利和义务，所以交易双方都存在风险。伦敦金属交易所中的标准金属合约是远期合约，它们在交易所大厅中交易。

(3) 和其他的金融工具相比，远期合约具有相当的普遍性。一个工厂与其供应商签订的长期价格协定也可以视作一个远期合约。

虽然远期合约最先的兴起是为了提供套期保值的工具，但是发展到目前，远期合约已经成为一种重要的投机工具，大量公司利用远期合约进行投机。这是由于与现货市场相比，远期市场不需要一个初始的现金支付，理论上讲杠杆倍数可以是无限大的，从而更易于投机。另外由于未来的不确定性，远期价格的波动一般大于现货市场。以上两个因素放大了远期市场收益率的波动性，这使得远期市场向投机者展现了巨大的吸引力。同时，远期市场上也存在着大量的套利者，他们可以同时在瞬间进入两个或多个市场进行交易，以锁定一个无风险的收益。套利者的大量存在，是使市场走向均衡的驱动力，它保证了市场的流动性，是市场有效的前提。

(二) 远期合约的损益

如果即期价格低于远期价格，市场状况被描述为正向市场或溢价。如果即期价格高于远期价格，市场状况被描述为反向市场或折价。

根据远期的定义，一单位资产远期合约多头的到期损益是：$S_T - K$，其中 K 是交割价格，而 S_T 是合约到期时标的资产的即期价格。这是因为合约规定，多头方可以用交割价格 K 购买到期价格为 S_T 的资产。

同理，一单位资产远期合约空头的到期损益是：$K - S_T$。

从上面的分析可以看出，多头和空头都有可能盈利或亏损。在没有交易费用的情况下，多空双方的收益和损失正好相等。

二、远期价格确定

由于远期合约的多样性,远期的定价应视标的物的性质而定,情况比较复杂。但是,市场对远期合约定价的基本方法是无套利定价法,即假定合约的签订是一个公平协议,在合约签订时,合约双方不能通过合约来获利。因此,远期价格是指签订时刻使远期合约价值为零的价格。

下面从最简单的情况来说明远期价格是如何确定的。假定没有交易费用和税收,标的资产的储存不需要成本,交易双方可以以同样的无风险利率进行借贷,同时标的物不会出现分红等情况。根据远期合约的定义,到期时刻为 T 的远期合约到期时将使多头付出 K,而获得一个标的资产,若 t 时刻该资产的价格为 S_t,市场无风险收益率为 r,则该合约在 t 时刻的价值(理论价值,或称经济价值)可以根据现金流贴现法得到:

$$f_t = S_t - Ke^{-r(T-t)} \tag{5.1}$$

根据式(5.1),由于远期签订时刻交易双方都没成本,因此价值为0,即 $t=0$ 时刻

$$f_0 = S_0 - Ke^{-r(T-0)} = 0$$

由此得

$$K = S_0 e^{rT} \tag{5.2}$$

若在远期合约到期前,标的资产现金红利现值为 I,则式(5.2)调整为:

$$K = (S_0 - I)e^{rT} \tag{5.3}$$

若在远期合约的存续期内,标的资产的红利率为 ρ(连续复利),则式(5.2)需调整为:

$$K = S_0 e^{(r-\rho)T} \tag{5.4}$$

由式(5.2)可见,远期价格等于标的资产的未来价格。进一步分析可以得到,当合约到期时远期的价值公式如下:

$$f_T = S_T - Ke^{-r(T-T)} = S_T - K \tag{5.5}$$

必须注意到,虽然在0时刻远期合约价值为零,但随着时间的推移,由于现货价格 S_t 发生变化,而交割价格 K 不变,因此远期合约价值不再为零。从另外一个角度来看,t 时刻现货价格的改变,也改变了远期价格 K_t,所以远期合约价值的变化也可以理解为远期价格改变。

例 5.1 远期的价格以及远期合约价值。

某股票现在 t 时刻的价格是 50 美元,年平均红利率为 4%(连续复利),无风险利率为 8%,该远期合约在 0 时刻签订,交割价格为 54 美元。现在距离到期日还有 6 个月,该远期合约的当前价值和当前的远期价格分别是多少?

远期价值:$f_t = S_t e^{-q(T-t)} - Ke^{-r(T-t)}$
$= 50e^{-0.04 \times 0.5} - 54e^{-0.08 \times 0.5}$

远期价格:$0 = S_t e^{-q(T-t)} - F_t e^{-r(T-t)} =$
$50e^{-0.04 \times 0.5} - F_t e^{-0.08 \times 0.5}$

在实际交易中,计算远期价格是用交易时的即期价格加上持有成本。根据标的资产的具体情况,持有成本除了持有现金的机会成本以外,还要考虑的因素包括仓储、保险和运输等等。一般来说,金融远期的持有成本较低,商品远期中的持有成本远比金融远期复杂。

目前,国际上远期合约交易已具有了相当规模,并形成了一些交易平台或市场,这些平台或市场一方面提供信息,方便了远期合约的订立;另一方面为远期合约的完全性提供了一定的保障。人们依据交易平台或市场,运用远期合约或远期合约与其他金融衍生工具的组合,进行着各种交易活动。

远期合约是最初级的衍生金融产品,初期不需支付成本,一定程度上规避了价格风险,但是它也存在着一系列的缺点:① 非标准化,无法转让。远期合约不是标准化的合约,是交易双方根据自身情况所达成的协议,由于没有规范化的形式,所以无法转让。② 风险累积。远期合约在交割前并不发生任何资金转移,只有到期才实现资金与货物的交换,一次性交割的数额较大,所以到期时累积了巨大的风险。加之事先无任何现金流动,只有一纸契约,违约风险大。③ 交易的安全性得不到保障。远期合约能否履行完全靠交易双方的信用(虽然有些情况下,交易的一方会向另一方支付一定数额的保证金,但支付方式、支付数额都是双方自行商定的)。由于缺乏第三方担保,所以交易的安全性堪忧。

第二节 期 货

由于远期合约具有个性化特征,降低了其流动性,且签订时交易双方并不发生任何资金转移,风险逐步累积,这就催生了标准化的远期合约——期货。

一、期货合约的性质

期货合约是由交易所统一制定,买卖双方约定在将来某个日期,按成交时双方既定的条件交易某种标的资产的书面协议,是一种标准化的远期合约。买卖双方在集中的期货交易所进行交易,交易所将合约标准化:规定合约规模、商品等级、交割日期等等,尽管这种标准化降低了远期交易的自由性,但是增加了流动性。根据期货交易品种即期货合约交易的标的物可以分为商品期货(实物商品:玉米、小麦、铜、铝等)和金融期货(金融产品:汇率、利率、股票指数等)。

(一)期货市场的结构

期货市场通常由四个部分组成:期货交易所、期货结算所、期货经纪公司和期货交易者(包括套期保值者、投机者和套利者)。

1. 期货交易所

期货合约是在特定的交易所里进行交易的,期货交易所是一种具有高度系统性和严密性、组织性和规范性的交易服务组织,它本身不参与交易活动,不参与期货价格的形成,也不拥有合约标准的商品,只为期货交易提供设施和服务。交易所采取会员制形式,设定规则约束其会员的行为,并通过收取会员费和服务费获得资金。通常期货交易所的会员多为期货经纪公司,期货经纪公司是普通大众的期货代理商,协助投资者进行期货交易并收取佣金。我国目前有四个期货交易所:大连商品交易所、郑州商品交易所、上海期货交易所和中国金融期货交易所,其中前三个为商品交易所,从事商品期货的交易。

期货交易所的主要作用是:

（1）提供一个有组织、有秩序的交易场所设施以及相关服务,保证期货交易在“公正、公平和公开”原则下顺利运行。

（2）设计期货合约,提供公开的交易价格,并安排合约上市。

（3）提供统一的交易规则和标准,使交易有秩序进行。

（4）提供良好的通讯信息服务,及时发布市场信息。

（5）提供交易担保和履约保证。

2. 期货结算所

期货结算所主要负责期货合约买卖的结算,承担期货交易的担保,监督实物交割以及公布市场信息。期货结算所大部分实行会员制,结算会员须交纳全额保证金存放在结算所,以保证结算所对期货市场的风险控制。期货的买方和卖方分别与结算所而不是彼此相互交易。即使买方或卖方违约了,结算所仍然要履行合约,从而保证合约能够像签定时那样执行。结算所为期货市场提供了信用担保,不会因为一位投资者违约而无法正常运行,这是期货市场成功的关键。

当今各国期货结算所的组织形式大体有三种:第一种是结算所隶属于交易所,交易所的会员也是结算所会员;第二种是结算所隶属于交易所,但交易所的会员只有一部分财力雄厚者才成为结算所会员;第三种是结算所独立于交易所之外,成为完全独立的结算所。

3. 期货经纪公司

期货经纪公司是代理客户进行期货交易,并提供有关期货交易服务的企业法人。期货经纪公司至少应该成为一家期货交易所的会员。期货经纪公司在代理客户期货交易时,收取一定的佣金,其作为期货交易活动的中介组织,在期货市场构成中具有十分重要的作用。一方面它是交易所与众多交易者之间的桥梁,拓宽和完善了交易所的服务功能;另一方面,它为交易者从事交易活动向交易所提供财力保证。期货经纪公司内部机构设置一般有结算部、按金部、信贷部、落盘部、信息部、现货交收部、研究部等。一个规范化的经纪公司应具备完善的风险管理制度,遵守国家法规和政策,服从政府监管部门的监管,恪守职业道德,维护行业整体利益,严格区分自营和代理业务,严格客户管理,经纪人员素质高等条件。

4. 期货交易者

根据参与期货交易的目的划分,期货交易者可分为三类:套期保值者、投机者和套利者。

（1）套期保值者。套期保值者从事期货交易的目的是利用期货市场进行保值交易,以减少价格波动带来的风险,确保生产和经营的正常利润。套期保值者一般是生产经营者、贸易者、商业银行等。

（2）投机者或称风险投资者。投机者参加期货交易的目的与套期保值者相反,它们是愿意承担价格波动的风险,其目的是希望以少量的资金来博取较多的利润。期货交易的投机方式可以说是五花八门,多种多样,其做法远比套期保值复杂得多。投机者参加交易可增加市场的流动性,起到“润滑剂”的作用。在期货市场上,如果没有投机者参与,其风险规避和价格发现两大功能就无法实现。

（3）套利者。套利者利用不同市场、不同品种、不同时期之间存在的不合理的价格关系,通过同时买进卖出以赚取价差收益。

（二）期货合约的特点

1. 标准化

首先,期货统一了资产品级。作为期货交易的资产必须是可以定级的,因此不是任何一种商品都可以作为期货合约的标的资产。全球最大的期货交易所是芝加哥交易所（CBT,

CBOT)和芝加哥商品交易所(CME),主要交易对象有猪肉、活牛、糖、羊毛、木材、铜、铝、黄金和锡等商品期货,以及股票指数、外汇、短期国债等金融期货。

其次,期货具有标准化的交易单位。一份合约代表一个标准交易单位,交易的数量必须是最小交易数量的若干整数倍。例如:芝加哥交易所每份小麦合同是 5 000 蒲式耳,若要 15 000 蒲式耳,那就购买 3 份合约,同样,也不能买到 2 500 蒲式耳的小麦期货。

除此之外,期货还有其他事项的标准化,如交割日期、交割地点等。总之,除价格之外的其他交易条件全部标准化了。

2. 保证金制度

期货交易本质上是信用交易(买空和卖空),交易者不必缴付全部钱款去操作合约,而只需缴付一定比例的承诺资金。初始保证金是交易者新开仓时所需交纳的资金。初始保证金=交易金额 * 保证金比率。我国现行的保证金比率一般为 5%,国际上一般在 3%～8%。一般来说,初始保证金为合约价值的 5%～10%。由于期货合约双方都有可能遭受损失,故双方都要缴纳保证金。市场行情的不断变化会产生浮动盈亏,浮动盈利将增加保证金账户余额,浮动亏损将减少保证金账户余额。维持保证金是最低限度的保证金,一般为初始保证金的 75%(或略多于标的资产 2～3 日的跌幅),保证金账户余额如果低于维持保证金,便需要增加保证金到初始水平,增加的这部分保证金称为变动保证金。否则合约将会被强行平仓。因为,在保证金用完前平仓,结算所没有任何损失。

设立保证金制度使得交易双方义务的履行得到保障,这既是对交易者本身的约束,同时又是事后结算的基础。由于保证金只是交易总额的一定比率,所以产生了杠杆效应,杠杆比率为保证金率的倒数,保证金比例越低,风险也越大。

例 5.2 某国库券期货交割的是 100 000 美元的国库券,假定当前价格等于面值。若初始保证金率为 10%,则投资者仅需 10 000 美元。若国库券现货价格上升 1%,计算期货合约多头方的收益。如果维持保证金是初始保证金的 75%,那么,国库券现货价格为多少时投资者会收到追加保证金通知?

解:期货多头方的收益率为:

1 000 美元/10 000 美元=10%(不计交易成本)。

投资者收到维持保证金通知时账户中保证金为 10 000 美元×75%=7 500 美元。

即投资者损失为 2 500 美元,那么此时国库券价格为:100 000-2 500=97 500 美元。

3. 逐日盯市

盯市是指对交易者的盈亏按市价随时结算,盯市保证了随着期货价格的变化所实现的盈亏立即进入保证金账户,保证金不足时立刻要求追加保证金,否则强行平仓。逐日盯市就是每日结算,防止隔夜负债,将履约风险控制在最小的时间单位内。因为期货交易所既是卖方又是买方,承担着履约风险,所以需要通过保证金和逐日盯市的举措降低自身承担的风险。

在实际期货交易中,当标的资产的价格上升时,买方(多头)的收益增加,卖方(空头)收益减少,资金从卖方保证金账户划拨到买方的保证金账户;反之则相反。期货交易所规定,保证金账户中超出初始保证金部分可自由提取,低于维持保证金的立即发出追加通知,如资金不能及时到位,合约被强制平仓的损失将全部由投资者承担。

所以,盯市和保证金是互为条件的,保证金制度使得交易一方不会因为另一方违约而遭受损失,盯市制度使得交易双方没有风险积累,使保证金账户的资金始终可以保证交易的安全性。

例5.3 1份期货合约:50 000蒲式耳小麦,每蒲式耳交割价格是7美元,假设保证金按照标的资产价值的5%缴纳,维持保证金为初始保证金的50%,则保证金账户变动见表5-1。

表5-1 保证金账户变动情况

日 期	小麦期货价格(美元)	多方盯市损益(美元)	多方保证金余额(美元)	空方盯市损益(美元)	空方保证金余额(美元)
9月1日	7	0	17 500	0	17 500
9月2日	7.05	2 500	20 000	−2 500	15 000
9月3日	7.12	3 500	23 500	−3 500	11 500
9月4日	6.95	−8 500	15 000	8 500	20 000

根据表5-1,9月1日,小麦期货价格等于交割价格,所以多空双方损益均为0,而双方保证金均为7×50 000×5%=17 500美元。9月2日,小麦期货价格上升至7.05美元,多头获益,其保证金账户增加额为(7.05−7)×50 000=2 500美元,空方保证金账户减少数额恰好等于多方保证金账户增加的数额。9月3日,小麦期货价格继续上升至7.12美元,多方保证金账户再次增加(7.12−7.05)×50 000=3 500,达到23 500美元,同时,空方的保证金账户余额为11 500美元。9月4日价格回落至6.95美元,空方盯市收益为8 500美元。如果小麦价格下降到6.75美元,那么多方的损失为(7−6.75)×50 000=12 500美元,保证金账户余额为5 000。5 000<17 500×0.5,多方将收到保证金催缴通知单,如果多方不能及时补足保证金,那么将会被强行平仓。

(三) 期货合约与远期的比较

由于交易所和结算所的存在,期货合约和远期合约的交易方式产生了差异,这种差异可以从图5-1中看出。

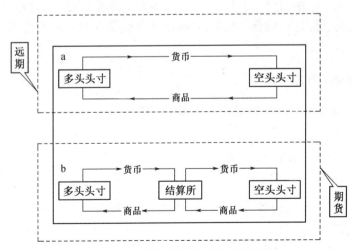

图5-1 远期与期货交割方式的比较

除了图5-1所展示的交易方式的差异以外,远期与期货还有以下的一些差异:

第一，两者的交易对象不同。期货交易的对象是交易所制定的标准化合约，合约对交易的各方面都作了规定，对于各个购买者是无差异的。远期合约是交易双方自行签订的，具有很强的灵活性。

第二，保证金制度不同。期货交易有统一的保证金制度，远期交易是否收取或收多少保证金由交易双方私下商定。

第三，交易地点不同。期货合约是在期货交易所内公开进行交易，信息公开，便于了解行情，而远期合约属于场外交易，价格信息不易获得。

第四，风险不同。期货交易由于每日由结算所结算，并且由交易所进行风险控制和第三方担保，所以期货交易只有价格风险。而远期合约除价格风险以外还要面临信用风险。

第五，流动性不同。期货合约在交割期之前往往经历了多次买卖。而远期合约一经签订，很难转手。

第六，目的不同。期货交易注重价格风险的转移，远期交易的目的注重商品所有权的转移。

二、期货合约的交割

期货到期时需要进行交割，一般的交割方式分为实物交割和现金交割。

实物交割是指合约到期后，买方付款提货，卖方交货提款。一般商品期货合约以实物交割为主，但是大部分都会在交割前采取对冲平仓，所以最终进行实物交割的只占少于 1% 的比例。实物交割的弊端在于多方可对几个关键替代品种进行炒作控制，产生多逼空的逼仓问题。为此，期货交易所规定，期货实物交割时若卖方无法筹集到所需交付的现货品种，可按规定采用其他品种现货，按转换因子折算成所需标的资产。

现金交割的只是等于损益的现金而非资产本身，故现金交割实际上只是交割损益。通常无法进行实物交割的期货品种，必须进行现金交割。如 S&P500 期货，它是 500 种股票的指数，就无法进行实物交割。现金交割与实物交割的损益是相同的，节约了交易成本，带来了便利。

事实上，持有期货到期的交易者只是少数，大多数交易者在交割日之前便采用对冲交易平仓，即重新买卖与自己原持有的合约数量、品种相等而交易方向相反的合约，以达到结清退场的目的。

三、期货到期时的损益

根据期货合约的性质可知，到期日多方和空方的损益分别为：

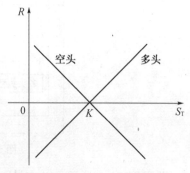

多头方的利润(R) ＝ 到期时标的资产的现货价格(S_T) － 合约签订的交割价格(K)

空头方的利润(R) ＝ 合约签订的交割价格(K) － 到期时标的资产的现货价格(S_T)

多空双方的损益也可以用图 5-2 来表示。

图 5-2 表明，作为一种衍生工具，期货合约交割时多空双方的损益绝对值相同，符号相反，合计为 0。

图 5-2 期货交易中多方与空方的损益

四、期货的交易策略

(一)套期保值策略:多头(空头)现货+空头(多头)期货

在期货市场操作与持有现货商品数量和品种相同,而头寸相反的合约,以期在未来某一时间通过期货合约的盈利来弥补现货价格上遭受的亏损,或者通过现货交易的盈利来冲抵期货合约对冲时的亏损,达到总投资基本不盈不亏的目的。

例5.4 某年3月份交割,面值100美元的国库券期货的当前价格为99.5美元,每份合约面值100 000美元。若到期时国库券可能的价格为98.5美元、99.5美元与100.5美元。投资者现在持有2 000张国库券(现货),担心国库券现货价格会下降,通过卖出2份期货合约即可实现套期保值。如果到期时价格下降至98.5美元,那么现货损失2 000元,而期货合约获益2 000元;反之,则相反。通过这样的操作投资者避免了价格波动所带来的风险。

(二)投机策略:从风险中获利

一种期货投机策略是基于基差的套利行为。所谓基差(basis)是指 t 时刻现货价格 S_t 与期货价格 F_t 的价差 $S_t - F_t$。进行以获取基差收益为目的合约买卖,投机者赌的是基差的变化,当基差变大时,现货多头加期货空头的组合会盈利,反之则会亏损。

例5.5 某投资者拥有投资组合:100盎司黄金加1份6月份交割黄金期货空头,则基差变化情况如表5-2。

表5-2 基差变动情况

日 期	黄金期货 F_t	黄金现货 S_t	基 差	现货损益	期货损益
3月1日	$386	$391	+5		
3月2日	$388	$394	+6	+$3	−$2

由表5-2可见,3月1日到2日基差变大,可以看出现货多头加期货空头的组合盈利$1。

一个与基差投机相类似的投资策略是价差头寸,即投资者购买某一到期日的期货合约,同时出售标的资产相同但到期日不同的另一期货合约。如果两种期货价差的变化与预测相符的话,即多头合约的期货价格升高幅度大于(或下跌幅度小于)空头合约,投资者就会有利可图。考虑某投资者持有9月份到期的期货多头与6月份到期的期货合约空头。如果9月份期货价格增加5美元,而6月份期货价格增加4美元,则投资者获利1美元。与基差策略类似,价差策略也是通过利用价格结构的相对变化趋势来获利,而并非一般价格水平的变化。

(三)套利策略

期货套利即买入一种期货合约的同时卖出另一种不同的期货合约,一般分为三类:跨期套利、跨品种套利和跨市套利。

跨期套利:买卖同一市场、相同品种、不同到期日的期货合约,利用其价差变动来套利。跨期套利又分为两种:一是正向套利,即买进近月合约的同时卖出远月合约,二是反向套利,即卖出近月合约的同时买进远月合约。

跨品种套利:买入某种商品的期货合约的同时卖出另一相关商品相近期限的期货合约,利用不同品种但是相关的两种商品之间的价格变动来套利,比如铜和铝之间、大豆与豆粕之间。

跨市套利:在某一期货市场买入(卖出)期货合约的同时在另一市场卖出(买入)同种合约,比如伦敦金属交易所和上海期货交易所都进行铜的期货交易,但是由于区域间的地理差别,每年两个市场之间都会出现几次价差超出正常范围的情况,为交易者提供了套利机会。

五、金融期货

金融期货是指标的资产是权益指数、固定收益证券或货币的期货合约,它们向投资者提供更多的机会改变资产组合的风险收益特征。金融期货有三大类:利率期货、股指期货和外汇期货。

(一)利率期货

利率期货出现的主要原因之一是资产组合管理者和投资者试图防范利率的不利变动。利率期货的标的物一般为不同期限的国库券和以 1 个月 LIBOR 为标的的合约。

1.利率期货的对冲

假设一个投资者的债券组合由 100 万美元半年后到期的国库券组成,这笔资金在到期时将会被用于其他支付。投资者担心利率的上涨使他处于不利形势,例如美联储提高联邦基金利率,国库券价格将下跌,那么这个投资者可以持有半年期国库券期货的空头。如果运作适当,期货空头的收益将弥补利率上升而使国库券现货价格下降而遭受的损失。如果利率下降,期货市场上的损失将由现货市场上的收益来弥补。

2.利率期货的投机

利用利率期货进行投机是指,投资者估计利率的可能变化并持有相应的期货头寸从而获利。如果投资者预期利率上升,将卖空利率期货,因为利率上升将使得债券价格下降从而使得期货合约的价格也下降,此时投资者可以以较低的价格回购合约,对冲其手中的利率期货空头头寸,并从中获得超额收益。

(二)股指期货

股指期货的全称是股票价格指数期货,也可称为股价指数期货,是指以股价指数为标的物的期货合约,双方约定在未来的某个特定日期,按照事先确定的股价指数的大小,进行标的指数的买卖。标的指数的每个点数代表一定的金额。

世界上主要的股票指数期货有:标准普尔 500 指数、道·琼斯平均价格指数、英国金融时报股票指数、日经股票平均指数以及香港恒生指数。2010 年 2 月 12 日,中国证监会正式批复中国金融期货交易所沪深 300 股指期货合约和业务规则。2010 年 2 月 22 日,正式接受投资者开户申请。2010 年 4 月 16 日,沪深 300 股指期货合约正式上市交易。

(三)外汇期货

外汇期货是交易双方约定在未来某一时间,依据当前合约约定的比例,以一种货币交换另一种货币的标准化合约。即签订以汇率为标的物的期货合约,以规避未来汇率波动的风险。通常,外汇期货合约的交割日期规定为 1 年中的 3 月份、6 月份、9 月份、12 月份的第 3 个星期的星期三。1 年之中只有 4 个合约交割日,其他时间可以进行合约买卖,但不能交割。目前国际上交易的外汇期货合约都是以美元标价,因此除了采用间接标价法表示汇率的英镑和欧元等货币外,外汇汇率与期货的价格呈负向关系。

六、期货市场功能

（一）转移市场风险

市场风险是利率、汇率等宏观经济因素变化所产生的风险。通过期货合约买卖操作可以将投资者所面临的市场风险转移，这是期货市场产生的根本原因，也是其最主要的功能之一。市场风险无法通过分散化措施减少，但可以通过期货转移给其他愿意承担相应风险的投机者。必须注意到的是，期货交易只是转移系统风险但并不能消除整个市场的市场风险。

（二）价格发现功能

期货价格与现货价格有密切的联系，随着到期日的临近，期货价格与现货价格会逐渐收敛到同一点（见图5-3），否则就会有无风险套利机会。

由图5-3可见，考虑到交易成本、信息传导速度等因素，期货价格对现货价格走势形成一种价格导向，能在一定程度上揭示出标的资产未来价格的趋势。

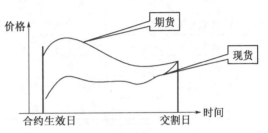

图5-3 现货价格与期货价格的关系

七、中国期货市场

1990年10月12日，中国郑州粮食批发市场经国务院批准，以现货交易为基础，引入期货交易机制，作为我国第一个商品期货市场开业，迈出了中国期货市场发展的第一步。1992年9月，我国第一家期货经纪公司——广东万通期货经纪公司成立。从1986年起，我国就开始了期货市场发展的整治探讨。开始试点后期货市场基本上经历了以下几个发展阶段：初步形成阶段（1990～1994年）、清理整顿阶段（1995～2000年）、规范发展阶段（2001～2014年）、创新发展阶段（2014年至今）。经过20多年的探索发展，我国期货市场已逐步进入了健康稳定发展、经济功能日益显现的良性轨道。同时，我国期货市场逐渐成长为全球最大的商品期货交易市场和第一大农产品期货交易市场，在国际市场上的影响力显著增强。

阅读材料

在上海期货交易所，一张阴极铜标准期货合约如表5-3所示。

表5-3 上海期货交易所阴极铜标准合约

交易品种	阴极铜
交易单位	5吨/手
报价单位	元（人民币）/吨
最小变动价位	10元/吨
每日价格最大波动限制	不超过上一交易日结算价±3%
合约交割月份	1～12月
交易时间	上午9:00～11:30　下午1:30～3:00

最后交易日	合约交割月份的 15 日(遇法定假日顺延)
交割日期	合约交割月份的 16 日至 20 日(遇法定假日顺延)
交割品级	标准品:标准阴级铜,符合国标 GB/T467 - 1997 标准阴级铜规定,其中主成份铜加银含量不小于 99.95%。
	替代品:①高级阴级铜,符合国标 GB/T467 - 1997 高级阴级铜规定;②LME注册阴级铜,符合 BS EN 1978:1998 标准(阴级铜等级牌号 Cu - CATH - 1)。
交割地点	交易所指定交割仓库
最低交易保证金	合约价值的 5%
交易手续费	不高于成交金额的万分之二(含风险准备金)
交割方式	实物交割
交易代码	CU
上市交易所	上海期货交易所

第三节　期　权

一、期权合约的基本要素

期权(option)是在规定的条件下,购买(或出售)一种资产的权利,而不是义务。期权多空双方的划分并不建立在商品和现金的流向基础上,而是以权利的获得和履行为划分依据的。期权的持有者即买方需要支付给期权的开立者期权费;卖方收取期权费,履行义务。买方是权利的受让人,而卖方则是必须履行买方行使权利的义务人。通常,在期权合约的条款中,包含以下基本要素:

(一) 标的资产(underlying asset)

标的资产是指期权合约规定到期时交易的对象,包括实物资产和金融资产。实物资产包括某种等级的小麦、原油、铜等等,金融资产包括股票、外汇等等,一般具有流通量大、交易活跃、易于确定等级等特点。

(二) 执行价格(exercise price)

执行价格也称为敲定价格、履约价格、行权价格,是将来用于交易标的资产的价格,期权持有人有权利按照合约规定的执行价格买入(卖出)标的资产。对于同一标的资产的期权,不同的执行价格,期权价格不同。

(三) 到期日(expiration date)

期权的到期日决定了期权的有效期,在到期日之前,该期权有效。一般期权合约有效期不超过 1 年,以 3 个月较为常见。期权很少被实际执行,一般为到期前卖出期权合约。

(四) 看涨期权(call option)或看跌期权(put option)

看涨期权是期权持有者有权以一定价格购买标的资产的期权;看跌期权是期权持有者有

权以一定价格出售标的资产的期权。

（五）期权费（option premium）

期权费即期权的价格，也称为权利金、保险费，是期权买方支付给卖方购买特定权利的费用，也就是买卖权利的价格。买入方支付期权费，既可购入买权，也可购入卖权；同样，卖出方收取期权费，既可出售买权，也可出售卖权。如果期权是由买卖双方协议订立的，期权费就作为原协议的一部分从订立开始便固定下来；如果期权挂牌上市，则期权费通过市场供求决定，随交易活动而不断改变。

（六）合约的规模（size）

合约规模，也称为交易单位，是指每手期权合约未来能够交易的标的物的数量。不同的市场和品种对合约规模规定不同，以股票为例，每份期权合约代表可交易一手股票。

例 5.6 通用电气（GE）股票期权（欧式）

2008 年 12 月 13 日，投资者 A 向 B 购买未来 6 个月交割的，以每股 20 美元的价格购买通用电气股票的权利（看涨期权），共 10 份合约，100 股为标准合约单位，该期权的总价格为 500 元。则 2008 年 12 月 13 日为合约生效日，这里 20 美元为行权价格，每股期权费为 0.5 元，2009 年 6 月 13 日为到期日，也是执行日。

二、期权合约的分类

期权合约多种多样，按照不同的标准可以对期权进行不同的划分。

（一）从权利角度分类

从权利角度可以将期权分为买权（看涨期权）和卖权（看跌期权）。看涨期权的多头方买入以一定价格购买某种标的资产的权利，希望标的资产价格上涨；空头方卖出以一定价格购买某种资产的权利，希望标的资产价格下跌。看涨期权的多头方有权在某一确定时间以某一确定价格购买标的资产，但如果标的资产价格在行权价以下，多方无履约义务。一旦多方决定履约，空方必须出售资产。此种情况下，如果标的资产价格上涨使得其价格在行权价之上，则多头方履约获益，空头方损失；标的资产价格低于行权价时，多头方不会行权履约，则空方赚取期权费。

看跌期权的多头方买入以一定价格出售某种资产的权利，希望标的资产价格下跌；空头方卖出以一定价格出售某种资产的权利，希望标的资产价格上涨。看跌期权的多头方有权在某一确定时间以某一确定价格卖出标的资产，但无履约义务。一旦多方决定履约，空方必须买入资产。此种情况下，如果标的资产价格低于行权价，则多头方履约获益，空方损失；价格高于行权价时，多头方不会行权履约，则空方赚取期权费。

（二）按合约是否可以提前执行分类

按合约是否可以提前执行期权分为欧式期权、美式期权和百慕大式期权。欧式期权（European option）是只有在到期日才可以行权的期权；美式期权（American option）则允许在有效期内任一交易日都可以行权，大多数的股票期权都是美式期权。美式和欧式已经成为两种不同期权结构的标准，而不是指期权创立地点。百慕大式期权（Bermuda option）是指持有人可在期权存续期内指定的某几个时间段行权，它常常应用于固定收益市场，可视为美式期权和欧式期权的结合体。

（三）按标的资产不同分类

按标的资产不同期权分为商品期权和金融期权。商品期权的标的资产为实物商品，例如农产品期权、金属期权、能源期权；金融期权的标的资产为金融产品，如股票期权、股票指数期权、外汇期权、利率期权、期货期权、期权的期权等。

（四）按立即执行期权给持有人带来的损益情况分类

按照立即执行期权给持有人带来的损益情况可分为实值期权、虚值期权和两平期权。

实值期权是指立即执行期权能够给持有人带来收益的期权，虚值期权立即执行则会给持有人带来损失，而两平期权则指如果立即行权持有者只有零损益的期权。显然，看涨的实值与看跌的实值情形刚好相反。期权的实值或者虚值状态是随标的资产的市场价格变化而变化的，随着时间推移，期权所处的状态在不断变化。

（五）按照期权合约是否标准分类

按照期权合约是否标准可将其分为普通期权和奇异期权。

普通期权是指具有标准化的期权条款的期权。奇异期权是在标准的期权合约上加以变化的更为复杂的期权，一般可分为三大类：合同条款变化型期权、路径依赖型期权和多因素期权。

（六）按交易场所分类

按照交易场所可将期权分为场内期权和场外期权。

场内期权在交易所内交易，多为标准期权，其交易数量、执行价格、到期日、履约时间等等都由交易所统一规定。场外期权在柜台交易市场（OTC）交易，相较于场内期权更为个性化，执行价格、到期日等由交易双方自由厘定，其透明度也相对较低。

三、中国的准股票期权

2015 年之前，中国没有公开上市交易的股票期权，市场上最典型的准期权形式是股票权证。权证是指标的证券发行人或其以外的第三人发行的，约定持有人在规定期间内或特定到期日，有权按约定价格向发行人购买或出售标的证券，或以现金结算方式收取结算差价的有价证券。

权证根据不同的划分标准有不同的分类：

（1）按买卖方向分为认购权证和认沽权证。认购权证持有人有权按约定价格在特定期限内或到期日向发行人买入标的证券，认沽权证持有人则有权按约定价格卖出标的证券。

（2）按权利行使期限分为欧式权证、美式权证和百慕大权证。美式权证的持有人在权证到期日前的任何交易时间均可行使其权利，欧式权证持有人只可以在权证到期日当日行使其权利，而百慕大权证的持有人可以在权证到期前的某几个时间段行权。

（3）按发行人不同可分为股本权证和备兑权证。股本权证一般是由上市公司发行，备兑权证一般是由证券公司等金融机构发行。股本权证的交割方式为股票交割，而备兑权证既可以股票交割也可以现金交割。此外，股本权证的行权会稀释股权，而备兑权证行权则不会。

上海证券交易所于 2005 年 11 月 21 日颁布《关于证券公司创设武钢权证有关事项的通

知》,允许获得创新试点资格的证券公司创设武钢权证,由此引入了创设权证。创设权证与原始权证相同,并使用同一交易代码和行权代码。

我国权证除首日外,其他交易日设有涨跌停限制,但是和股票不同,权证的涨跌停限制是以涨跌的价格而不是以百分比来设定的。我国权证市场投机气氛浓厚,有时仅仅一只认沽权证一天的成交量就可达到数百亿元,其价格可以翻上几番,不少虚值权证在临近到期日仍保持高价。以宝钢权证 500 015 为例,到期日股票价格低于行权价,但是由于跌停价 1 元的限制,权证持有者大幅亏损。

股票权证类似于股票期权,但两者之间还存在以下的不同点:

(1) 存续期不同。期权存续期一般在 1 年以内,权证存续期在 1~3 年。

(2) 交易场所不同。期权有专门的交易所交易,而我国股票权证在股票市场上交易。

(3) 发行主体不同。期权由期权交易所发行,权证由上市公司认股权证、券商发行备兑权证。

(4) 对公司股本的影响不同。股票期权的标的物是本来就存在的股票,期权交易不会改变公司股本规模。认股权证行权等于上市公司增发,流通中股票数量增加,股票权益稀释。

2011 年,我国推出银行间市场人民币兑外汇期权,2015 年 2 月上海黄金交易所上线我国首个商品现货期权:黄金实物询价期权。经过 1 年多的模拟测试之后,上证 ETF 期权于 2015 年 2 月 9 日在上海证券交易所上市。这宣告了中国期权时代的到来,也意味着我国已拥有全套主流金融衍生品,从金融大国向金融强国又迈出了坚实的一步。2017 年 3 月 31 日,豆粕期权作为国内首只期货期权在大连商品交易所上市。随后,白糖期权于 2017 年 4 月 19 日在郑州商品交易所上市。

四、期权到期日的价值

假设欧式看涨股票期权,执行价格为 X,到期日标的股票价格为 S_T,则到期时期权的价值为多少? 很显然,如果 $S_T < X$,期权的价值为零。因为如果执行期权,便以 X 的价格买入股票,而不执行从市场直接购买只需付出 S_T。因此,持有者不会执行期权,期权的价值为零。若 $S_T > X$,期权有正的价值。通过执行期权,持有者付出 X,可以立刻到市场上卖出获得更高的 S_T,所以期权的价值为 $S_T - X$。把这两种情形结合在一起,就得到了看涨期权到期日的价值为:

$$V = \max(0, S_T - X) \tag{5.6}$$

欧式看跌期权的结果正好相反。看跌期权给持有者按给定执行价格出售某项资产的权利,但不是义务。假设一个看跌股票期权,执行价格为 X,到期日标的股票价格为 S_T,则到期时期权的价值为多少? 很显然,如果 $S_T > X$,期权的价值为零。因为持有者如果执行期权,将以 X 的价格售出股票,而如果持有者不执行期权则可以从市场上以更高的价格 S_T 将股票卖出。因此,持有者不会执行期权,期权的价值为零。若 $S_T < X$,期权有价值。持有者可以到市场上以 S_T 买入股票,然后执行期权,以 X 的价格卖给期权卖方,此时看跌期权的价值为 $X - S_T$。把这两种情形结合在一起,就得到了看跌期权到期日的价值为:

$$V = \max(0, X - S_T) \tag{5.7}$$

看涨期权与看跌期权到期日的价值具体如图 5-4 和图 5-5 所示(不考虑期权费)。

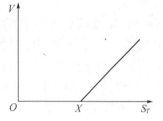

图 5-4 到期时看涨期权价值

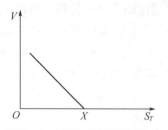

图 5-5 到期时看跌期权价值

由图 5-4 和图 5-5 可以看出看涨期权的理论最大收益是无限的,而看跌期权的价值是有界的。相应地,售出看涨期权的理论最大损失也是无限的。

五、期权的内在价值与时间价值

期权的内在价值是多方行使期权时可以获得的收益。如果看涨期权处于实值状态,则看涨期权拥有等于市场价格和执行价格之差的立即价值,这个价值被称为看涨期权的内在价值,这种情况下该值是正值;如果看涨期权处于虚值状态,则内在价值为 0。

因此,对于看涨期权,t 时刻的内在价值为:

$$v_{c,t} = \max(S_t - X, 0) \tag{5.8}$$

对于看跌期权,t 时刻其内在价值为:

$$v_{p,t} = \max(X - S_t, 0) \tag{5.9}$$

期权价格一般情况下,总是高于其内在价值,两者的差别反映了期权潜在升值的价值,这种价值被称为期权的时间价值,即:时间价值=期权价格-内在价值。也可以认为期权的时间价值是期权到期前标的资产价格波动对期权内在价值所产生的影响。例如,考虑一个执行价格为 40 美元 3 个月到期的 GM 公司的股票看涨期权。假设该公司当前的股价为 37.88 美元,此时期权处于虚值状态,但是该股票价格在剩下的时间内,仍有机会超过 40 美元,这就给期权提供了价值。因此即使当前时刻处于虚值状态的期权,仍具有价值,具体见图 5-6。

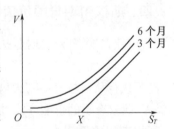

图 5-6 看涨期权的时间价值

由图 5-6 可知,看涨期权时间价值随着到期时间长度的增加而增加,因为增加的时间提供了股票价格上升的更大的可能性。当然,股票价格远大于或者远小于执行价格时,增加的时间效应逐渐减少,即当期权处于深度实值或深度虚值状态时,其时间价值将趋于 0。

期权的总价值(通过期权价格来体现)为时间价值和内在价值之和,到期日期权的时间价值为 0,期权价值全部为内在价值。

六、期权价格的影响因素

影响期权价格的主要因素有:

（一）标的资产的市场价格

一般来说,对于看涨期权,标的资产的价格越高、协议价格越低,看涨期权价格就越高;对于看跌期权,标的资产的价格越低、协议价格越高,看跌期权价格就越高。

（二）期权的有效期

期权的有效期对欧式期权和美式期权的影响不同。对于美式期权而言,由于它可以在有效期内任何时间执行,有效期越长,标的资产的市场价格向买方所期望的方向变动的可能性越大,多头获利机会就越大,而且有效期长的期权包含了有效期短的期权的所有执行机会,因此有效期越长,期权价格越高。欧式期权由于它只能到期执行,有效期长的期权就不一定包含有效期短的期权的所有执行机会,这就使欧式期权的有效期与期权价格之间的关系并不是确定的。

（三）标的资产价格的波动率

标的资产价格的波动率是用来衡量标的资产未来价格变动不确定性的指标。由于期权多头的最大亏损额仅限于期权费,而最大盈利额则取决于执行期权时标的资产市场价格与行权价格的差额,因此波动率越大,就越有可能增大二者之间的差额,期权价格也应越高。

（四）无风险利率

无风险利率代表着未来流入或流出现金流的贴现率。无风险利率越高,实值看跌期权的价格越低;而实值看涨期权的价格则越高。

（五）标的资产的收益

对于股票期权和股指期权来说,红利或股息率是影响其价格的一个重要因素。由于标的资产分红付息等将减少标的资产的未来价值,而协议价格一旦确定就不会调整,股票分红或除息后,股价将下调,因此在期权有效期内标的资产收益的分配将使看涨期权价格下降,而使看跌期权价格上升。

具体的,期权价影响因素见表 5-4。

表 5-4　期权价格的影响因素

影响因素	欧式看涨	欧式看跌	美式看涨	美式看跌
S	+	−	+	−
X	−	+	−	+
τ	+	?	+	+
σ	+	+	+	+
r	?	?	?	?
ρ(红利)	−	+	−	+

对于欧式看涨期权,F. Black 和 M. Scholes 提出其定价公式为:

$$C = S_0 N(d_1) - X e^{-r\tau} N(d_2) \tag{5.10}$$

$$\begin{cases} d_1 = \dfrac{\ln(S_0/X) + (r + \sigma^2/2)\tau}{\sqrt{\tau}\sigma} \\ d_2 = d_1 - \sigma\sqrt{\tau} \end{cases}$$

其中,S_0 为标的资产的现价,X 为看涨期权的执行价格,τ 为距离到期的时间,r 为市场无风险收益率,σ 为标的股票的波动率,$N(x)=\varphi(X\leqslant x)$。

七、套利定价引理与期权的价格区间

套利定价引理 若市场无套利,在将来的 T 时刻,资产 a 和 b 的价格依概率 1 满足 $A_T\geqslant B_T$,则在 $t(t<T)$ 时刻的价格满足 $A_t\geqslant B_t$。

证明:

(1) 若 $A_t<B_t$,则在 t 时刻以 B_t 卖空 b,以 A_t 买入 a,并且到 T 时刻作反向的平仓,则在 t 时刻和 T 时刻的现金流见表 5-5。

表 5-5 套利定价引理中投资组合的现金流

	t 时刻	T 时刻
a	$-A_t$	A_T
b	B_t	$-B_T$
合　计	$B_t-A_t>0$	$A_T-B_T\geqslant0$

由表 5-5 可知,在此假设下,在 t 时刻有一个正的现金流流入,同时在 T 时刻有一个非负的现金流,整个过程不需要投入资本,也没有风险。显然,这是一个套利机会,这样的情况在无套利市场中是不会存在的。因此原假设错误,必有 $A_t\geqslant B_t$。

应用套利定价引理可以得出欧式期权的价格区间。首先考虑看涨期权,构造三个资产组合:A 是 1 份股票,B 是 1 份欧式看涨期权加上 $Xe^{-r(T-t)}$ 的现金,C 是 1 份股票加上 $Xe^{-r(T-t)}$ 的现金。三个投资组合在 t 与 T 时刻对应的现金流见表 5-6。

表 5-6 欧式看涨期权价格区间确定中投资组合的现金流

	t 时刻	T 时刻
V_A	S_t	S_T
V_B	$c+Xe^{-r(T-t)}$	$\max(S_T-X,0)+X$
V_C	$S_t+Xe^{-r(T-t)}$	S_T+X

根据表 5-6,很显然的,在 T 时刻 $V_A(T)\leqslant V_B(T)\leqslant V_C(T)$,根据上述套利定价引理有 $V_A(t)\leqslant V_B(t)\leqslant V_C(t)$,进一步有:

$$S_t\leqslant c+Xe^{-r(T-t)}\leqslant S_t+Xe^{-r(T-t)}$$

于是

$$S_t-Xe^{-r(T-t)}\leqslant c\leqslant S_t$$

结合欧式看涨期权的特征(期权的价格不可能为负),得

$$\max(S_t-Xe^{-r(T-t)},0)\leqslant c\leqslant S_t \tag{5.11}$$

也就是说在无套利假设下,欧式看涨期权的价格最大只能等于标的资产的价格,最小为 0。

对于欧式看跌期权,同样可以构造三个资产组合:A 是 $Xe^{-r(T-t)}$ 的现金;B 是 1 份欧式

看跌期权加上 1 份股票；C 是 1 份股票加上 $Xe^{-r(T-t)}$ 的现金。此时，三个组合的现金流见表 5-7。

表 5-7 欧式看跌期权价格区间确定中投资组合的现金流

	t 时刻	T 时刻
V_A	$Xe^{-r(T-t)}$	X
V_B	$p+S_t$	$\text{Max}(X-S_T,0)+S_T$
V_C	$S_t+Xe^{-r(T-t)}$	S_T+X

同理可得：

$$Xe^{-r(T-t)} \leqslant S_t+p \leqslant S_t+Xe^{-r(T-t)}$$

于是得：

$$Xe^{-r(T-t)}-S_t \leqslant p \leqslant Xe^{-r(T-t)}$$

结合看跌期权的特征（期权的价格不可能为负），得

$$\max(Xe^{-r(T-t)}-S_t,0) \leqslant p \leqslant Xe^{-r(T-t)} \tag{5.12}$$

看跌期权多头的最大收益，意味着一个没有任何价值（即在 T 时刻市场价格为 0）的标的资产仍然能以 X 的协议价格卖给空头方，显然这是多头方可以获得的最大收益。所以，只有当标的资产价格无限小的情况下（如价格为 0），看跌期权价格达到最大。

八、期权的投资策略

（一）保护性看跌期权（protective put）

保护性看跌期权组合是由同等数量的标的资产多头与看跌期权多头构成的组合。对于这一投资组合，其未来现金流的可能方式见表 5-8（分 $S_T \leqslant X$ 和 $S_T > X$ 的情形）。

表 5-8 保护性看跌期权的现金流

	$S_T \leqslant X$	$S_T > X$
股票多头	S_T	S_T
看跌期权多头	$X-S_T$	0
总　计	X	S_T

由表 5-8 可以看出，不论将来标的资产价格如何变化，组合的价值至少是 X，最大是 S_T（$S_T > X$）。所以说对于该组合的多方而言，其损失是有限的，而理论收益无限。因为在标的资产下跌时看跌期权起到了减少损失的功能，而标的资产价格上升时的股票多头也有获利机会。所以，它对资产具有保护作用。但是这里的 X 和 S_T 并不是最终的获利数额，因为还必须为这种保护性组合付上保护费，也就是看跌期权的期权费。

保护性组合与买裸期权的策略在标的资产价格下跌时都能提供保障，免于承受过大损失。但是不同之处在于标的资产价格上升时，保护性组合同样能够从价格的上升中获利，而裸期权策略则不能。

（二）抛补的看涨期权（covered call）

抛补的看涨期权策略又称担保买权，是持有标的资产多头和看涨期权空头。所谓抛补是指期权空头方将来交割标的资产的义务正好被手中的标的资产现货抵消。表5-9反映了这一组合的现金流情况。

表5-9　抛补的看涨期权的现金流

	$S_T \leqslant X$	$S_T > X$
股票多头	S_T	S_T
看涨期权空头	0	$X - S_T$
总　计	S_T	X

由表5-9可以看出，抛补看涨期权这一投资组合的最高收益锁定在 X，最低收益为 S_T（$S_T \leqslant X$）。这表明，持有人在获得期权费的同时，放弃了标的资产价格上涨可能带来的获利机会。这种策略可以在任何市况中采用，投资者常常在有看好的标的股票，但是感觉在期权到期之前市场会有小幅振荡的情况下采用。

（三）对敲（straddle）

对敲多头（又称骑墙或者跨坐）组合是指同时买进具有相同执行价格与到期时间的同一种标的股票的看涨期权和看跌期权。这一组合到期时现金流见表5-10。

表5-10　对敲组合的现金流

	$S_T \leqslant X$	$S_T > X$
看涨期权多头	0	$S_T - X$
看跌期权多头	$X - S_T$	0
总　计	$X - S_T$	$S_T - X$

由表5-10可得，对敲组合的多头损益为

$$R = \max(0, S_T - X) + \max(0, X - S_T)$$

进一步可表示为：

$$R = \begin{cases} S_T - X & \text{若 } S_T > X \\ 0 & \text{若 } S_T = X \\ X - S_T & \text{若 } S_T < X \end{cases}$$

于是，对敲组合的多头损益如图5-7所示。

由图5-7可以看出，该组合的特点是损失有限，只有当标的资产价格等于执行价格时损失最大，最大损失为看涨期权费与看跌期权费之和，而对敲组合的收益在理论上是无限的。不论标的资产的价格如何变化，该组合下的投资者均会获得收益（不考虑期权费）。这种策略适用于当投资者预期标的资产的价格会有较大的波动，但无法判断其变动方向时。

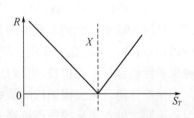

图5-7　对敲组合多头的损益

本章小结

衍生证券是在原生证券基础上产生的,它的收益不取决于发行者的情况,也不是由证券发行者支付,而是取决于或者衍生于标的证券价格波动。远期合约是交易双方约定在未来特定日期按确定的价格购买或者出售某项资产的书面协议。期货合约是由交易所统一制定,买卖双方约定在将来某个日期,按成交时双方既定的条件交易某种标的资产的书面协议,是一种标准化的远期合约。期货双方向交易所缴纳一定比例的保证金,保证金账户逐日盯市。期权是在规定的条件下,购买(或出售)一种资产的权利,而不是义务。期权按照权利来分类可以分为看涨期权、看跌期权;按合约是否可以提前执行分类可以分为欧式期权、美式期权、百慕大期权;按标的资产分类可分为商品期权、金融期权;按照立即执行期权给持有人带来的损益情况分可分为实值期权、虚值期权、两平期权。

习　题

1. 什么是远期定价原理?
2. 远期和期货相比有哪些缺点和优点?
3. 期货合约最重要的三个特点是什么?
4. 期货合约有哪些交割方式?
5. 什么是套期保值的期货交易策略?
6. 在期货交易中,如何利用基差进行投机?
7. 期权有哪些分类方式?
8. 如何区别股票期权与股票权证?
9. (单选)在期货合约中,期货的价格是( )。
A. 由买方和卖方在商品交割时确定的
B. 由期货交易所确定的
C. 由买方和卖方在签订合约时确定的
D. 由标的资产的提供者独立确定的
10. (单选)在期货合约中,合约的买方被称为( )头寸,合约的卖方被称为( )头寸。
A. 多头,空头　　B. 多头,多头　　C. 空头,空头　　D. 空头,多头
11. (单选)多头套期保值者是指( )。
A. 在现货市场做多头,同时在期货市场做空头
B. 在现货市场做多头,同时在期货市场做多头
C. 在现货市场做空头,同时在期货市场做空头
D. 在现货市场做空头,同时在期货市场做多头
12. (单选)如果预期在交易完成后股市将大幅上涨,下列哪一个交易在股指期权市场中最有风险?( )。
A. 出售无担保的看跌期权　　　　B. 出售无担保的看涨期权
C. 购买看涨期权　　　　　　　　D. 购买看跌期权
13. (单选)下面哪个因素不影响普通股期权的市场价格( )。
A. 标的股票预期收益率

B. 标的股票波动率

C. 期权执行价格和标的股票市场价格之间的关系

D. 期权到期日

14.（单选）一张股票的裸露看涨期权的卖方,潜在的损失是（   ）。

A. 有限的   B. 无限的

C. 股价越低损失越大   D. 与看涨期权价格相等

15.（单选）以执行价格 50 美元卖出 2 月份 A 公司的看跌期权,期权价格为 5 美元。忽略交易成本,这一头寸的盈亏平衡价格是（   ）。

A. 50 美元   B. 55 美元   C. 45 美元   D. 40 美元

16.（单选）保护性看跌期权策略是（   ）。

A. 多头看跌期权价格加上标的资产的多头头寸

B. 同种资产的多头看跌期权价格加上多头看涨期权价格

C. 同种资产的多头看涨期权价格加上空头看跌期权价格

D. 同种资产的多头看跌期权价格加上空头看涨期权价格

17. 某股票目前的市价为 48 元,预计在 2 个月和 4 个月后每股分别派发 1 元股息。假设所有期限的无风险连续复利年利率均为 8%。若某个投资者在当前时刻获得该股票 6 个月远期合约的多头。求该股票的远期价格。若合约规定该股票远期的交割价格为 45 元,则该合约的价值是多少?

18. 日元兑美元即期汇率为 120 日元兑 1 美元,而 1 年期的期货价格则是 115 日元兑 1 美元。如果日本的 1 年期利率为 4%,假设利率平价成立,则意味着美国的 1 年期利率水平应当为多少?

19. 两个看涨期权,一个执行价格为 40 美元,另一个执行价格为 45 美元。假定执行价格为 40 美元的看涨期权价格为 8 美元,执行价格为 45 美元的看涨期权价格为 5 美元。两者的到期日相同。现出售两份执行价格为 45 美元的看涨期权,购入一份执行价格为 40 美元的看涨期权。画出到期日这一组合与股票价格对应的利润图。

20. 假设你在 1 个月以前以 10 美元价格买入 A 公司股票,而现在该股票价格接近 15 美元。你决定出售一个有担保的看涨期权。该期权基于 A 股票,由执行价格为 15 美元的 1 月份看涨期权组成。若到期日股票价格等于 5 美元、10 美元、15 美元、20 美元、25 美元,请为有担保的看涨期权建立一个损益表。

21. 试分析欧式看涨期权的价格区间。

阅读材料

[1] Hull John. *Options, Futures and Other Derivative Secirities*. Englewood Cliffs. N. J: Prentice Hall, 2001.

[2] Sharpe William. *Investments. Englewood Cliffs*. N. J: Prentice Hall, 1978.

[3] 上海期货交易所官方网站(www. shfe. com. cn),大连商品交易所官方网站(www. dce. com. cn),中国金融期货交易所官方网站(www. cffex. com. cn),郑州商品交易所网站(www. czce. com. cn)。在这些网站上可以找到基本的期货信息。

[4] 国务院. 期货交易管理条例,2007.

第六章 投资组合理论

内容提要

①资产风险和收益的计算。②组合投资降低风险。③马科维茨模型。

投资者总是希望通过证券投资获得尽可能高的收益而承担尽可能小的风险。然而证券的风险往往随着收益的增加而增加。在投资实践中,控制投资风险的常用方法是把资金分散投资在若干种不相关的证券上,构成一个投资组合。如何选择一个证券投资组合,使得在风险一定条件下获得最高的收益,或在收益一定条件下承担尽可能小的风险,这正是始于1952年马科维茨(Harry M. Markowitz)的投资组合理论所研究的内容。

本章的主要内容包括:①单资产的收益与风险。②多资产的收益与风险。③资产组合理论。④马科维茨模型。⑤最优风险资产组合。

第一节 单资产的收益和风险

由于证券未来的价格是一个随机变量,因此其收益率也是一个随机变量,为此用证券收益率的期望衡量其收益,而用收益率的方差衡量风险。

一、单资产的收益

假设 t 时刻某资产的价格为 s_t,则定义资产在持有期 $[t-1, t]$ 的绝对回报(absolute return)为:

$$\Delta s = s_t - s_{t-1}$$

而在持有期 $[t-1, t]$ 的相对回报(relative return)有两种,一种为算术回报(arithmetic return),又称简单回报,计算公式为:

$$r_a = \frac{s_t - s_{t-1}}{s_{t-1}}$$

以算术回报计算单资产持有 k 期的回报是：

$$r_a(k) = \prod_{j=1}^{k}(1+r_{a,j})-1$$

由于 $s_t \in [0,+\infty)$，所以 $r_a \in [-1,+\infty)$。

另一种为几何回报（geometric return），又称对数回报，计算公式为：

$$r_g = \ln\frac{s_t}{s_{t-1}} = \ln(1+r_a)$$

以几何回报计算资产持有 k 期的回报是：

$$r_g(k) = \sum_{j=1}^{k}r_{g,j}$$

显然，$r_g \in (-\infty,+\infty)$。

从统计特性上来看，算术回报和几何回报两种收益率计算方法各有优劣。算术回报便于截面归并，即便于将同一时间，不同资产的收益率加总，而几何回报便于时间归并，即计算同一资产在经历多期后的总回报率。事实上，当 r_a 趋于 0 时，将几何回报 r_g 用麦克劳林展开得到：

$$r_g = r_a - \frac{r_a^2}{2} + \frac{r_a^3}{3} + o(r_a^3) \approx r_a$$

其中，$r_g = \ln\frac{s_t}{s_{t-1}} = \ln(1+r_a)$。

由此可以看到在短期内，两种回报是近似相等的，故本章涉及的投资收益率对这两种方法不加区分，一律使用统一的符号 r 来表示，即：

$$r = r_g \approx r_a$$

式(6.1)从连续和离散两个角度介绍了期望收益率 r 的计算。

$$\bar{r} = E(r) = \begin{cases} \sum Pr(s)r(s) & r(s) \text{ 为离散型随机变量} \\ \int Pr(s)r(s)\mathrm{d}r & r(s) \text{ 为连续型随机变量} \end{cases} \tag{6.1}$$

其中，$Pr(s)$ 为各种情景下的概率，$r(s)$ 为对应情形下的收益率。

二、单资产的风险

投资学上的风险是指未来收益的不确定性，不确定性越高，风险越大。不同投资工具的风险程度不同，有些工具的投资风险较高，譬如股票投资，有些工具的投资风险较低，譬如国债投资。在美国，人们通常把期限为 30 天和 90 天的短期国库券称为"无风险工具"，将其收益率称为无风险收益率。在我国，可以认为银行的活期存款是无风险投资，其利率可以认为是无风险收益率，但这只是非常粗略的近似。市场中，除了短期国库券和银行活期存款外，其他的投资工具都有程度不同的风险。

由于投资的风险是在投资以后发生的，而投资者又希望投资前或投资时能够了解投资的风险。因此，人们通常用投资后收益的各种可能情况及各种可能情况出现的概率来描述风险，并用收益率的方差（标准差）作为一个衡量投资风险的指标。

在离散情形下,资产的方差为

$$\sigma^2 = \sum_s Pr(s) [r(s) - \bar{r}]^2 \tag{6.2}$$

方差(标准差)越大,意味着风险越大。值得注意的是,未来的数据是不可得的,所以只能用历史数据计算出历史方差,以此来作为未来方差的估计。对于 $i=1,2,\cdots,n$ 个样本,修正的样本方差(无偏估计)为

$$\sigma^2 = \frac{n}{n-1} \sum_{i=1}^{n} \frac{(r_i - \bar{r})^2}{n} = \frac{1}{n-1} \sum_{i=1}^{n} (r_i - \bar{r})^2 \tag{6.3}$$

其中,$\bar{r}$ 为样本均值。

当样本容量很大,即 n 很大时,修正与没有修正的样本方差区别不大。但是一旦选择的样本容量比较小,即对于小样本估计,修正与没有修正的样本方差的区别就会非常大。

例 6.1　假定投资于某股票,初始价格 50 美元,持有期 1 年,现金红利为 2 美元,预期股票价格有如表 6-1 所示的 3 种可能,求其期望收益和方差。

表 6-1　股票收益率的概率分布

经济状况	概　率	期末价格	收益率
繁　荣	0.25	60	24%
正常增长	0.50	55	14%
萧　条	0.25	45	−6%

解:

期望收益为:$\bar{r} = 0.25 \times 24\% + 0.5 \times 14\% + 0.25 \times (-6\%) = 11.5\%$

期望收益的方差为:

$$\begin{aligned}
\sigma^2 &= 0.25 \times (24\% - 11.5\%)^2 + 0.5 \times (14\% - 11.5\%)^2 + \\
&\quad 0.25 \times (-6\% - 11.5\%)^2 \\
&= 0.011\ 875
\end{aligned}$$

第二节　资产组合的收益和风险

一、资产组合的收益

假设资产组合 P 由 n 种不同证券构成,其中投资在第 i 种证券上的资金比例为 w_i,$i=1,2,\cdots,n$,简称第 i 种证券的投资权重,且 $\sum_{i=1}^{n} w_i = 1$。第 i 种证券的算术回报是 $r_{i,a}$,$i=1,2,\cdots,n$。则组合 P 的算术回报为:

$$r_{p,a} = \sum_{i=1}^{n} w_i \frac{S_{i,t} - S_{i,t-1}}{S_{i,t-1}} = \sum_{i=1}^{n} w_i r_{i,a} \tag{6.4}$$

虽然在前面的分析中几何回报具有良好的时间归并性质,但它的缺点是不能进行截面归并,所以在组合运算时一般采用算术回报。当然如果计算的是短期回报,由于回报率较小,两种回报可以近似认为相等。于是投资组合 P 的回报率可直接写为:

$$r_p = \sum_{i=1}^{n} w_i r_i = \mathbf{w}^{\mathrm{T}} \mathbf{r} \tag{6.5}$$

其中,$\boldsymbol{w} = (w_1, w_2, \cdots, w_n)^{\mathrm{T}}, \boldsymbol{r} = (r_1, r_2, \cdots, r_n)^{\mathrm{T}}$

因为 r_p 是随机变量,组合的收益为收益率的期望回报,所以:

$$E(r_p) = \sum_{i=1}^{n} w_i \overline{r_i} = \mathbf{w}^{\mathrm{T}} \bar{\mathbf{r}} \tag{6.6}$$

其中,$\boldsymbol{w} = (w_1, w_2, \cdots, w_n)^{\mathrm{T}}, \bar{r} = (\overline{r_1}, \overline{r_2}, \cdots, \overline{r_n})^{\mathrm{T}}, \overline{r_i}$ 为第 i 种证券的期望回报率。

二、资产组合的风险

组合的风险是组合收益的未来不确定性,这种不确定性可以用组合收益率的方差(标准差)来衡量。

投资组合收益率的方差为:

$$\sigma_p^2 = Var(r_p) = Var(\mathbf{w}^{\mathrm{T}} \mathbf{r}) = \mathbf{w}^{\mathrm{T}} \sum \mathbf{w} \tag{6.7}$$

其中,$\mathbf{w} = (w_1, w_2, \cdots, w_n)^{\mathrm{T}}, \sum = \begin{bmatrix} \sigma_{11} & \cdots & \sigma_{1n} \\ \vdots & \ddots & \vdots \\ \sigma_{1n} & \cdots & \sigma_{nn} \end{bmatrix}$。$\sigma_{ii}$ 为第 i 项资产收益率的方差,σ_{ik} 为第 i 项资产与第 k 项资产收益率的协方差。$\sum$ 称为协方差阵,其主对角线上的元素为对应资产收益的方差,而非主对角线上的元素为相应两项资产收益的协方差。

三、风险分散原理

投资者经常被告诫"不要把鸡蛋放在同一个篮子里"。把鸡蛋分散在不同的篮子里,在投资中其实就是构造投资组合,把初始财富分散投资在不同风险的资产上。

事实上,这种投资策略是有充分的理论依据的。设投资组合由资产 a 和 b 所构成,权重分别为 w_a 和 w_b,标准差分别为 σ_a 和 σ_b,相关系数为 ρ_{ab},则组合风险 $\sigma_p^2 = (w_a \sigma_a + w_b \sigma_b)^2 + 2 w_a w_b \sigma_a \sigma_b (\rho_{ab} - 1)$

由此得:

$$\sigma_p \leqslant w_a \sigma_a + w_b \sigma_b$$

由此可见,分散化投资确实具有降低风险的功能。

例 6.2 假设两个资产收益率的期望为 0.12 和 0.15,其标准差为 0.20 和 0.18,占组合的投资比例分别是 0.25 和 0.75,两个资产协方差为 0.01,则组合收益的期望值及其方差为多少?

解: $\bar{r}_p = \mathbf{w}^{\mathrm{T}} \bar{\mathbf{r}} = (0.25 \quad 0.75) \begin{pmatrix} 0.12 \\ 0.15 \end{pmatrix} = 0.142\,5$

$$\sigma_p^2 = \mathbf{w}^{\mathrm{T}} \sum \mathbf{w} = (0.25 \quad 0.75) \begin{bmatrix} (0.20)^2 & 0.01 \\ 0.01 & (0.18)^2 \end{bmatrix} \binom{0.25}{0.75} = 0.024\,475$$

例 6.3　假设某组合包含 n 种股票。投资者等额地将资金分配在上面,即每种股票占总投资的 $1/n$,每种股票的期望收益与方差相同,期望收益为 $\bar{r}$,方差为 σ^2,且这些股票之间两两不相关,求组合的收益与方差。

解：
$$\bar{r}_p = \mathbf{w}^{\mathrm{T}} \bar{r} = \left(\frac{1}{n} \cdots \frac{1}{n}\right) \begin{bmatrix} \bar{r} \\ \vdots \\ \bar{r} \end{bmatrix} = \bar{r}$$

$$\sigma_P^2 = \mathbf{w}^{\mathrm{T}} \sum \mathbf{w} = \left(\frac{1}{n} \cdots \frac{1}{n}\right) \begin{bmatrix} \sigma^2 & \cdots & 0 \\ \vdots & \ddots & \vdots \\ 0 & \cdots & \sigma^2 \end{bmatrix} \begin{bmatrix} \frac{1}{n} \\ \vdots \\ \frac{1}{n} \end{bmatrix}$$

$$= \frac{1}{n^2}(\sigma^2 + \sigma^2 + \cdots + \sigma^2) = \frac{1}{n}\sigma^2$$

由此可见,组合的收益是各种证券收益的加权平均值,因此它使组合的收益可能低于组合中单一证券收益的最大值,而高于最小值;只要组合中的资产两两不完全正相关,则组合的风险就可以得到降低。只有当组合中的各个资产是相互独立的且其收益和风险相同随着组合的风险降低的同时,组合的收益等于各个资产的收益。

第三节　资产组合的有效集与可行集

选择合适的资产进行投资是投资决策的主要内容,为了追求收益的最大化并控制风险,投资者需要选择资产构成一个资产组合。因此,这一节的分析重点就是如何最优化投资者的资产组合。

首先,从由两个风险资产构造的投资组合入手,假定市场中只存在两种风险资产,确定投资者如何在这两种风险资产中分配自己的初始财富;其次,放宽市场只存在两种风险资产的假定,考虑存在多种风险资产的情况,计算投资者的最优投资组合。

一、基本假定

在进行两个风险资产组合问题分析前,先来看一下组合理论中的四个基本假设：

（一）均方准则

即投资者仅仅以期望收益率和方差(标准差)来评估资产组合。具体来说,若投资者是风险厌恶的,则对于证券 A 和证券 B,当且仅当 $E(r_A) \geq E(r_B)$ 且 $\sigma_A^2 \leq \sigma_B^2$ 成立时,$A \geq B$。图 6-1 在均

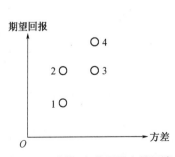

图 6-1　均值-方差平面上的证券

方平面上显示了四个资产组合的收益与方差。

在图6-1中,有1、2、3、4四个资产组合(任何一个资产或一个资产组合在均值-方差平面上可表示为一点,该点的横坐标为该资产或资产组合的方差,纵坐标为该资产或资产组合的期望收益)。因为$E(r_2) > E(r_1)$,且$\sigma_1^2 = \sigma_2^2$,所以组合2占优于组合1。同样的理由,组合4占优于组合3。因为$E(r_2) = E(r_3)$,且$\sigma_2^2 < \sigma_3^2$,所以组合2占优于组合3。

(二)投资者理性假设

投资者理性假设认为投资者都是不知足和风险厌恶的。这一假设有很强的现实意义。投资者对风险的态度在其投资决策过程中起着重要作用,一个风险厌恶型投资者的无差异曲线如图6-2所示。

图6-2表明,对风险厌恶型投资者来说,收益带来正的效用,而风险带来负的效用。根据微观经济学的无差异曲线,若一个消费者接受了更多的负效用商品,且要保证他的效用不变,则只有增加正效用的商品,根据均方准则,若均值不变,而方差减小,或者方差不变,但均值增加,则投资者获得更高的效用。因此,对于风险厌恶的投资者而言是偏向西北(左上方)的无差异曲线。从理论上讲,必须有正的超额收益或风险溢价存在,才能使风险厌恶型投资者愿意投资于有风险的证券。

与风险厌恶投资者相比,风险中性的投资者是按期望收益率来决定是否进行风险投资,该类投资者的无差异曲线是一条条平行于横轴的直线,如图6-3所示。

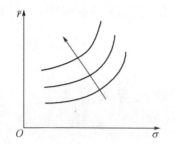

图6-2　风险厌恶型投资者的无差异曲线

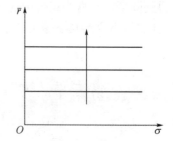

图6-3　风险中性投资者的无差异曲线

由图6-3可知,风险中性投资者对风险无所谓,只关心投资收益。对这样的投资者来说,相同期望收益率的无风险投资与风险投资具有相同的吸引力。

与风险厌恶型投资者相反,风险偏好型投资者将风险作为正效用的商品看待,当预期收益降低的时候,可以通过风险增加得到效用补偿。该类投资者的无差异曲线如图6-4所示。

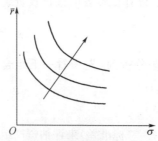

图6-4　风险偏好型投资者的无差异曲线

图 6-4 表明,风险偏好型投资者的无差异曲线是偏向东北方向(右上方)的。

事实上,虽然在某些情况下,存在一些投资者表现出风险中性和风险偏好的情况,但一般认为多数投资者仍然是风险厌恶型的,即假设投资者是理性的,因此投资学中研究的重点是风险厌恶型投资者面临的问题。

(三)单期投资

即投资者的投资为单一投资期,多期投资是单期投资的不断重复。

(四)有效组合

即在资金约束的条件下,投资者希望持有那些在给定期望收益率水平下使风险最小化的投资组合,或是那些在给定风险水平下使期望收益率最大的投资组合。

二、组合的可行集和有效集

所谓可行集是指资产组合的机会集合,即在资金约束下,可构造出的所有组合的期望收益和方差(标准差)所形成的集合。由于每一个组合在均方平面上就是一个点,因此可行集是一个区域。

有效组合,是指在可行集内,方差相同的组合中,期望收益最大的组合;或期望收益相同的组合中,方差最小的组合。

有效集又称为有效边界,它是在可行集的基础上确定的,是所有有效组合构成的集合。

(一)两个风险资产构成组合的可行集

若市场中存在两种风险资产 A 和 B,预期收益率分别为 r_A 和 r_B,投资者投资于 A 和 B 上的比重分别为 w_A 和 w_B,且投资者将其初始财富全部用于风险资产投资,则 $w_A + w_B = 1$。

于是,投资组合期望收益为:

$$\bar{r}_P = w_A \bar{r}_A + w_B \bar{r}_B = w_A \bar{r}_A + (1-w_A)\bar{r}_B$$

必须注意的是,组合的期望收益等于组合中单个资产期望收益的加权平均,但是组合的风险并不简单等于组合中单个资产风险的加权平均。由 A 和 B 构成的投资组合的风险为:

$$\sigma_P = \sqrt{w_A^2\sigma_A^2 + w_B^2\sigma_B^2 + 2w_Aw_B\sigma_{AB}} = \sqrt{w_A^2\sigma_A^2 + (1-w_A)^2\sigma_B^2 + 2w_A(1-w_A)\sigma_{AB}}$$

由于 $\sigma_{AB} = \rho_{AB}\sigma_A\sigma_B$,其中,$\rho_{AB}$ 为风险资产 A 和 B 收益的相关系数,所以上式又可以转化为:

$$\sigma_P = \sqrt{w_A^2\sigma_A^2 + (1-w_A)^2\sigma_B^2 + 2w_A(1-w_A)\rho_{AB}\sigma_A\sigma_B} = \sqrt{w_A^2\sigma_A^2 + (1-w_A)^2\sigma_B^2 + 2w_A(1-w_A)\sigma_A\sigma_B + 2w_A(1-w_A)(\rho_{AB}-1)\sigma_A\sigma_B} = \sqrt{[w_A\sigma_A + (1-w_A)\sigma_B]^2 + 2w_A(1-w_A)(\rho_{AB}-1)\sigma_A\sigma_B}$$

由此可以看出,投资组合的标准差不一定等于组合中每个资产标准差的加权平均,其除了与每个资产收益的标准差以及投资权重有关以外,还与资产收益间相关系数有关。当且仅当两种风险资产收益的相关系数 $\rho = 1$ 时,两资产组合收益的标准差等于两种资产收益标准差的加权平均。

由于相关系数的取值范围在$[-1,1]$内,如果资产A和B收益的相关系数为1,说明A和B两个风险资产完全一致变动;如果A和B收益的相关系数为-1,说明A和B两个风险资产完全反向变动。以下先考虑ρ的几种特殊情况,进而推广到一般情况下两资产组合的可行曲线。

1. 完全正相关

如果风险资产A和风险资产B完全正相关,即$\rho_{AB}=1$,则:

$$\sigma_p = \sqrt{w_A^2\sigma_A^2 + (1-w_A)^2\sigma_B^2 + 2w_A(1-w_A)\sigma_A\sigma_B} =$$

$$\sqrt{[w_A\sigma_A + (1-w_A)\sigma_B]^2} =$$

$$w_A\sigma_A + (1-w_A)\sigma_B$$

于是得到:

$$w_A = \frac{\sigma_p - \sigma_B}{\sigma_A - \sigma_B}$$

$$w_B = 1 - w_A = \frac{\sigma_A - \sigma_p}{\sigma_A - \sigma_B}$$

将上述w_A,w_B代入投资组合期望收益率的表达式,即$\bar{r}_p = w_A\bar{r}_A + (1-w_A)\bar{r}_B$中,得到两种风险资产的组合期望收益与风险的函数关系为:

$$\bar{r}_p = \frac{\sigma_p - \sigma_B}{\sigma_A - \sigma_B}\bar{r}_A + \frac{\sigma_A - \sigma_p}{\sigma_A - \sigma_B}\bar{r}_B$$

整理得:

$$\bar{r}_p = \frac{\bar{r}_A - \bar{r}_B}{\sigma_A - \sigma_B}\sigma_p + \frac{\sigma_A\bar{r}_B - \sigma_B\bar{r}_A}{\sigma_A - \sigma_B} \tag{6.8}$$

所以,当两个风险资产相关系数为1时,它们所构成的组合在均值标准差平面上是一条过点$A(\bar{r}_A,\sigma_A)$和点$B(\bar{r}_B,\sigma_B)$的直线(如图6-5所示)[①],斜率为$\frac{\bar{r}_A-\bar{r}_B}{\sigma_A-\sigma_B}$,截距为$\frac{\sigma_A\bar{r}_B-\sigma_B\bar{r}_A}{\sigma_A-\sigma_B}$。

图6-5中,可行集的这种线性关系说明了,在资产完全正相关的情况下,购买两种资产并不降低风险,两个资产的组合位于连接两个资产的一条直线上,分散化投资并没有带来任何好处。

2. 完全负相关

同完全正相关时的分析思路一样,如果风险资产A和风险资产B完全负相关,即$\rho_{AB}=-1$,则:

$$\sigma_p = \sqrt{w_A^2\sigma_A^2 + (1-w_A)^2\sigma_B^2 - 2w_A(1-w_A)\sigma_A\sigma_B}$$

$$= \sqrt{[w_A\sigma_A - (1-w_A)\sigma_B]^2}$$

$$= |w_A\sigma_A - (1-w_A)\sigma_B|$$

---

① 在不允许买空卖空时是连接 A、B 的线段。

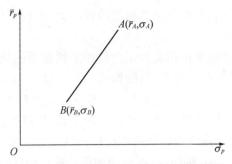

图 6-5　两种资产完全正相关时的可行集

当 $w_A = \dfrac{\sigma_B}{\sigma_A + \sigma_B}$ 时,$\sigma_p(w_A) = 0$

当 $w_A \geqslant \dfrac{\sigma_B}{\sigma_A + \sigma_B}$ 时,$\sigma_p(w_A) = w_A \sigma_A - (1 - w_A)\sigma_B$

当 $w_A < \dfrac{\sigma_B}{\sigma_A + \sigma_B}$ 时,$\sigma_P(w_A) = (1 - w_A)\sigma_B - w_A \sigma_A$

情形 1　$w_A \geqslant \dfrac{\sigma_B}{\sigma_A + \sigma_B}$,则:

$$\sigma_p(w_A) = w_A \sigma_A - (1 - w_A)\sigma_B$$

$$w_A = \frac{\sigma_p + \sigma_B}{\sigma_A + \sigma_B}$$

$$\bar{r}_p(\sigma_p) = \frac{\sigma_p + \sigma_B}{\sigma_A + \sigma_B}\bar{r}_A + \left(1 - \frac{\sigma_p + \sigma_B}{\sigma_A + \sigma_B}\right)\bar{r}_B$$

即:

$$\overline{r_p}(\sigma_p) = \frac{\bar{r}_A - \bar{r}_B}{\sigma_A + \sigma_B}\sigma_p + \frac{\bar{r}_A - \bar{r}_B}{\sigma_A + \sigma_B}\sigma_B + \bar{r}_B \tag{6.9}$$

情形 2　$w_A < \dfrac{\sigma_B}{\sigma_A + \sigma_B}$,则:

$$\sigma_p(w_A) = (1 - w_A)\sigma_B - w_A \sigma_A$$

$$\bar{r}_p(\sigma_p) = -\frac{\bar{r}_A - \bar{r}_B}{\sigma_A + \sigma_B}\sigma_p + \frac{\bar{r}_A - \bar{r}_B}{\sigma_A + \sigma_B}\sigma_B + \bar{r}_B \tag{6.10}$$

所以,当两个风险资产相关系数为 -1 时,它们所构成的组合在均值标准差平面上是两条线段,折点为 $\left(0, \dfrac{\bar{r}_A - \bar{r}_B}{\sigma_A + \sigma_B}\sigma_B + \bar{r}_B\right)$(见图 6-6)。

图 6-6 表明,对于两种风险资产,相关系数为 -1 时的投资组合的风险总是小于相关系数为 1 时的风险。而且与完全正相

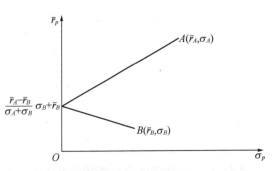

图 6-6　两种资产完全负相关时的可行集

关情况不同的是,分散化投资在两种完全负相关的资产上,不仅可以降低风险,甚至可以达到一个零风险组合的圆满结果。

至此,已经考虑了两资产完全正相关和完全负相关情形下的风险资产组合的可行集。若两资产既不完全正相关也不完全负相关,由此构成的风险资产组合又将如何?这可以从标准差的表达式中看到,当 w_A 介于 $0\sim1$ 时,其他条件不变的情况下,相关系数 ρ_{AB} 越小,投资组合标准差也越小,当 $\rho=-1$ 时,标准差达到最小;当 $\rho=1$ 时,标准差达到最大。由此推测当 ρ_{AB} 取值在 $(-1,1)$ 之间时,两种风险资产组合的可行集必然位于由 $\rho=1$ 和 $\rho=-1$ 时的两个可行集所构成的区域内。现取 $\rho_{AB}=0$ 的情况,讨论两种风险资产构成的组合风险和收益的关系。

3. 不相关

不相关,即 $\rho_{AB}=0$,在这种情况下,标准差的表达式简化为:

$$\sigma_P = \sqrt{w_A^2\sigma_A^2 + (1-w_A)^2\sigma_B^2}$$

组合期望收益的表达式:

$$\bar{r}_p = w_A\bar{r}_A + (1-w_A)\bar{r}_B$$

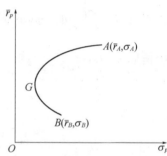

图 6-7 两种资产不相关时的可行集

由此可以得到对所有介于 0 到 1 之间的 w_A 而言,一个 w_A 就有一组对应的 σ_p 和 $\bar{r}_P$,再将这些 σ_P 和 $\bar{r}_P$ 绘于均值标准差平面可得图 6-7。这是一条二次曲线,事实上,当 $-1<\rho<1$ 时,可行集都是二次曲线。

图 6-7 中最为值得关注的一点为组合最小风险点 G,该点的权重可通过以下方法计算得到:

$$\min_{(w_A)}\sigma_p = \sqrt{w_A^2\sigma_A^2 + (1-w_A)^2\sigma_B^2}$$

令:

$$\frac{\partial\sigma_P}{\partial w_A} = \frac{(\sigma_A^2+\sigma_B^2)w_A - \sigma_B^2}{\sqrt{w_A^2\sigma_A^2 + (1-w_A)^2\sigma_B^2}} = 0$$

得:

$$w_A = \frac{\sigma_B^2}{\sigma_A^2+\sigma_B^2} \tag{6.11}$$

由此可见,使风险 σ_P 最小的 w_A 为 $\dfrac{\sigma_B^2}{\sigma_A^2+\sigma_B^2}$,而此时风险资产组合的期望收益和风险分别为:

$$\bar{r}_p = \frac{\sigma_B^2}{\sigma_A^2+\sigma_B^2}\bar{r}_A + \frac{\sigma_A^2}{\sigma_A^2+\sigma_B^2}\bar{r}_B \tag{6.12}$$

$$\sigma_p = \frac{\sqrt{\sigma_B^4\sigma_A^2 + \sigma_A^4\sigma_B^2}}{\sigma_A^2+\sigma_B^2} \tag{6.13}$$

此时,虽然不能像完全负相关的情况那样达到零风险,但是上式中最小风险组合 G 点的

标准差 σ_p 小于 σ_A,也小于 σ_B,说明这两种资产的组合可以比构成这一组合的单个资产具有更低的风险。

4. 一般情况

通过对 $\rho=-1$、$\rho=0$、$\rho=1$ 三种特殊情况的分析可以知道:首先在其他条件不变的情况下,两个风险资产相关系数越小,风险分散化越明显,当相关系数为 -1 时,可达到零风险组合;其次,在均值标准差平面上,任何两项资产构成的投资组合都位于这两项资产连线的左侧。对于任意介于 $-1\sim1$ 的 ρ 而言,两项资产的可能组合曲线是一条向左弯曲的曲线,ρ 越小,曲线向左弯曲的程度越大。这种向左弯曲的特征体现了要进行分散化投资的一个动机:除某些特殊情况,分散化投资导致在收益不变的情况下风险减小,组合的标准差将小于组合中单个资产标准差的加权平均值。

综上所述,两种风险资产 A 和 B 的组合在均值标准差平面上将位于图 6-8 的三角形 ABC 的边界和内部,其实际位置依赖于这两种资产间的相关系数 ρ 的大小。

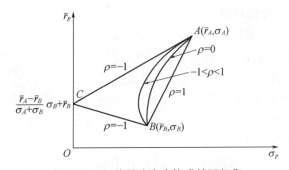

图 6-8　两种风险资产构成的可行集

图 6-8 表明,当 $\rho=1$ 时,弯曲度最小,可行集为一条直线;当 $\rho=-1$ 时,弯曲度最大,可行集呈现折线状;当 $-1<\rho<1$ 时,可行集就介于折线和直线之间,成为平滑的曲线,而且 ρ 越小曲线越弯曲。

(二)多种风险资产构成组合的可行集

理解了两种风险资产组合的问题,就要转向考虑多种风险资产组合的情况,因为现实市场中不可能只有两种风险资产,图 6-9 就对多种风险资产组合的可行集的形状进行了描述。

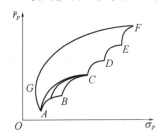

图 6-9　多种风险资产构成的投资组合的可行集

多种风险资产组合的可行集呈现如图 6-9 一样的伞形,依赖所包含的特定风险资产,它可能更右或更左,更高或更低一些。

多种风险资产组合可行集呈伞状的原因是任意两个风险资产所构成的组合不可能超越于

两种资产的连线,不考虑完全正相关和完全负相关这两种极端情况,一般情况下,风险资产A和B的组合可能曲线为图6-9中的AB曲线。如果市场中再加入风险资产C,则投资组合的可行集变为由曲线AB、BC、AC围成的区域,因为可以把由资产A和B构成的组合看成一个新资产,再把该新资产和资产C看成两个风险资产,问题就又变回两个风险资产组合了。依次不断地向市场中加入风险资产D、E、F……,最后就会形成一个伞状图形。

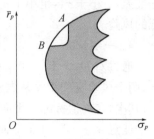

图6-10 不可能的可行集

图6-10所示的是一种不可能的情况。

均值标准差平面上的可行集不可能出现图6-10所显示的那样一种"凹陷"。原因在于,任意两个资产构成的投资组合都位于两个资产连线的左侧,可行集应该是向左侧凸出的。如果出现如图那样的"凹陷",可以找到两个资产A、B,这两个资产组合的可行集向右侧凸出,这与前面分析两种资产构成的可行集的只能向左凸出的情况不符。

(三)风险资产组合的有效集

理解了多种风险资产的可行集,再将有效集定理应用于可行集就可以得出有效集。所谓有效集定理,就是多种风险资产组合的有效集中的每个点应同时满足两个条件:风险水平相同条件下,提供最大预期回报率;预期回报率相同条件下,具有最小风险。多种风险资产组合的有效集见图6-11中的曲线GS。

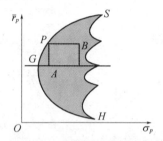

图6-11 多种风险资产的有效集

图6-11中,只有GS曲线满足有效集定理,其中G点为投资组合的最小方差点。首先,根据第一个条件,对每一风险水平,提供最大预期回报率,可行集的下半部分全部去掉。然后,在可行集的上半部分,通过考察A、B、P三点,$\sigma_P=\sigma_A$,$E(r_P)>E(r_A)$,所以A点不是有效组合;而$E(r_P)=E(r_B)$,$\sigma_P<\sigma_B$,所以B点也不是有效组合,由此可见,只有可行集上方边界曲线GS上的点才是有效组合。对于投资者而言,最优资产组合将从有效集中产生,而对所有不在有效集内的其他投资组合则无须考虑。

第四节 马科维茨模型

Harry M. Markowitz在他1952年的论文"Portfolio Selection"中,将资产组合理论引入现代金融学,形成了本节将要介绍的马科维茨模型。

一、基本假定

最初马科维茨只假设了两个基本条件,但随着研究的深入,人们发现事实上马科维茨模型只能在满足更多限制条件下才更加适用,所以基本假定逐渐增多。其主要包括以下几条:

(1) 投资者遵循效用最大化原则。

（2）单一投资期。

（3）投资者是风险回避者，即在收益相等的条件下，投资者选择风险最低的投资组合。

（4）投资者根据均值、方差以及协方差来选择最佳投资组合。

（5）证券市场是完善的，无交易成本，而且证券可以无限细分。

（6）资金全部用于投资，但不允许卖空。

（7）证券间的相关系数不都为1，不存在无风险证券，而且至少有两个证券的预期收益是不同的。

二、模　型

若市场上存在 $n \geqslant 2$ 种风险资产，令 $\mathbf{w} = (w_1, w_2, \cdots, w_n)^{\mathrm{T}}$ 代表投资到这 n 种资产上的财富的相对份额，则有 $\sum_{i=1}^{n} w_i = 1$；令 $\bar{\mathbf{r}} = (\bar{r}_1, \bar{r}_2, \cdots, \bar{r}_n)^{\mathrm{T}}$ 代表 n 种资产的期望收益率，则组合的期望收益为 $\bar{r}_p = \mathbf{w}^{\mathrm{T}} \bar{\mathbf{r}}$；协方差矩阵为：

$$\sum = \begin{bmatrix} \sigma_{11} & \sigma_{12} & \cdots & \sigma_{1n} \\ \sigma_{21} & \sigma_{22} & \cdots & \sigma_{2n} \\ \cdots & \cdots & \cdots & \cdots \\ \sigma_{n1} & \sigma_{n2} & \cdots & \sigma_{nn} \end{bmatrix}$$

此时，$\sum$ 是正定、非奇异的。于是，问题转化成在给定组合期望收益率条件下，如何确定各个风险资产的投资比重，使得组合风险（方差）最小。为此考虑求解如下约束优化问题：

$$\min_{\mathbf{w}} \sigma_p^2 = \frac{1}{2} \mathbf{w}^{\mathrm{T}} \sum \mathbf{w}$$

$$\text{s. t.} \quad \mathbf{w}^{\mathrm{T}} \bar{\mathbf{r}} = \bar{r}_p$$

$$\mathbf{w}^{\mathrm{T}} \mathbf{1} = 1$$

首先建立拉格朗日函数：

$$\mathop{L}_{\mathbf{w}, \lambda_1, \lambda_2} = \frac{1}{2} \mathbf{w}^{\mathrm{T}} \sum \mathbf{w} + \lambda_1 (\bar{r}_p - \mathbf{w}^{\mathrm{T}} \bar{\mathbf{r}}) + \lambda_2 (1 - \mathbf{w}^{\mathrm{T}} \mathbf{1})$$

令一阶条件等于零：

$$\begin{cases} \dfrac{\partial L}{\partial \mathbf{w}} = \sum \mathbf{w} - \lambda_1 \bar{\mathbf{r}} - \lambda_2 \mathbf{1} = 0 \\ \dfrac{\partial L}{\partial \lambda_1} = \bar{r}_p - \mathbf{w}^{\mathrm{T}} \bar{\mathbf{r}} = 0 \\ \dfrac{\partial L}{\partial \lambda_2} = 1 - \mathbf{w}^{\mathrm{T}} \mathbf{1} = 0 \end{cases}$$

由第一式得：

$$\mathbf{w} = \lambda_1 \sum{}^{-1} \bar{\mathbf{r}} + \lambda_2 \sum{}^{-1} \mathbf{1}$$

将其代入第二式、第三式，分别得：

$$\bar{r}_p = \boldsymbol{w}^{\mathrm{T}} \bar{\boldsymbol{r}} = (\lambda_1 \sum{}^{-1} \bar{\boldsymbol{r}} + \lambda_2 \sum{}^{-1} \mathbf{1})^{\mathrm{T}} \bar{\boldsymbol{r}}$$

$$= \lambda_1 (\sum{}^{-1} \bar{\boldsymbol{r}})^{\mathrm{T}} \bar{\boldsymbol{r}} + \lambda_2 (\sum{}^{-1} \mathbf{1})^{\mathrm{T}} \bar{\boldsymbol{r}}$$

$$= \lambda_1 \bar{\boldsymbol{r}}^{\mathrm{T}} \sum{}^{-1} \bar{\boldsymbol{r}} + \lambda_2 \mathbf{1}^{\mathrm{T}} \sum{}^{-1} \bar{\boldsymbol{r}} \qquad (*)$$

$$1 = \boldsymbol{w}^{\mathrm{T}} \mathbf{1} = (\lambda_1 \sum{}^{-1} \bar{\boldsymbol{r}} + \lambda_2 \sum{}^{-1} \mathbf{1})^{\mathrm{T}} \mathbf{1}$$

$$= \lambda_1 \bar{\boldsymbol{r}}^{\mathrm{T}} \sum{}^{-1} \mathbf{1} + \lambda_2 \mathbf{1}^{\mathrm{T}} \sum{}^{-1} \mathbf{1} \qquad (**)$$

设：

$$a = \bar{\boldsymbol{r}}^{\mathrm{T}} \sum{}^{-1} \bar{\boldsymbol{r}} = \bar{\boldsymbol{r}} \sum{}^{-1} \bar{\boldsymbol{r}}^{\mathrm{T}}$$

$$b = \mathbf{1}^{\mathrm{T}} \sum{}^{-1} \bar{\boldsymbol{r}} = \bar{\boldsymbol{r}}^{\mathrm{T}} \sum{}^{-1} \mathbf{1}$$

$$c = \mathbf{1}^{\mathrm{T}} \sum{}^{-1} \mathbf{1} = \mathbf{1} \sum{}^{-1} \mathbf{1}^{\mathrm{T}}$$

$$d = ac - b^2$$

那么($*$)式和($**$)式可以重新表述为：

$$\begin{cases} \bar{r}_p = \lambda_1 a + \lambda_2 b \\ 1 = \lambda_1 b + \lambda_2 c \end{cases}$$

解方程组得：

$$\begin{cases} \lambda_1 = \dfrac{c \bar{r}_p - b}{ac - b^2} = \dfrac{c \bar{r}_p - b}{d} \\ \lambda_2 = \dfrac{a - b \bar{r}_p}{ac - b^2} = \dfrac{a - b \bar{r}_p}{d} \end{cases}$$

将求得的 λ_1, λ_2 代入权重表达式 $\boldsymbol{w} = \lambda_1 \sum{}^{-1} \bar{\boldsymbol{r}} + \lambda_2 \sum{}^{-1} \mathbf{1}$，于是可得到收益一定条件下的最优权重向量为：

$$\boldsymbol{w} = \frac{c \bar{r}_p - b}{d} \sum{}^{-1} \bar{\boldsymbol{r}} + \frac{a - b \bar{r}_p}{d} \sum{}^{-1} \mathbf{1} \qquad (6.14)$$

三、最小方差集的三个性质

性质1　最小方差集是均值标准差平面上的双曲线的一部分。

证明：由于：

$$\boldsymbol{w} = \frac{c \bar{r}_p - b}{d} \sum{}^{-1} \bar{\boldsymbol{r}} + \frac{a - b \bar{r}_p}{d} \sum{}^{-1} \mathbf{1}$$

$$= \sum{}^{-1} \begin{bmatrix} \bar{\boldsymbol{r}} & \mathbf{1} \end{bmatrix}_{n \times 2} \frac{1}{d} \begin{bmatrix} c \bar{r}_p - b \\ a - b \bar{r}_p \end{bmatrix}$$

$$= \sum{}^{-1} \begin{bmatrix} \bar{\boldsymbol{r}} & \mathbf{1} \end{bmatrix} \frac{1}{d} \begin{bmatrix} c & -b \\ -b & a \end{bmatrix} \begin{bmatrix} \bar{r}_p \\ 1 \end{bmatrix}$$

根据线性代数的性质有：

$$\frac{1}{d} \begin{bmatrix} c & -b \\ -b & a \end{bmatrix} = \frac{1}{ac - b^2} \begin{bmatrix} c & -b \\ -b & a \end{bmatrix} = \begin{bmatrix} a & b \\ b & c \end{bmatrix}^{-1}$$

不妨令：

$$d = \begin{bmatrix} a & b \\ b & c \end{bmatrix} = \begin{bmatrix} \bar{r}^{\mathrm{T}} \sum^{-1} \bar{r} & \bar{r}^{\mathrm{T}} \sum^{-1} \mathbf{1} \\ \bar{r}^{\mathrm{T}} \sum^{-1} \mathbf{1} & \mathbf{1}^{\mathrm{T}} \sum^{-1} \mathbf{1} \end{bmatrix} = [\bar{r} \quad \mathbf{1}]^{\mathrm{T}} \sum^{-1} [\bar{r} \quad \mathbf{1}]$$

这样最优权重向量 $w = \dfrac{c\bar{r}_p - b}{d} \sum^{-1} \bar{r} + \dfrac{a - b\bar{r}_p}{d} \sum^{-1} \mathbf{1}$ 改写为：

$$w = \sum^{-1} [\bar{r} \quad \mathbf{1}] d^{-1} \begin{bmatrix} \bar{r}_p \\ 1 \end{bmatrix}$$

于是组合最小方差集为：

$$\sigma_p^2 = w^{\mathrm{T}} \sum w$$

$$= \left\{ [\bar{r}_p \quad 1] d^{-1} [\bar{r} \quad \mathbf{1}]^{\mathrm{T}} \sum^{-1} \right\} \sum \left\{ \sum^{-1} [\bar{r} \quad \mathbf{1}] d^{-1} \begin{bmatrix} \bar{r}_p \\ 1 \end{bmatrix} \right\}$$

$$= [\bar{r}_p \quad 1] d^{-1} [\bar{r} \quad \mathbf{1}]^{\mathrm{T}} \sum^{-1} [\bar{r} \quad \mathbf{1}] d^{-1} \begin{bmatrix} \bar{r}_p \\ 1 \end{bmatrix}$$

$$= [\bar{r}_p \quad 1] d^{-1} \begin{bmatrix} \bar{r}_p \\ 1 \end{bmatrix}$$

$$= \frac{a - 2b\bar{r}_p + c\bar{r}_p^2}{ac - b^2} = \frac{1}{d}(c\bar{r}_p^2 - 2b\bar{r}_p + a)$$

配方得：

$$\frac{\sigma_p^2}{1/c} - \frac{\left[\bar{r}_p - \frac{b}{c}\right]^2}{d/c^2} = 1 \tag{6.15}$$

这是均值-标准差上的双曲线，如图 6-12 所示。

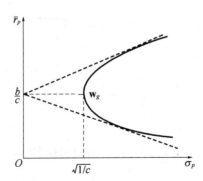

图 6-12 双曲线的中心与渐近线

图 6-12 中的双曲线不妨称为最小方差曲线。双曲线的中心是 $\left(0, \dfrac{b}{c}\right)$，渐近线为 $\bar{r}_p = \dfrac{b}{c} \pm \sqrt{\dfrac{d}{c}} \sigma_p$，$w_g$ 是全局最小方差组合点的投资权重向量。

性质 2 全局最小方差点 G 的权重向量为：

$$w_g = \frac{\sum^{-1}\mathbf{1}}{c} \tag{6.16}$$

证明：由于全局最小方差点 G 是最小方差前沿的一个点，故它满足：

$$\sigma_g^2(\bar{r}_g) = \frac{a - 2b\bar{r}_g + c\bar{r}_g^2}{ac - b^2}$$

对上式求驻点：

$$\partial\sigma_g^2(\bar{r}_g)/\partial\bar{r}_g = \frac{-2b + 2c\bar{r}_g}{ac - b^2} = 0$$

所以，$r_g = \dfrac{b}{c}$，将其代入 $w = \sum^{-1}\begin{bmatrix}\bar{r} & \mathbf{1}\end{bmatrix}d^{-1}\begin{bmatrix}\bar{r}_p \\ 1\end{bmatrix}$，于是：

$$\begin{aligned}
\mathbf{w}_g &= \sum^{-1}\begin{bmatrix}\bar{r} & \mathbf{1}\end{bmatrix}d^{-1}\begin{bmatrix}\bar{r}_g \\ 1\end{bmatrix} \\
&= \sum^{-1}\begin{bmatrix}\bar{r} & \mathbf{1}\end{bmatrix}\frac{1}{ac - b^2}\begin{bmatrix}c & -b \\ -b & a\end{bmatrix}\begin{bmatrix}\dfrac{b}{c} \\ 1\end{bmatrix} \\
&= \sum^{-1}\begin{bmatrix}\bar{r} & \mathbf{1}\end{bmatrix}\frac{1}{ac - b^2}\begin{bmatrix}0 \\ -\dfrac{b^2}{c} + a\end{bmatrix} = \frac{\sum^{-1}\mathbf{1}}{c}
\end{aligned}$$

注意点 w_g 以下的部分，由于它违背了均方准则，被理性投资者排除，这样全局最小方差点 $G(w_g)$ 以上的部分（子集），被称为均方效率边界，也即多资产组合的有效前沿。具体位置如图6-13所示。

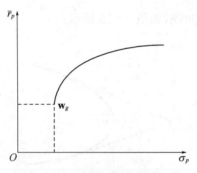

图 6-13　多资产组合的有效前沿

例 6.4　假设有 3 项资产，其协方差矩阵为 $\sum = \begin{bmatrix} 0.1 & 0.1 & 0.1 \\ 0.1 & 0.2 & 0.1 \\ 0.1 & 0.1 & 0.2 \end{bmatrix}$，收益分别为 10%，20%，30%。求组合收益率为 20% 时的最佳组合。

解： 根据题意

$$\sum = \begin{bmatrix} 0.1 & 0.1 & 0.1 \\ 0.1 & 0.2 & 0.1 \\ 0.1 & 0.1 & 0.2 \end{bmatrix} \quad \bar{r} = (10\% \quad 20\% \quad 30\%)^T \quad w^T\bar{r} = \bar{r}_p, \bar{r}_p = 20\%$$

由 6.14 式知,给定收益的最有优重向量为:

$$w = \frac{c\bar{r}_p - b}{d}\sum{}^{-1}\bar{r} + \frac{a - b\bar{r}_p}{d}\sum{}^{-1}\mathbf{1}$$

$$d = ac - b^2$$

计算得:

$$\sum{}^{-1} = \begin{bmatrix} 30 & -10 & -10 \\ -10 & 10 & 0 \\ -10 & 0 & 10 \end{bmatrix} \quad a = 0.6, b = 1, c = 10, d = 5$$

由此解得:$w = (0.4 \quad 0.2 \quad 0.4)^T$

若例 6.4 中未给定组合的回报,则资产组合的最优边界是一个集合——如图 6-13 所示的均值方差平面上双曲线的上半部分。一旦给定资产组合回报,则据此得双曲线上一个点,这个点便是最小方差点。如何从资产组合前沿上确定一个合适的资产组合作为投资对象,取决于投资者的风险偏好。愿意冒险的人,需要较高的风险补偿,则组合收益率也较高。

性质 3　两基金分离定理:在均方效率曲线上任意两点的线性组合,都是具有均方效率的有效组合。

这个定理其实包含两个命题。

假设 A(资产组合中的权重为 w_a)和 B(资产组合中的权重为 w_b)是在给定收益 r_a 和 r_b ($r_a \neq r_b$)下具有均方效率的资产组合(基金),则:

命题 1　任何具有均方效率的资产组合都可由 A 和 B 的线性组合所构成。

证明:对于给定收益率 $\bar{r}_c$,$\bar{r}_c = kr_a + (1-k)r_b, 0 \leq k \leq 1$ 条件下的资产组合 c,满足均方效率最优时的组合权重为:

$$\begin{aligned} \mathbf{w}_c &= \sum{}^{-1}[\bar{r} \quad \mathbf{1}]d^{-1}\begin{bmatrix} \bar{r}_c \\ 1 \end{bmatrix} \\ &= \sum{}^{-1}[\bar{r} \quad \mathbf{1}]d^{-1}\begin{bmatrix} kr_a + (1-k)r_b \\ k + (1-k) \end{bmatrix} \\ &= k\sum{}^{-1}[\bar{r} \quad \mathbf{1}]d^{-1}\begin{bmatrix} r_a \\ 1 \end{bmatrix} + (1-k)\sum{}^{-1}[\bar{r} \quad \mathbf{1}]d^{-1}\begin{bmatrix} r_b \\ 1 \end{bmatrix} \\ &= kw_a + (1-k)w_b \end{aligned}$$

即 C 是 A 和 B 的线性组合,命题 1 证毕。

命题 2　反之,由 A 和 B 线性组合构成的资产组合,都具有均方效率。

证明:因为 $w_c = kw_a + (1-k)w_b$

且已知 $w_i = \sum{}^{-1}[\bar{r} \quad \mathbf{1}]d^{-1}\begin{bmatrix} \bar{r}_i \\ 1 \end{bmatrix}, i = a, b$,则:

$$w_c = k \sum\nolimits^{-1} \begin{bmatrix} \bar{r} & \mathbf{1} \end{bmatrix} \boldsymbol{d}^{-1} \begin{bmatrix} \bar{r}_a \\ 1 \end{bmatrix} + (1-k) \sum\nolimits^{-1} \begin{bmatrix} \bar{r} & \mathbf{1} \end{bmatrix} \boldsymbol{d}^{-1} \begin{bmatrix} \bar{r}_b \\ 1 \end{bmatrix}$$

$$= \sum\nolimits^{-1} \begin{bmatrix} \bar{r} & \mathbf{1} \end{bmatrix} \boldsymbol{d}^{-1} \begin{bmatrix} k\,\bar{r}_a + (1-k)\,\bar{r}_b \\ k + (1-k) \end{bmatrix}$$

$$= \sum\nolimits^{-1} \begin{bmatrix} \bar{r} & \mathbf{1} \end{bmatrix} \boldsymbol{d}^{-1} \begin{bmatrix} \bar{r}_c \\ 1 \end{bmatrix}$$

即 w_c 也是满足均方效率的最优权重,命题 2 证毕。

必须注意,两基金分离定理的前提是两基金(有效资产组合)的期望收益是不同的,即两基金分离。

两基金分离定理的意义:

一个决定买入均方效率资产组合的投资者,只要投资于任何两个具有均方效率和不同收益率的基金即可。投资者无须直接投资于 n 种风险资产,而只要线性地投资在两种基金上就可以了。

第五节 最优风险资产组合

由于假设投资者是风险厌恶的,因此最优投资组合必定位于有效集上,其他非有效的组合可以首先被排除。虽然投资者都是风险厌恶的,但不同的投资者风险厌恶的程度有所不同,最终从有效边界上挑选哪一个资产组合,则取决于投资者的风险规避程度。所以一个特定投资者的最优风险资产组合是由风险资产有效边界和度量投资者风险偏好的无差异曲线共同决定的。

不同理性投资者具有不同风险厌恶程度,反映在无差异曲线上就是无差异曲线的陡峭程度不同。越厌恶风险的投资者,无差异曲线越陡,见图 6-14 和 6-15。

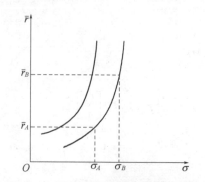

图 6-14 风险厌恶程度较高的投资者
的无差异曲线

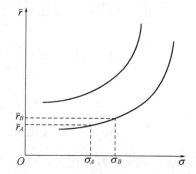

图 6-15 风险厌恶程度较低的投资者
的无差异曲线

图 6-14 中所反映的无差异曲线比图 6-15 中的无差异曲线陡峭,即风险水平增加相同幅度,图 6-14 代表的投资者要求的收益率的补偿要远远大于图 6-15 所代表的投资者,因此

图6-14代表的投资者更加厌恶风险。

　　理解了无差异曲线的基本性质以后，就可以结合风险资产有效边界确定最优投资组合。每个投资者都会通过寻找有效边界与无差异曲线的切点来确定其最优风险资产组合。这时风险厌恶程度较高（相对比较不愿冒风险）的投资者的无差异曲线较陡峭，会在比较靠近左下方的位置与有效边界相切，而风险厌恶程度低（相对比较愿冒风险）的投资者的无差异曲线较平缓，会在比较靠近右上方的位置与有效边界相切，具体情形参见图6-16。

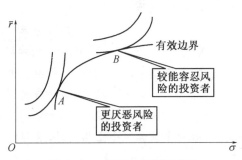

图6-16　最优资产组合确定

　　在图6-16中，更厌恶风险的投资者的最优资产组合为图中A点，相对较能容忍风险的投资者的最优资产组合为图中B点。比较这两个资产组合，可以看出，对于更厌恶风险的投资者，他在有效边界上的点具有较低的风险和收益。

本章小结

　　资产组合理论的优点：首先，对风险和收益进行精确的描述，解决了对风险的衡量问题，使投资学从一门艺术迈向科学。其次，分散投资的合理性为基金管理提供理论依据。单个资产的风险并不重要，重要的是组合的风险。基金正是将多个风险资产进行组合投资，降低投资风险。最后从单个证券的分析，转向组合的分析。资产组合的期望收益是资产组合中各项资产的期望收益以各项资产占总资产比例为权重的加权平均值。因此，它使组合的收益可能低于组合中收益最大的证券，而高于收益最小的证券。资产组合的方差是协方差矩阵各元素与各资产投资比例为权重相乘的加权总值。因此，每一资产的方差以其投资比例的平方进行加权，任一对资产的协方差在协方差矩阵中出现两次。即便协方差为正，只要资产不是完全正相关的，资产组合的标准差就仍小于组合中各项资产的标准差的加权平均值。因此，只要资产不是完全正相关的，分散化的资产组合就是有价值的。

　　可行集就是资产组合的机会集合，即在资金约束下，可构造出的所有组合的期望收益和风险（方差或标准差）组合。每一个组合在均方平面上就是一个点，因此可行集是一个区域。对两种风险资产的组合，若这两种资产完全正相关，则可行集是一条线段，若完全负相关，则可行集是一条折线段（两条线段），若完全不相关是一条抛物线，其他情况是介于上述情况之间的曲线。多个风险资产的可行集为伞型的区域。有效集是在可行集的基础上确定的，是所有有效组合的集合。多个风险资产有效集为最小风险点以上的左上方包络曲线。风险资产有效边界和度量投资者风险偏好的无差异曲线共同决定一个投资者最优风险资产组合。

习 题

1. 如何计量单资产的收益和风险？

2. 试描述两资产组合是如何降低风险的？

3. 什么是可行集？什么是有效集？两者有何关系？

4. 投资者风险厌恶假定在投资组合理论中的作用是什么？

5. 马科维茨组合模型中有哪些假定？

6. (单选)在现代风险收益模型中,风险是用( )定义的。

A. 资产价格的波动率   B. 资产收益率的波动率

C. 资产可能亏损的幅度   D. 资产亏损的概率分布

7. (单选)在马科维茨均值-方差模型中,投资者的无差异曲线与有效边界的切点( )。

A. 是投资者的最优组合   B. 是最小方差组合

C. 是市场组合   D. 是具有低风险高收益特征的组合

8. (单选)假定不允许卖空,当两个证券完全正相关时,这两种证券在均值-方差坐标系中的组合为( )。

A. 双曲线   B. 椭圆   C. 直线   D. 折线

9. (多选)( )的证券构建多样化的投资组合,组合的总体方差就会得到降低,这就是通常所说的风险分散原理。

A. 正相关   B. 不相关   C. 相关程度低   D. 负相关

10. 假设投资者有 100 万美元,在建立资产组合时有以下两个机会:(1)无风险资产收益率为 12%;(2)风险资产收益率为 30%,标准差为 40%。如果投资者资产组合的标准差为 30%,那么收益率是多少？

11. 下面给出了每种经济状况的概率和对应情形下各只股票的收益:

经济状况	概率(%)	收益率(%)	
		A	B
好	50	+10	+30
一般	30	+15	+20
差	20	+25	+5

(1) 每种经济状况下每只股票的期望收益是多少？

(2) 每只股票的标准差是多少？

(3) 计算每只股票的投资比重为 50% 时的投资组合期望收益率。

(4) 计算相关系数。

(5) 计算每只股票投资比重为 50% 时的投资组合的标准差。

12. 股票 A 的收益率为 5%,标准差为 12%,股票 B 的收益率为 8%,标准差为 15%。两只股票相关系数为零。求方差最小的投资组合中股票 A 和 B 各自所占的比例。

13. 三种风险证券的期望收益相同(μ)、方差相同(σ^2),它们的相关系数分别为 $\rho_{12}=\dfrac{1}{2}$, $\rho_{13}=\dfrac{1}{3}$, $\rho_{23}=\dfrac{1}{4}$。

（1）如果等权重地用这三种证券构造一个组合，该组合的方差为多少？

（2）如果只能使用两种证券构造组合，为了使组合的方差最小，你会选用哪两种证券？其权重如何？该资产组合的最小方差是多少？

阅读材料

［1］ Fisher Lawrence，Lorie James. Some Studies of Variability of Returns on Investments in Common Stocks. *Journal of Business*，1970，43(2)

［2］ Harry Markowitz. Potfolio Selection. *Journal of Finance*，1952.

［3］ Harry Markowitz. Markowitz Revisited. *Financial Analysts Journal*，1976，32(4).

［4］ ［美］哈利·M·马科维兹. 资产组合选择和资本市场的均值—方差分析.（新1版）. 上海：上海三联书店，2006.

［5］ ［美］埃德温·J·埃尔顿等. 现代投资组合理论与投资分析. 北京：机械工业出版社，2008.

第七章 资本资产定价模型

内 容 提 要

①单基金定理。②资本资产定价模型。③证券市场线和资本市场线。

以均值-方差准则为基础的资产组合理论,解决了如何在期望收益率和标准差平面上寻找风险资产组合的有效集合。本章将要介绍的资本资产定价模型(capital asset pricing model, CAPM),是以资产组合理论为基础,引入无风险资产所得到的。CAPM 由两部分组成,反映有效资产组合的收益与风险关系的资本市场线(CML),以及反映单一证券的期望收益与其风险关系的证券市场线(SML)。

本章的主要内容包括:①单基金定理。②资本资产模型的基本假定。③资本资产定价模型。④证券市场线与系统风险。⑤资本市场线(capital market line, CML)的扩展形式。⑥证券市场线(security market line, SML)的应用。⑦资本资产定价模型的修正。

第一节 单基金定理

上一章讨论的资产组合完全是由风险资产构成的,而现实中,除了风险资产以外,还存在着无风险资产。在这一节将会在原来风险资产组合的基础上加入无风险资产,且假设无风险资产具有正的期望收益 r_f,其标准差为 $\sigma_f(\sigma_f = 0)$。此时新组合的有效前沿会发生怎样的变化,投资者在做投资决策的时候又会有哪些不同是本节关注的重点。

加入无风险资产后,投资者的投资决策可以分两步,首先确定初始财富在无风险资产和风险资产之间的分配比例,然后确定风险资产之间的投资比例。

先解决第一个问题,即投资者初始财富如何在风险资产和无风险资产之间分配。假定投资者会将一部分资金投资于风险资产组合 A,A 是风险资产组合有效边界上的一点;另一部分资金投资于无风险资产,同时该投资者愿意以无风险利率进行借款或贷款(借款为投资者以无风险利率借入资金即卖空无风险资产,贷款为以无风险利率贷出资金,即买入无风险资产)。于是可以证明,将无风险资产加入风险资产组合形成的新组合的有效前沿为一条射线:若投资者投资于风险资产组合 A 以及无风险资产的比重分别为 w_A 和 $1-w_A$(值得注意的是,由于投资者可以卖空无风险资产,所以 w_A 可以大于1)。其中风险资产组合的期望收益为 r_A,标准差为 σ_A,其与无风险资产的协方差为 $\sigma_{Af}=0$。此时加入无风险资产所构成的新组合的期望收益和风险分别为:

$$\bar{r}_p = w_A \bar{r}_A + (1 - w_A) r_f \tag{7.1}$$

$$\sigma_p = \sqrt{w_A^2 \sigma_A^2 + (1 - w_A)^2 \sigma_f^2 + 2w_A(1 - w_A)\sigma_{Af}}$$
$$= \sqrt{w_A^2 \sigma_A^2 + 0 + 0} = w_A \sigma_A \tag{7.2}$$

这表明一种风险资产与无风险资产构成的组合,其标准差是风险资产的权重与标准差的乘积。

由(7.2)式得 $w_A = \dfrac{\sigma_p}{\sigma_A}$,将其代入(7.1)式得:

$$\bar{r}_p = r_f + \frac{\bar{r}_A - r_f}{\sigma_A} \sigma_p \tag{7.3}$$

(7.3)式表明,将无风险资产加入风险资产组合 A 形成的新组合的有效前沿为一条射线,其斜率为 $\dfrac{\bar{r}_A - r_f}{\sigma_A}$,截距为 r_f,如图 7-1 所示。

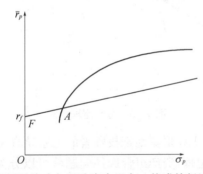

图 7-1 由无风险资产与风险资产组合 A 构成的新组合的有效前沿

图 7-1 表明,这条射线从点 $F(0, r_f)$ 出发,通过点 $A(\sigma_A, \bar{r}_A)$,在点 A 左边部分是贷款和 A 的组合,在点 A 的右边部分是借款和 A 的组合。投资者资产在风险资产组合与无风险资产之间的分配将在 FA 射线上做出选择。

下面解决第二个问题,如何确定风险资产之间的投资比例。图 7-1 中风险资产组合 A 是风险资产组合有效边界上的任一点,如图 7-2 所示,如果投资者一开始在风险资产组合 B 上进行投资,那么新的有效前沿就会变成射线 FB 而不是射线 FA。

在图 7-2 中,比较这两个有效前沿,很容易发现,在相同风险下 FB 上的组合能够比 FA 上的组合提供更高的收益,即 FB 上的组合优于 FA 上的组合。于是,可以逆时针地旋转通过 F 点的射线,直到它与风险资产组合有效前沿相切于 M 点时结束。根据有效边界定义,在过点 F 和 M 的直线上方不存在可能的投资组

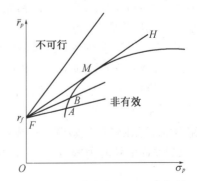

图 7-2 无风险资产与不同风险资产组合构成新组合的有效前沿

合。此时,在风险相同时,FM 上的组合可以提供比其他任何直线上的组合更高的收益。那么,M 点即是要寻找的最优风险资产组合。

基于上述分析,可得单基金定理。所谓单基金定理,就是指只要无风险资产 F 收益率 r_f 以及风险资产组合有效前沿确定,则风险资产组合 M 也唯一确定,任何投资者均可通过风险资产组合 M 和无风险资产 F 的组合来得到其最优资产组合,他们选择的差异仅反映在风险资产组合 M 与无风险资产 F 投资比例的不同上。因为从 F 点向风险资产组合的有效边界引出的切线,与其只相切于唯一的点 M,即组合(基金)M 是唯一的,由此得单基金定理。风险厌恶较低的投资者可以多投资风险组合 M,少投资无风险资产 F;风险厌恶较高的投资者可以少投资风险组合 M,多投资无风险资产 F,但是,所有投资者都投资于同一个风险资产组合 M。

单基金定理又被称为分离定理,这可以从图 7-3 看出。

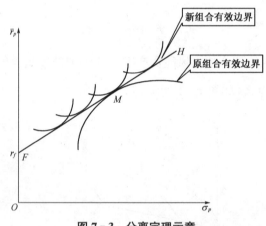

图 7-3 分离定理示意

图 7-3 中,新的有效前沿 FM 形象地把投资者的无差异曲线同风险资产的有效边界分离了。若市场是有效的,由分离定理,资产组合选择问题就可以分为两个独立的工作,即资本配置决策(capital allocation decision)和资产选择决策(asset allocation decision)。

对于资本配置决策,投资者考虑的是资金在无风险资产和风险组合之间的分配。一些风险厌恶的投资者会沿着 FM 段选择投资组合,他们将其初始财富部分投资于无风险资产 F,部分投资于风险组合 M;另一些更能忍受风险的投资者则可能会沿着 MH 段选择投资组合,他们借入资金,再将借入的资金同初始资金一起投资于风险资产组合 M。还会有一些投资者,不投资于无风险资产,也不借入资金,将其所有的初始财富都投资于风险组合 M。不管是哪种情况,所有投资者所持有的风险资产组合都与组合 M 的构成一致。

所以,资本配置决策取决于投资者的风险厌恶程度,不同风险厌恶程度的投资者将初始财富在无风险资产和风险资产组合中的分配比例不同。资产选择决策是在众多的风险证券中选择适当的风险资产构成资产组合,是所有投资者所共同面对的。如何寻找这个一致的风险资产组合 M,M 由哪些风险资产构成,单个风险资产的持有比例又将如何,对这些问题的回答将揭示 $CAPM$ 的核心内容,在第三节中会有详细介绍。

第二节　资本资产定价模型基本假定

在上一章资产组合理论的讨论中,曾做过如下一系列的假设,如多期投资可看成单期投资的不断重复;投资者是风险厌恶的,他们根据一定时期内的预期收益率和标准差来选择投资组合,且总是选择具有较高预期收益率和较小风险的投资组合等等。

资本资产定价模型综合了资产组合理论和资本市场理论,它以资产组合理论为基础,同时对资本市场也提出了一些假设。概括两方面的因素,在下面的讨论中,做出如下的七个假设:

假设 1　投资者为风险厌恶者,并根据一段时间内(单期)组合的预期收益率和方差来评价投资组合。

这个假设是说,如果必须在两种投资组合之间选择其中之一进行投资的话,投资者就必须知道每个投资组合的预期收益率和标准差或方差。

通常,只要下述两个条件中的一个得到满足,投资者就能够根据预期收益率和标准差或方差做出选择。

条件一:投资组合收益率的概率分布是正态分布。

由于正态分布完全由均值和方差决定,所以对投资者而言,给定两种具有同样方差的投资组合,他将选择具有较高预期收益率的投资组合;而给定两种具有相同预期收益率的投资组合,他将选择具有较低方差的投资组合。

条件二:投资者关于投资组合价值 V(通过收益来衡量)的效用是二次函数形式。

$$u = a_0 + a_1 V + a_2 V^2$$

其中,$a_1 > 0, a_2 < 0$,二次效用函数如图 7 - 4 所示:

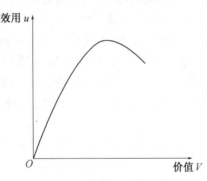

图 7 - 4　二次效用函数曲线图

这样,与第 i 种投资组合的价值 V_i 有关的效用 u_i 满足如下关系:

$$u_i = a_0 + a_1 V_i + a_2 V_i^2$$

因为投资者选择投资组合的标准是使其预期效用最大化,即 $\max E(u)$。若用 p_i 表示效用状态 u_i 出现的概率,则:

$$E(u) = \sum_{i=1}^{n} p_i u_i = \sum_{i=1}^{n} p_i (a_0 + a_1 V_i + a_2 V_i^2) =$$

$$\sum_{i=1}^{n} a_0 p_i + \sum_{i=1}^{n} a_1 p_i V_i + \sum_{i=1}^{n} a_2 p_i V_i^2 =$$

$$a_0 + a_1 E(V) + a_2 E(V^2) =$$

$$a_0 + a_1 E(V) + a_2 (E(V))^2 + a_2 \sigma^2(V)$$

根据效用最大化原则,给定两种同样方差的投资组合,在效用达到极大值之前,投资者将更喜欢具有较高预期收益率的一种;而给定两种具有同样预期收益率的投资组合,投资者将宁愿选择具有较低风险的一种(因为 $a_2 < 0$)。

综上所述,只要投资组合的收益率是正态分布或效用函数是二次函数,则投资者就可以根据其预期收益率和方差进行投资选择。

假设2 所有投资者都可以免费和不断获得有关信息(市场有效),证券市场存在均衡状态(该均衡是局部的,证券市场对生产部门的影响被忽略)。

假设3 资产无限可分,投资者可以购买任意数量的资产。

假设4 投资者投资范围仅限于金融市场上公开交易的资产,如股票、债券、(借入或贷出)无风险资产等等。

这一假定排除了投资于非交易性资产如教育(人力资本)、私有企业、政府资产,如市政大楼、国际机场等。此外还假定投资者可以以固定的无风险利率借入或贷出任何额度的资金。

假设5 不存在税收和交易费用,或者说交易成本和交易税对所有投资者都相等。

在实际生活中,投资者处于不同的税收级别,这直接影响到其对资产的选择。此外,实际中的交易会产生费用支出,交易费用根据交易额度的大小和投资人的信誉度的不同而不同。假设不存在证券交易成本,没有加在红利和利息收入或者资本收益上的税收,也即假设资本市场上无摩擦,交易者可以频繁自由地调整自己的投资组合。

假设6 所有投资者对证券的评价和经济局势的看法都一致。

这样,投资者关于有价证券收益率的概率分布预期是一致的。也就是说,无论证券价格如何,所有投资者的投资顺序均相同。依据马科维茨模型,给定一系列证券的价格和无风险利率,所有投资者的证券收益的期望收益率与协方差矩阵相等,从而产生了有效率边界和一个独一无二的最优风险资产组合。这一假定也被称为同质期望(homogeneous expectation)。

假设7 市场组合包含全部证券种类,其中每一种证券所占比重为该证券市值占市场总市值的比重。

通过以上假设,资本资产定价模型将千变万化、错综复杂的证券市场进行了简化,得出了一种具有高度普遍性和实用性的定价模型。诚然,资本资产定价模型的一些假设与现实世界是存在差距的,这些假设忽略了现实生活中的诸多复杂现象。所以,很多金融学家在资本资产定价模型的基础上进行研究,把这些假设放宽,使其逐渐接近于现实情况,现已取得了丰硕的成果。

第三节　资本市场线与证券市场线

资本资产定价模型(capital asset pricing model,CAPM)试图解决这样的问题:在一个具有风险资产和无风险资产的市场上,如果人人都是理性投资者,则资产应该如何定价。CAPM由两部分组成:第一部分由单基金定理导出的资本市场线(capital market line,CML),第二部分是由资本市场线导出的证券市场线(security market line,SML)。

一、资本市场线(CML)

CML 是无风险资产和风险资产构成的资产组合的有效边界,所有投资者的最优投资组合都可以在这个边界上得到。根据单基金定理,资本市场线的几何表示就是图 7-5 中从无风险资产出发,与风险资产组合有效前沿相切于风险组合 M 的射线。

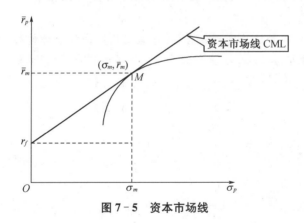

图 7-5　资本市场线

在期望收益率-标准差平面上,资本市场线的解析式为:

$$\bar{r}_p = r_f + \frac{\bar{r}_m - r_f}{\sigma_m}\sigma_p \tag{7.4}$$

其中,r_f 是市场无风险收益率,$\bar{r}_p$、σ_p 为加入无风险资产后资产组合的期望收益和风险,$\bar{r}_m$、σ_m 为切点组合 M 的期望收益和风险。$\frac{\bar{r}_m - r_f}{\sigma_m}$ 为报酬与波动性比率即夏普比率。

CML 的截距被视为时间的报酬,其斜率就是单位风险溢价。在证券市场中,任何资产组合都不可能超越 CML。由于单个资产一般来说并不是最优的资产组合,因此,单个资产也位于该直线的下方。

图 7-5 是对资本市场线的直观描述。要更深入地了解资本市场线,除了知道组合 M 是资本市场线与风险资产组合有效前沿的切点以外,还应该知道组合 M 是由哪些证券组成的,各种组成证券所占的比重是多少。根据资本资产定价模型假设 6,所有投资者对每一证券收益率的概率分布预期是一致的。又根据单基金定理,所有投资者都投资于同样的风险资产组合 M。从供求关系来看,如果某种证券不在组合 M 中,就不会有投资者投资于该证券,其价格

会下降至 0。如果该证券的实际价值不为 0,但价格为 0,则投资者投资于该证券的收益率是无限的,表现在期望收益率-标准差平面上将高于 CML。而由 CML 的性质来看,这是不可能出现的。由此可以证明,M 点包含了市场上所有的有价证券。同样,由于所有投资者持有相同构成的组合 M,也意味着对于任意证券 i 都是完全被投资者持有的,且 i 在每个投资者的风险资产组合中所占的比例相同,所有投资者所持有的 i 相加即为证券 i 的总市值。那么证券 i 的总市值在所有证券市值中所占的比例即为证券 i 在风险资产组合 M 中占的比重。因此,风险资产组合 M 也被称为市场组合(资产组合中每一种证券的投资比例等于该证券市值占总市值的比重)。对于股票市场而言,一个包括了所有上市公司股票,且投资结构与各股票市值所占比例相同的基金(如指数基金)就可以看作一个市场组合。

通过一个简单的例子,可以直观理解市场组合中不同投资者的风险投资结构是相同的这一结论。

例 7.1 假设存在均衡的风险证券市场,且这个市场上只有两种风险证券 1 和 2,证券 1 的价格是 1,数量是 1。证券 2 的价格是 2,数量是 2,故整个市场的市值是 5。

只有两个投资者 A 和 B,显然两个投资者的投资在风险证券市场的投资总和也是 5。假设 A 拥有 1,B 拥有 4。

由于两个人都买相同的风险资产组合(单基金定理),即投资结构相同,他们分别将自己初始财富中的 w_1 投资于证券 1,w_2 投资于证券 2。为了达到市场均衡,则

$$\begin{cases} w_1 \cdot 1 + w_1 \cdot 4 = 1 \times 1 \\ w_2 \cdot 1 + w_2 \cdot 4 = 2 \times 2 \end{cases}$$

由上式可推导出 $\begin{cases} w_1 = \dfrac{1}{5} \\ w_2 = \dfrac{4}{5} \end{cases}$

于是可以得出这样一个结论:投资者 A 和 B 都将购买市场组合,投资者的投资比例与市场上存在的风险资产的市值比例相同。

简单地说,也可以这样来理解市场组合。如果某公司股票市值占股票市场总市值的 1%,那么,就意味着每个投资者都会将自己投资于风险资产的资金的 1% 投资于该股票。因为如果该股票没有进入投资者的资产组合,则投资者对其需求为零,这将违背均衡条件,该股票价格将下跌,其市值比例也不会是 1%。所以,公司股票市值能够维持在总市值的 1%,恰恰是由于所有投资者都将风险投资资金的 1% 投资于该股票上。市场上所有的其他证券的情况也都如此。

由此可以理解,在同质预期下,单基金定理中的风险基金 M 就是市场组合(market portfolio),因为只有当风险基金 M 等价于市场组合时,才能保证:① 全体投资者购买的风险证券等于市场风险证券的总和——市场均衡。② 每个人购买同一种风险基金——单基金定理。

理解了市场组合之后,便可得知,投资者只要在市场组合和无风险资产之间分配投资,便可以得到自己所期望的回报,这就是 CML 的应用。下面通过例 7.2 进行说明。

例 7.2 市场无风险收益率为 6%,风险资产投资组合的期望收益率为 12%。标准差为

0.15。考虑有两个投资者，投资者 A 希望 5 年后投资的资本能增加 15%，投资者 B 希望 1 年后的投资能增加 1 倍。

那么投资者 A 要求的收益率为 15%，投资者 B 要求的收益率为 100%

则对于投资者 A，其标准差满足：

$$0.15 = 0.06 + \frac{0.12 - 0.06}{0.15}\sigma_A$$

$$\sigma_A = 0.225$$

对于投资者 B，其标准差满足：

$$1 = 0.06 + \frac{0.12 - 0.06}{0.15}\sigma_B$$

$$\sigma_B = 2.35$$

二、证券市场线（SML）

CML 解决了投资者资本配置的问题，给出了有效资产组合的收益与标准差的关系。但它并未解决单一资产收益率与其自身风险之间的关系，这一任务是由证券市场线（SML）来完成的。

（一）SML 推导

若将权重为 w 的证券 i，和权重为 $(1-w)$ 的市场组合 M 构成一个新的资产组合。证券 i 的期望收益为 $\bar{r}_i$，标准差为 σ_i，市场组合 M 的期收益为 $\bar{r}_m$，标准差为 σ_m，则这个新组合的收益率和标准差满足以下条件：

$$\bar{r}(w) = w\bar{r}_i + (1-w)\bar{r}_m$$

$$\sigma(w) = \sqrt{w^2\sigma_i^2 + (1-w)^2\sigma_m^2 + 2w(1-w)\sigma_{im}}$$

其中，σ_{im} 为证券 i 与市场组合 M 的协方差。

由证券 i 与市场组合 M 构成组合的有效边界为 iM（见图 7-6），由于任何资产组合都不可能超越 CML，所以 iM 也不可能穿越资本市场线 CML。于是当 $w=0$ 时，在 M 点处曲线 iM 的斜率等于资本市场线 CML 的斜率。曲线 iM 与 CML 相切于 M 点。

将组合收益率和标准差对权重 w 进行求导：

$$\frac{\mathrm{d}\bar{r}(w)}{\mathrm{d}w} = \bar{r}_i - \bar{r}_m$$

$$\frac{\mathrm{d}\sigma(w)}{\mathrm{d}w} = \frac{w\sigma_i^2 + (w-1)\sigma_m^2 + (1-2w)\sigma_{im}}{\sigma(w)}$$

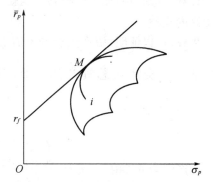

图 7-6 证券 i 与市场组合 M 构成的资产组合

由此得
$$\frac{\mathrm{d}\,\bar{r}(w)}{\mathrm{d}\sigma(w)} = \frac{\dfrac{\mathrm{d}\,\bar{r}(w)}{\mathrm{d}w}}{\dfrac{\mathrm{d}\sigma(w)}{\mathrm{d}w}}$$

$$= \frac{(\bar{r}_i - \bar{r}_m)\sigma(w)}{w\sigma_i^2 + (w-1)\sigma_m^2 + (1-2w)\sigma_{im}}$$

那么,当 $w=0$ 时 $\left.\dfrac{\mathrm{d}\,\bar{r}(w)}{\mathrm{d}\sigma(w)}\right|_{w=0} = \left.\dfrac{\dfrac{\mathrm{d}\,\bar{r}(w)}{\mathrm{d}w}}{\dfrac{\mathrm{d}\sigma(w)}{\mathrm{d}w}}\right|_{w=0} = \dfrac{(\bar{r}_i - \bar{r}_m)\sigma_m}{\sigma_{im} - \sigma_m^2}$

因为在 $w=0$ 处,曲线 iM 的斜率等于资本市场线的斜率,所以:

$$\frac{(\bar{r}_i - \bar{r}_m)\sigma_m}{\sigma_{im} - \sigma_m^2} = \frac{\bar{r}_m - r_f}{\sigma_m}$$

解得:

$$\bar{r}_i = r_f + \frac{\sigma_{im}}{\sigma_m^2}(\bar{r}_m - r_f)$$

令 $\beta_i = \dfrac{\sigma_{im}}{\sigma_m^2}$,则:

$$\bar{r}_i = r_f + \beta_i(\bar{r}_m - r_f) \tag{7.5}$$

式(7.5)是证券市场线的解析式,它的金融学含义是,任一证券的期望收益由两部分组成:一部分是市场中的无风险收益率,另一部分是与该证券的风险相关联的收益,其由该证券与市场组合的关联程度所决定。证券市场线的斜率 $\bar{r}_m - r_f$ 被称为风险价格,而 β_i 被称为证券的风险。由于 $\beta_i = \dfrac{\mathrm{cov}(r_i, r_m)}{\sigma_m^2}$,可以看到在此模型中衡量证券风险的关键是该证券与市场组合的协方差而不是证券本身的方差。同时,因为以 $\bar{r}_m - r_f$ 表示的证券市场线斜率为正,所以 β_i 越高的证券,其期望回报率也越高。也就是说,在进行证券投资时,只有冒更大的风险,才可能获得更高的收益。

另外,可以证明,资产组合的 β 值等于构成资产组合的每一资产 β 值的加权平均,权重为对应的单一资产占总资产的比重。假设资产组合 $r_p = \sum_{i=1}^{n} w_i r_i$,则可以证明资产组合 $\beta_p = \sum_{i=1}^{n} w_i \beta_i$:

资产组合的 β 值
$$\beta_p = \frac{\mathrm{cov}(r_p, r_m)}{\sigma_m^2} = \frac{\mathrm{cov}\left(\sum\limits_{i=1}^{n} w_i r_i, r_m\right)}{\sigma_m^2}$$

$$= \frac{\sum\limits_{i=1}^{n} \mathrm{cov}(w_i r_i, r_m)}{\sigma_m^2} = \frac{\sum\limits_{i=1}^{n} w_i \mathrm{cov}(r_i, r_m)}{\sigma_m^2} = \sum_{i=1}^{n} w_i \beta_i.$$

(二) SML 的一般形式

前面由单一资产的定价引入了证券市场线。事实上,SML 对于任意非市场组合的资产组

P 也同样适用。假定有一任意资产组合 P,其中证券(代表风险资产)K 的权重为 w_k,$k=1$, $2\cdots,n$。根据式(7.5)得:

$$w_1\,\bar{r}_1 = w_1 r_f + w_1\beta_1(\bar{r}_m - r_f)$$
$$+ w_2\,\bar{r}_2 = w_2 r_f + w_2\beta_2(\bar{r}_m - r_f)$$
$$\cdots$$
$$+ w_n\,\bar{r}_n = w_n r_f + w_n\beta_n(\bar{r}_m - r_f)$$
$$\overline{\bar{r}_p = r_f + \beta_p(\bar{r}_m - r_f)}$$

$$(7.6)$$

其中,$\bar{r}_p$ 为资产组合中所有证券的期望收益的加权平均值,β_p 则为资产组合中每一种证券的贝塔值的加权平均值。这就是说,任一资产组合的期望收益的大小都取决于当时市场的无风险利率水平和该资产组合的贝塔值。这一模型也适用于市场资产组合,如果资产组合是市场资产组合时,模型的表达就为:

$$\bar{r}_m = r_f + \beta_m(\bar{r}_m - r_f)$$

$$(7.7)$$

由于有 $\beta_m = \mathrm{cov}(r_m, r_m)/\sigma_m^2 = \sigma_m^2/\sigma_m^2$,所以 β_m 一定等于1,它的意思实际是所有资产的贝塔加权平均值为1。贝塔值大于1意味着投资于高贝塔值的投资组合将面临着比市场平均波动水平更高的收益波动。该证券的风险大于市场整体的风险,当然它的收益也应该大于市场收益,将其称之为进攻型证券;反之则是防守型证券。无风险证券的 β 值等于零,市场组合的 β 值为1。

(三)几何表达

当风险由 β 来衡量时,期望收益-贝塔关系实际上就是收益-风险关系。具体地说,投资者投资的某一种资产的期望收益是由 β 测度的这种资产风险的函数。这一函数的几何形式就是证券市场线(SML),期望收益-β 平面上,横坐标为贝塔值,纵坐标为资产的期望收益,SML 的起点为市场的无风险收益率水平,具体的形状参见图7-7。

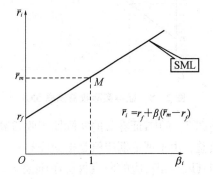

图7-7 证券市场线

(四)证券市场线与资本市场线的比较

首先比较图 7-5 和图 7-7,从形式上来看,两者非常相似,起点都是 $(0, r_f)$。两个图形最大的区别在于,CML 的横坐标是组合风险的标准差,SML 的横坐标是 β_i。

从表达式来看,资本市场线的表达式为:

$$\bar{r}_p = r_f + \frac{\bar{r}_m - r_f}{\sigma_m}\sigma_p$$

证券市场线的表达式为:

$$\overline{r_i} = r_f + \beta_i(\overline{r_m} - r_f)$$

资本市场线反映了投资组合的收益和风险的关系。它认为理性投资者都只会投资于同一个风险资产组合——市场组合,并在无风险资产与市场组合中分配自己的投资。证券市场线体现了单个证券的期望收益率与其风险的关系。SML 证明了测度单个资产风险的工具不再是该资产的方差或标准差,而是该资产对于市场组合方差的影响程度或贡献度,并用 β 值来测度这一贡献度。有了证券市场线,只要知道资产的 β 值,就可以知道投资者投资该资产所要求的期望收益。进一步说,所有"公平定价"的资产一定在证券市场线上,因为只有这样,这些资产的期望收益才能与它们的风险相匹配。也就是说,在均衡市场中,所有的证券均在证券市场线上。

理论上,SML 只是表明高贝塔的证券会获得较高的期望收益,但并不是说高贝塔的证券总能在任何时候都能获得较高的收益,如果这样高贝塔证券就不是高风险了。若当前证券的实际收益已经高于证券市场线的收益,也就是图 7-8 中证券 a 的情况,则说明当前证券 a 的价格被高估,因此投资者应该看空该证券,反之则相反。

需要注意的是,证券的实际期望收益与实际收益不同,在实际证券分析中将实际期望收益与通过 β 计算得到的理论期望收益之差称为 α,证券分析师的任务就是不断地将 $\alpha>0$ 的证券融进资产组合,而将 $\alpha<0$ 的证券剔除出去,以获得尽量高的超额回报(参看图 7-9)。

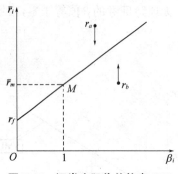

图 7-8　证券实际收益偏离 SML

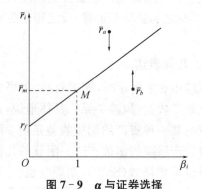

图 7-9　α 与证券选择

在图 7-9 中,证券 a 的实际期望收益高于理论期望收益,证券 b 的实际期望收益低于理论期望收益。由于理论期望值是根据证券 a、b 与市场相关的风险计算得到的,这说明证券 a 具有高于与其风险相对应的期望收益,而证券 b 具有低于与其风险相对应的期望收益,所以证券 a 被看多,证券 b 被看空。于是在证券交易市场上,证券 a 的需求增加,价格上升;证券 b 的需求下降,价格下降。随着证券 a 价格上升,证券 b 价格下降,它们的期望收益会渐渐回归到理论期望收益,也就是回到 SML 线上。

应当肯定,资本资产定价模型是现代投资分析中具有里程碑意义的成果,有其十分重要的理论和实践价值。正因为如此,此后众多的研究者对资本资产定价模型进行了大量的实证检验工作,试图证明模型的可靠性,但实证研究的结果引起了不少争议,模型本身亦遭到一些质疑和批评。尽管如此,资本资产定价模型给投资行业的大量具体活动提供了理性分析的基础,这一点是毋庸置疑的。

三、资本资产定价模型对投资的意义

基于均衡的观点(CAPM 的假设),马科维茨模型的解表明任何投资者针对风险资产的投资仅需购买市场组合,即投资者应购买所有的风险资产,各资产的购买比例由该资产市值相对于总体市场的价值比例来决定,没有必要对每一资产进行分析进而对马科维茨模型进行求解。

对于个别投资者,构建市场组合比较繁杂。这个问题可以通过购买基金的方式来解决。信托基金中有一种比较接近市场组合的基金,这些基金称为指数基金。指数基金通常尝试复制一个主要股票市场指数的投资组合,例如标准普尔 500 指数(S&P 500),该指数作为 500 种股票的一个平均指数常被认为是整体市场的一个代表。完全认同 CAPM 理论的投资者只需要购买这些指数基金的一种作为单一基金,再购买一些诸如美国短期国债作为无风险证券。就能够构造出满足自己风险偏好的最佳投资组合,这就是 CML 的应用。

但是,一些投资者认为他们能够比盲目购买市场组合做得更好,因为他们认为 CAPM 中每一投资者对所有资产的收益具有相同预期的假设并不存在。如果一些投资者认为自己拥有较其他投资者优越的信息,可以形成一个比市场组合更为优越的投资组合,这就涉及到了 SML 的应用。SML 给出了单个证券的定价方式,当投资者判断出某个证券高估时,就会将其剔除出自己的投资组合,而加大被低估的证券的比例,从而有可能获得超过市场平均收益的组合收益。SML 的应用将在本章第六节中具体说明。

第四节　证券市场线与系统风险

一、风险构成

由于证券的实际收益并不总是等于其期望收益,必然会出现偏离 SML 的情况,不妨假设某种资产 i 的收益 r_i 为:

$$r_i = r_f + \beta_i(r_m - r_f) + \varepsilon_i \tag{7.8}$$

(7.8)式中,ε_i 称为随机误差项,表示证券回报率中没有被市场组合这一因素所完全解释的部分。随机误差项可看作一个随机变量,服从一个期望为 0,标准差记作 $\sigma_{\varepsilon i}$ 的正态分布。

由于随机误差项 ε_i 的波动性与市场组合无关,那么 $\text{cov}(r_m, \varepsilon_i) = 0$,所以一个证券的风险可以表述为:

$$\sigma_i^2 = D(r_i) = \beta_i^2 D(r_m) + D(\varepsilon_i)$$

即:

$$\sigma_i^2 = \beta_i^2 \sigma_m^2 + \sigma_{\varepsilon_i}^2 \tag{7.9}$$

(7.9)式表明,证券 i 的总风险由其收益率的方差来衡量,并用 σ_i^2 表示,其由两部分风险组成。第一部分是与市场组合的变动相联系的风险,它等于贝塔值的平方与市场组合方差的乘积,被称为证券的"系统风险"(Systematic Risk)。系统风险(或市场风险)代表了由共同的宏观经济因素带来的,对整个经济都起作用的风险,如利率、汇率风险等。在 CAPM 模型中,

这个对所有证券共同起作用的因素是市场组合风险。β_i 可以作为衡量证券 i 的系统风险的有效测度。

因为 $r_m = \sum\limits_{j=1}^{n} w_j r_j$，所以：

$$\beta_i = \frac{\operatorname{cov}(r_m, r_i)}{\sigma_m^2} = \frac{\sum\limits_{j=1}^{n} w_j \operatorname{cov}(r_j, r_i)}{\sigma_m^2} \tag{7.10}$$

由(7.10)式可知证券的系统风险本质上是该证券与市场上所有证券的协方差加权和。由于一种证券不可能与市场上所有证券之间都不相关，故证券系统风险一般不为 0。

证券风险的第二部分是与市场组合收益变动无关的风险，用 σ_{ei}^2 来表示，可以看作"非系统风险"（*Nonsystematic Risk*）。所谓非系统风险就是产生于某一证券或某一行业的独特事件所带来的，如破产、违约等，与整个证券市场不发生系统性关联的风险，是除了系统风险外的偶发性风险，或称残余风险、特有风险。非系统风险可以通过组合投资予以分散，因此，在用 CAPM 模型定价过程中，市场不会给这种风险任何补偿。对单个证券而言，由于其没有分散风险，因此，其实际的风险就是系统风险加上特有风险，所以其收益就是：

$$r_i = \bar{r}_i + \varepsilon_i = \quad r_f \quad + \quad (\bar{r}_m - r_f)\beta_i \quad + \quad \varepsilon_i$$

$$\underset{\text{（时间价值）}}{\text{无风险收益}} \qquad \underset{\text{险补偿}}{\text{系统风}} \qquad \underset{\text{险补偿}}{\text{特有风}}$$

二、分散化

假定某投资者等额投资于相互独立的 n 种证券，每种证券的投资比例为 $1/n$，同时每种证券的特有风险相同，即假定：

$$D(\varepsilon_i) = \sigma_\varepsilon^2, w_i = \frac{1}{n}, \operatorname{cov}(\varepsilon_i, \varepsilon_j) = 0, \operatorname{cov}(\varepsilon_i, \sigma_m) = 0, \quad i = 1, 2, \cdots, n$$

则

$$r_p = \sum_{i=1}^{n} w_i r_i$$

$$= \sum_{i=1}^{n} w_i [r_f + \beta_i (r_m - r_f) + \varepsilon_i]$$

$$= r_f + \sum_{i=1}^{n} w_i \beta_i (r_m - r_f) + \sum_{i=1}^{n} w_i \varepsilon_i$$

其中，$\sum\limits_{i=1}^{n} w_i \beta_i = \beta_p$，则 $r_p = r_f + \beta_p (r_m - r_f) + \sum\limits_{i=1}^{n} w_i \varepsilon_i$

则

$$D(r_p) = \beta_p^2 \sigma_m^2 + \sum_{i=1}^{n} w_i^2 \sigma_\varepsilon^2 = \beta_p^2 \sigma_m^2 + \sum_{i=1}^{n} \frac{\sigma_\varepsilon^2}{n^2}$$

$$= \beta_p^2 \sigma_m^2 + \frac{\sigma_\varepsilon^2}{n}$$

$$\sigma_p^2 = \beta_p^2 \sigma_m^2 + \frac{1}{n}\sigma_\varepsilon^2 \tag{7.11}$$

根据(7.11)式,随着 n 的增加, $\frac{1}{n}\sigma_\varepsilon^2$ 逐渐减小, σ_p^2 下降,即组合风险随投资组合中证券品种的增加而降低。但是由于 $\lim\limits_{n\to\infty}D(r_p) = \beta_p^2\sigma_m^2$,所以即便是一个充分分散的投资组合,其组合风险也不会降低到零。因为各证券还存在系统风险,而分散化仅可以降低非系统风险。

经验认为,一个包含 30 种或更多随机组成的证券组合将有一个相对较小的非系统风险,从而这样一个组合是一个"好的组合"。图 7-10 形象地描述了分散化如何导致非系统风险的减少和系统风险的平均化。

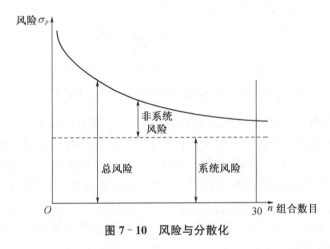

图 7-10　风险与分散化

图 7-10 表明,投资组合中的非系统风险随组合中证券品种的增加而下降,但下降的速度逐渐降低,而投资组合的系统风险不能通过证券品种的增加而消除。

第五节　CML 的扩展

如果没有无风险资产,投资者只好在风险资产组合的有效边界上选择资产组合,即每个投资者都要通过寻找有效边界与无差异曲线的切点来确定最优风险资产组合。引入无风险资产后,所有投资者只需要通过寻找 CML 与无差异曲线的切点便可以确定最优资产组合。

前面讨论的 CML 是假设投资者可以在一确定利率下无风险借贷资金时推出的,当每个投资者都能以无风险利率 r_f 借入或者贷出资本,且没有交易成本时,所有投资者均会选择市场组合作为其最优的风险资产组合。但是,当借款受到限制时(这是许多金融机构面临的实际情况),或借入利率高于贷出利率时(这是因为借入者需要支付违约溢价),或者资产不具有完全的流动性,此时的市场组合就不再是所有投资者共同的最优风险资产组合了。

一、具有无风险借出但无借入情况下的资产组合选择

具有无风险借出但无借入情况,也就是说对于投资者而言不可以借款投资于风险资产。

这时 CML 已不再是前面推导出来的一条射线了,而是原来 CML 中的一段再加风险资产的均方有效前沿,如图 7-11 所示的 FMB 段。

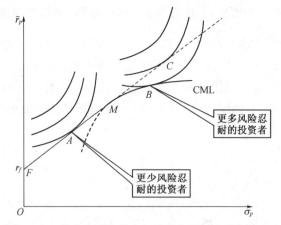

图 7-11 具有无风险借出但无借入情况下的资产组合

图 7-11 表明,对于有更低的风险忍耐度的投资者而言,它的无差异曲线相切于新的 CML 于 A 点,在 A 点投资者将一部分资产投资于无风险资产获得无风险收益,另一部分资产投资于风险资产组合,承担一定风险获得较高收益。而对于能忍耐更多风险的投资者而言,他本来希望选择无差异曲线与原 CML 线相切的切点资产组合 C,但由于不能以无风险利率借入,故不能在市场中选择更高期望收益与更高标准差的资产。他们只能选择风险资产有效边界上与其差异曲线相切的切点资产组合 B。这时,该投资者实际将全部资产投资于风险资产,在无风险资产上没有投资。

二、无风险借贷利率不相等条件下的资产组合选择

若无风险借出和借入情况都存在,但是借出资金和借入资金的利率不相等。例如,投资者可以通过购买国库券来获得无风险收益,但是投资者如果要借款投资于风险资产组合,必须付出比国库券利率高的利率。在这种情况下,CML 再次发生变化,表现为如图 7-12 所示的 F_1PBQC 段。

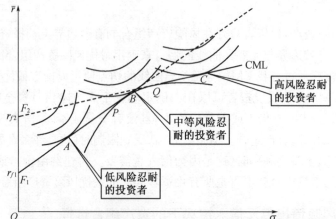

图 7-12 无风险借出和借入的利率不同情况下的资产组合

在图 7-12 中,假设无风险的借出利率为 r_{f1},无风险借入利率为 $r_{f2}(r_{f2}>r_{f1})$。从 F_1 出发切于风险资产组合均方有效前沿的射线为 F_1P,切点为 P,F_1P 段即为具有以 r_{f1} 的无风险利率借出资金,剩余资金投资于风险资产组合的投资组合的有效前沿。同样从 F_2 出发切于风险资产组合有效前沿 Q 点的射线为 F_2Q,QC 为以 r_{f2} 的无风险利率借入资金购买风险资产组合时投资组合的有效前沿。新的 CML 即为 F_1PBQC 段,其中 PBQ 段为原来风险资产组合均方有效前沿中的一段。

对于风险忍耐度较低的投资者,他们的无差异曲线与新的 CML 切于 A 点,在 A 点投资者其实就是将一部分资产投资于无风险资产期望获得 r_{f1} 的无风险收益率,另一部分资产投资于风险资产,承担一定风险获得相对较高收益。对于中等风险忍耐的投资者而言,他们在风险资产组合的均方有效前沿上选择资产组合,也就是 PBQ 段,这时,投资者实际将资产全投资于风险资产,在无风险资产上没有投资。而对于那些高风险忍耐的投资者,将资产全部投资于风险资产还是不能满足他们获得更高期望收益的要求,他们会以 r_{f2} 的利率借入一部分资金再投资于风险资产,因此他们会在 QC 这条射线上选择资产组合。

三、去掉无风险利率借入借出假定后的 CAPM 模型修正

从前面的分析可以看出,当投资者可以以相同的利率借入和借出资金时,所有投资者都将选择同样的风险组合进行投资。而随着这个条件被放宽,投资者风险资产组合选择的范围越来越大。

Fisher Black(1972)对 CAPM 模型的扩展则完全去掉了投资者以无风险利率借入借出资金这一假定。Black 的模型中保留了风险资产有效前沿。他认为投资者可以通过选择风险资产有效前沿上的组合 P 和某个股票组合重新组合创造各自不同的资产组合。这个股票组合必须与 P 不相关,被称为组合 P 的零 β 投资组合。Black 通过一系列复杂的数学方法证明了组合 P 的零 β 投资组合在 P 所对应的有效前沿的底部。如图 7-13 所示,组合 P 的零 β 投资组合可以由以下方式找到:

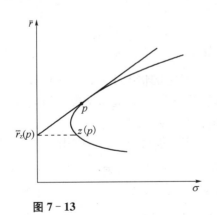

图 7-13

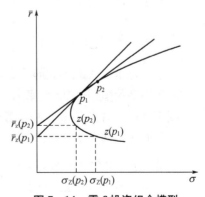

图 7-14　零 β 投资组合模型

选定有效资产组合 P,过 P 点,作资产组合有效前沿的切线,切线与纵轴的交点值即为零 β 组合的期望收益,记作 $\bar{r}_z(p)$。对应着 $\bar{r}_z(p)$,作平行于横轴的直线与有效前沿相交,交点便为组合 P 的零 β 组合。在零 β 投资组合模型下,任何一个证券 i 的期望收益都可以由两个有效投资组合(如 p_1,p_2,见图 7-14)的线性关系来表示,该表达式为:

$$\bar{r}_i = \bar{r}_{p_1} + (\bar{r}_{p_2} - \bar{r}_{p_1})\left[\frac{\text{cov}(r_i, r_{p_2}) - \text{cov}(r_{p_1}, r_{p_2})}{\sigma_{p_2}^2 - \text{cov}(r_{p_1}, r_{p_2})}\right] \tag{7.12}$$

由于市场组合及其零 β 组合也在有效前沿上，以市场组合代替 p_2，零 β 组合代替 p_1，便可以得到：

$$\bar{r}_i = \bar{r}_{z(m)} + \beta_i(\bar{r}_m - \bar{r}_{z(m)}) \tag{7.13}$$

这就是风险-收益关系的更为一般的表达式。

第六节　SML 的应用

本章前面介绍了资本资产定价模型，无论是 CML，还是 SML，都是以期望收益的形式出现的，其公式中并未出现"价格"这一变量，这是由于一项资产的收益率是决定该资产价格的最重要的因素。本节将通过几个例子，展示如何运用 SML 对资产进行定价。

一、资产定价公式

假设一项资产当前买价为 p，预计未来售价为 $\bar{q}$，则收益率为 $(\bar{q}-p)/p$。将这一关系代入以下 SML 公式

$$\bar{r}_i = r_f + \beta_i(\bar{r}_m - r_f)$$

有：

$$\frac{\bar{q}-p}{p} = r_f + \beta(\bar{r}_m - r_f)$$

对于上式求解 p，得：

$$p = \frac{\bar{q}}{1 + r_f + \beta(\bar{r}_m - r_f)} \tag{7.14}$$

这一定价公式的形式即为贴现公式。在确定的情况下，使用因子 $1/(1+r_f)$ 将未来款项贴现为即期价值，其中贴现率为 r_f。在随机的条件下，合适的贴现率为 $r_f + \beta(\bar{r}_m - r_f)$，这一贴现率可以被看作是一个风险调整后的贴现率。

下面通过两个具体的例子来说明资本资产定价模型的具体应用。

例 7.3　某项目未来期望收益为 1 000 万美元，由于项目与市场相关性较小，$\beta=0.6$，若当时短期国债的平均收益为 10%，市场组合的期望收益为 17%，则该项目最大可接受的投资成本是多少？

解：根据题目条件可知，$\beta=0.6$，$r_f=0.1$，$\bar{r}_m=0.17$，项目未来期望收益为 1 000 万美元，即 $\bar{q}$ 为 1 000 万美元。将已知的数据代入(7.14)式即可得：

$$p = \frac{1\,000}{1.1 + 0.6 \times (0.17 - 0.10)} = 876(万美元)$$

所以该项目最大可接受的投资成本是 876 万美元。

例 7.4 投资者正考虑买入一只股票,每股价格为 40 美元。该股票预计来年派发红利 3 美元。投资者预期可以以每股 41 美元卖出。股票的 $\beta=-0.5$,若当时短期国库券(可以认为是无风险的)的收益率约为 5%。β 为 1 的资产组合市场要求的期望收益率是 12%,根据资本资产定价模型(证券市场线),该股票是高估还是低估了?

解:根据题目已知条件 $\beta=-0.5,r_f=0.05,\overline{r}_m=0.12$,则该股票的公平收益率为

$$\overline{r}=0.05+(-0.5)\times(0.12-0.05)=0.015=1.5\%$$

利用第二年的预期价格和红利,求得预期收益率

$$\overline{r}=\frac{41+3-40}{40}=0.1=10\%$$

因为预期收益超过公平收益,所以该股票定价过低。

二、线性定价与确定性等价

现在讨论定价公式的一个非常重要的性质——线性。具有线性意味着由两项资产构成的资产组合的价格等于各项资产价格加权和,并且资产组合价格满足一次齐次性。也就是说,资产定价公式(7.14)满足以下条件:

$$p_1=\frac{\overline{q_1}}{1+r_f+\beta_1(\overline{r}_m-r_f)},p_2=\frac{\overline{q_2}}{1+r_f+\beta_2(\overline{r}_m-r_f)}$$

那么:

$$w_1p_1+w_2p_2=\frac{w_1\overline{q_1}+w_2\overline{q_2}}{1+r_f+(w_1\beta_1+w_2\beta_2)(\overline{r}_m-r_f)} \tag{7.15}$$

其中,$w_1\in[0,1],w_2=1-w_1$。

以上明确表现出线性的定价公式形式,被称为确定性等价形式。假设有一项资产,其当前价格为 p,最终价值为 q,同样 p 是已知的而 q 是随机的。收益率的表达式为 $r=q/p-1$,β 值为:

$$\beta=\frac{\mathrm{cov}[(q/p-1),r_m]}{\sigma_m^2} \tag{7.16}$$

上式可变为:

$$\beta=\frac{\mathrm{cov}(q,r_m)}{p\sigma_m^2}$$

将上式代入(7.14)式的定价公式并且左右同时除以 p,得到:

$$1=\frac{\overline{q}}{p(1+r_f)+\mathrm{cov}(q,r_m)(\overline{r}_m-r_f)/\sigma_m^2}$$

再求解 p 得到:

$$p = \frac{1}{1+r_f}\left[\bar{q} - \frac{\text{cov}(q, r_m)(\bar{r}_m - r_f)}{\sigma_m^2}\right] \tag{7.17}$$

(7.17)式中方括号内的表达式称为 q 的确定性等价表达式,用正常的贴现因子 $1/(1+r_f)$ 进行贴现便可获得 p。确定性等价形式清楚地表明定价方式是线性的,这是因为方括号内的表达式有明显的可加性和一次齐次性。

$$p_1 = \frac{1}{1+r_f}\left[\bar{q}_1 - \frac{\text{cov}(q_1, r_m)}{\sigma_m^2}(\bar{r}_m - r_f)\right]$$

$$p_2 = \frac{1}{1+r_f}\left[\bar{q}_2 - \frac{\text{cov}(q_2, r_m)}{\sigma_m^2}(\bar{r}_m - r_f)\right] w_1 p_1 + w_2 p_2$$

$$= \frac{1}{1+r_f}\left\{(w_1\bar{q}_1 + w_2\bar{q}_2 - [w_1\text{cov}(q_1, r_m) + w_2\text{cov}(q_2, r_m)]\frac{(\bar{r}_m - r_f)}{\sigma_m^2}\right\}$$

$$= \frac{1}{1+r_f}\left\{(w_1\bar{q}_1 + w_2\bar{q}_2) - \frac{\text{cov}[(w_1\bar{q}_1 + w_2\bar{q}_2), r_m]}{\sigma_m^2}(\bar{r}_m - r_f)\right\}$$

资产定价公式的线性体现了无套利原则:如果两项资产组合的价格不等于每一资产价格加权和,则可能存在套利。例如,如果资产组合的价格低于每一资产价格加权和,就可以通过以较低价格购买该组合然后以较高价格将组合内的资产单独出售的方式而获得利润。如果情况相反,则通过反向操作同样可以获得利润。当且仅当资产的定价是线性的时候,才可以杜绝此类套利机会。因此,定价的线性原则是金融理论的基础原则。

三、项目选择

一家公司可以使用 CAPM 作为基础来决定它应该选择哪一个投资项目。例如一项潜在的项目需要初始投资 p,一年后该项目的收益为 q。同样地,p 为已知量、q 为随机量,q 的期望值为 $\bar{q}$。很自然地可以利用如下公式确定这一项目的净现值(NPV):

$$\text{NPV} = -p + \frac{1}{1+r_f}\left[\bar{q} - \frac{\text{cov}(q, r_m)(r_m - r_f)}{\sigma_m^2}\right] \tag{7.18}$$

这一公式建立在 CAPM 的确定性等价形式的基础之上,表达式中第一项为初始支出,第二项为最终收益的确定性等价现值。

公司可能有许多不同的项目,但只从中选择几项。在公司进行选择时,应该采用什么准则,通过 NPV 来做决定不失为一个好的方法。

对于证券市场的投资者而言,他将从一组公司当中选择某些特定的公司来投资。投资者关心他的投资组合的整体业绩表现,而对于特定公司的内部决策并不太关心。如果投资者以均值-方差准则来确定他们的投资决策,则他们希望单独一家公司的运转能够使得由全体资产所形成的有效边界尽可能不断地向左方延伸。这将会改进有效边界,从而提高一个均值-方差有效投资组合的绩效。因此,潜在的投资者将敦促公司的管理层选择那些使得有效边界尽可能外移的项目,然后投资于这一有效的投资组合。

公司为了做到这一点,它们必须对其他所有公司的选择做出反应,因为各个公司之间的决策往往会相互作用,所以有效边界的决定是由各公司选择的结果。

净现值原则与有效边界最大扩张原则看起来可能会产生冲突。NPV 准则集中于公司本身,有效边界准则集中于所有公司的联合效果。下面的一致性定理表明两条准则在本质上是等价的。

一致性定理:如果一家公司未实现 NPV 最大化,则有效边界可以继续扩张。

既然净现值原则与有效边界最大扩张原则在本质上是等价的,那么公司采用 CAPM 来进行投资项目评估的目标与投资者采用 CAPM 进行投资选择的目标也是一致的。

第七节　资本资产定价模型修正

除了无风险借贷之外,资本资产定价模型还在诸如一致性预期、所得税以及投资周期等方面设置了一系列假定。一旦考虑这些因素的影响,模型便面临一个修正的问题。在不断完善资本资产定价理论的过程中,研究者进行了许多卓有成效的研究工作,这里仅对有关问题做一些简单的介绍和说明。

一、关于一致性预期的假设

基本的资本资产定价模型假定所有的投资者对所有资产的预期收益率、标准差以及协方差都有一致的估计。然而,在实际的资本市场上,出于现实条件的约束,预期的一致性往往存在局限性。

研究结果表明,尽管投资者对于资产的收益和风险有不同的预期,但本质上并不违反资本资产定价模型,市场的均衡关系仍然存在,而且仍可通过预期收益率、标准差和协方差的数学形式(甚至线性形式)表现出来。只不过这些预期收益率、标准差和协方差是综合不同投资者情况而来的加权平均值,相应的市场组合也是一个反映所有投资者预期的加权平均的市场组合。虽然计算十分复杂,但在一定的限制条件下,人们仍能够给出一个与证券市场线类似的均衡定价表达式。

二、关于税赋和交易费用的假设

如果不存在个人所得税,那么投资者并不介意其投资收益是来自于股票分红还是由于交易所形成的资本利得。但是,事实上,各国都在不同项目上对股票投资收益进行征税。这不仅影响了投资者的投资收益,还由于其在征税项目上的偏向性导致了投资者对收益形式的偏向性。目前,我国对股票投资的资本利得不征税,但是对股息分红按比例计征个人所得税。考虑到这一点,CAPM 模型必然要进行相应的调整。此时,投资者将依据资产的税后收益而不是税前收益来评估投资结果。因此,尽管投资者可能对资产或资产组合的税前收益有相同的估计,但每个投资者所面临的"税后"有效边界不同,资产的均衡价格随之发生变化。

另一个影响投资者交易行为的因素是交易费用。由于投资者每次卖出或买入都会缴纳佣金、印花税等,所以投资者无法频繁改变自己的投资组合以保持最优,只能在交易费用和最优组合间作一个折衷。

三、关于单期投资的假设

投资的单期假设决定了标准的资本资产定价模型是一个静态模型,一般来说,投资者在任何时点上选择的资产组合只是最大化其一生效用而持有的一系列组合中的一环。投资者选择最佳投资组合的过程大多是一个连续性的、不断调整的决策过程,不完全局限于某个单一的投资期。从这个意义上讲,模型的动态化是必然的。

于是,对于多个持有期或连续持有期资产均衡关系的研究导出了一些与基本模型相似的均衡公式,现列举如下。

若无风险利率为非随机的,则不论个人偏好、财富分配如何,连续持有期的资产均衡定价公式是:

$$\bar{r}_i = r_f + \beta_i(\bar{r}_m - r_f)$$

从数学形式上看,这与单期资本资产定价模型相同,只是瞬时收益率代替单期收益率,且资产收益呈对数正态分布而不是服从正态分布。

若无风险利率是随机过程,则投资者还要面对可行集变动的风险。这时,投资者将持有由三个部分构成的组合,因而模型表现出三个基金分离的特点。这三个基金分别是无风险资产、市场组合以及一个收益与无风险资产完全负相关的组合,后者可用来对冲未来无风险利率不可预见的变动。

本章小结

若市场是有效的,根据分离定理,资产组合选择问题就可以分为两个独立的工作,即资本配置决策和资产选择决策。对于资本配置决策,投资者考虑的是资金在无风险资产和风险组合之间的分配。而资本配置决策取决于投资者的风险厌恶程度,不同风险厌恶程度的投资者将初始财富在无风险资产和风险资产组合中的分配比例不同。

CAPM 模型假定所有投资者均为单期投资,且遵循相同的投资结构,并在收益一定的条件下力求获得具有最小方差的最优资产组合。同时 CAPM 模型假定理想状态下的证券市场具有以下特征:① 证券市场容量足够大,并且其中所有的投资者为价格接受者。② 不存在税收与交易费用。③ 所有风险资产均可公开交易。④ 投资者可以以无风险利率借入或贷出任意额度资产。根据以上假定,投资者持有无差异的风险资产组合。CAPM 模型中的市场组合是市值加权资产组合,其意义为所有证券在资产组合中的权重等于该证券的流通市值占所有证券总市值的比重。CAPM 模型认为任意单个资产或资产组合的风险溢价为市场组合的风险溢价与 β 的乘积:$\bar{r}_i = r_f + \beta_i(\bar{r}_m - r_f)$。这里,$\beta$ 等于作为市场组合方差一部分的单个资产同市场组合的协方差与市场组合方差的比值,即 $\beta_i = \sigma_{im}/\sigma_m^2$。

习 题

1. 在 CAPM 假设下,为什么所有投资者持有完全相同的风险组合?
2. 资本市场线(CML)和证券市场线(SML)在图的外观上有什么区别?
3. 资本市场线(CML)的斜率代表什么?
4. 如何用证券市场线(SML)来确定高估和低估的证券?

5. 简要解释在 CAPM 下,投资者是否应该对持有投资组合 A 比持有投资组合 B 抱有更高的预期收益?

	投资组合 A	投资组合 B
系统风险(β)	1.0	1.0
单个股票各自具体的风险	高	低

6. (单选)在无须确知投资者偏好之前,就可以确定(　　)的特性被称为分离定理。

A. 风险资产最优组合　　　　　　　B. 无风险资产最优组合

C. 市场组合　　　　　　　　　　　D. 风险资产与无风险资产组合

7. (单选)证券市场线描述的是(　　)。

A. 证券的预期收益率与其系统风险的关系

B. 市场组合是风险性证券的最佳资产组合

C. 证券收益与指数收益的关系

D. 由市场组合与无风险资产组成的完整的资产组合

8. (单选)一个零 β 证券的预期收益为(　　)。

A. 市场收益率　　　　　　　　　　B. 零收益率

C. 负收益率　　　　　　　　　　　D. 无风险收益率

10. (单选)如果由两只风险证券组成的最小方差资产组合风险为零,那么这两只证券之间的相关系数为(　　)。

A. 1　　　　　　　　　　　　　　B. 0

C. -1　　　　　　　　　　　　　D. 视它们的方差而定

11. (单选)证券市场线表明,在市场均衡条件下,证券(或组合)的收益由两部分组成,一部分是无风险收益,另一部分是(　　)。

A. 对总风险的补偿　　　　　　　　B. 对放弃即期消费的补偿

C. 对系统风险的补偿　　　　　　　D. 对非系统风险的补偿

12. (多选)证券市场线是(　　)。

A. 对充分分散化的资产组合,描述期望收益与贝塔的关系

B. 也叫资本市场线

C. 与所有风险资产有效边界相切的线

D. 表明了期望收益与贝塔关系的线

E. 描述了单个证券收益与市场收益的关系

13. (多选)下面关于贝塔系数的说法,不正确的有(　　)。

A. 当贝塔系数大于 1 时,投资组合的系统风险低于市场风险

B. 当贝塔系数大于 1 时,投资组合的系统风险高于市场风险

C. 当贝塔系数小于 1 时,投资组合的系统风险低于市场风险

D. 当贝塔系数小于 1 时,投资组合的系统风险高于市场风险

14. (多选)以下关于投资者所面临的投资风险与收益关系的描述,正确的是(　　)。

A. 风险永远与收益同方向增减

B. 市场对投资者承担的任何风险都会给予补偿

C. 市场只对投资者承担的可分散化风险给予补偿

D. 市场只对投资者承担的不可分散化风险给予补偿

15. 假设某公司在均衡处定价,它下一年的预期收益为 14%, β 为 1.1,无风险收益率 6%。

(1) 计算证券市场线的斜率。

(2) 计算市场组合预期收益率。

16. 市场组合预期收益率为 12%,市场组合收益的标准差为 0.21,无风险收益率为 8%,股票 A 与市场组合的相关系数为 0.8,股票 B 与市场组合的相关系数为 0.6,股票 A 的标准差为 0.25,股票 B 的标准差为 0.30。

(1) 计算股票 A 与 B 的 β。

(2) 计算每种股票的要求收益率。

阅读材料

[1] Harry M. Markowitz. Nonnegative or not Nonnegative: A Question about CAPM's. *The Journal of Finance*, 1974, 38(2).

[2] Lintner John. Security Prices, Risk and Maximal Gains from diversification. *Journal of Finance*, 1973(1).

[3] Mossin Jan. Equilibrium in a Capital Asset Market. *Econometrica*, 1966, 34.

[4] Sharpe W. F.. Capital Asset Prices: A Theory of Market Equilibrium Under Conditions of Risk. *Journal of Finance*, 1964(9).

[5] Black Fischer. Captital Market Equilibrium with Restricted Borrowing. *Journal of Business*, 1972, 45(3).

[6] Brennan Michael J. Taxes, Market Valuation, and Corporate Financial Policy. *National Tax Journal*, 1970(25).

[7] [美]埃德温·J. 埃尔顿等. 现代投资组合理论与投资分析. 北京:机械工业出版社,2008.

因子模型与套利定价理论

内 容 提 要

① 因子模型。② 套利定价理论。

资本资产定价模型基于马科维茨资产组合选择理论。然而,马科维茨资产组合选择模型的建立需要有相当数量的所有相关证券及相互之间关系的变量估计;同时,对这些估计值还要引入一个数学最优化模型,这要求有强大的计算能力来满足大型资产组合所必需的计算。因此,必须寻找一个策略以减少数据整理与计算的复杂程度。在这一章中,将介绍一种简化的假定,可以立即减轻计算负担。

这个简化的假定就是"因子模型",其思路是证券收益变化本质上是风险因子的非预期变动造成的,n 种证券的市场因子可能就只有有限的几种,如利率、汇率的非预期变化将波及所有的证券。因子模型提供了关于证券回报率生成过程的一种新视点,它将证券收益的产生过程具体化了。基于市场无套利,在因子模型的基础上可推证套利定价理论,与资本资产定价模型相比,套利定价理论完全从另一个角度考虑资产定价问题。

本章的主要内容包括:① 因子模型。② 套利定价理论。③ 套利定价理论与资本资产定价模型的比较。

第一节　因子模型

因子模型是一种假设证券的收益率只与风险因子非预期变动相关的经济模型,其目的是找出这些影响因素并确认证券收益率对这些因素变动的敏感度。依据因子的数量不同,因子模型可以分为单因子模型、两因子模型和多因子模型。

一、单因子模型

单因子模型(single-factor model)是最简单的因子模型,虽然不是十分有效,但是可以通过这个模型来理解因子模型的内涵。

假定市场上有 n 种资产,资产 i 的收益率为 $r_i,i=1,2,\cdots,n$。把所有经济因素组成一个宏观经济变量,假定这个宏观经济变量能够完全解释市场整体层面的非预期变动,并且假定除了这个公共因素以外,证券收益率非预期变动的剩余部分是公司特有的事件 ε_i,包括所有的只影响单一公司而不能影响整个经济的事件,因此导致证券之间相关性的因素只有这个宏观经济变量。用 f 来表示影响证券收益的公共因子,其是一个随机变量。于是,单一证券在某个投资期内,收益与因子的关系可用下式表示:

$$r_i = a_i + b_i f + \varepsilon_i, i = 1,2,\cdots,n \tag{8.1}$$

式(8.1)被称为证券收益的单因子模型,a_i 是证券持有期初的期望收益,f 是证券共有的风险因子的非预期变化,b_i 是证券 i 的因子载荷(亦称因子敏感度,因子贝塔),表示证券 i 对公共因子 f 的敏感度,ε_i 是非预期的公司特有事件的影响。f 和 ε_i 都具有零期望值,因为它们都是受非预期事件的影响。

因子 f 与随机项 ε_i 是独立的,因为因子 f 是系统因素,随机项 ε_i 是非系统因素(公司 i 特有)。系统因素波及所有的证券,而非系统因素只与公司自身有关。同时,证券 i 收益率的随机项 ε_i 对其他任何证券 j 收益率的随机项 ε_j 没有影响,否则就不是特有风险,而是系统风险了。而两种证券之所以相关,是由于它们受共同因子 f 影响所致。因此,

$$\text{cov}(\varepsilon_i,f) = 0, \ \text{cov}(\varepsilon_i,\varepsilon_j) = 0, i \neq j(i,j = 1,2,\cdots,n)$$

式(8.1)这一线性方程还可以从二维坐标平面上找到对应的直线,如图 8-1 所示。

图 8-1 中,由于 a_i 是直线与纵轴的交点,把 a_i 称为截距,b_i 作为直线的斜率测度的是收益对因子 f 的敏感程度,因此称为因子载荷。如果资产回报与因子的历史数据可以得到,可以通过拟合直线来估计出单因子方程的参数。

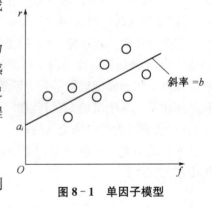

图 8-1 单因子模型

(一)单因子模型构建

假设证券 i 的回报仅仅与市场因子 m 回报有关,则回归模型为:

$$r_i = a_i + b_i r_m + \varepsilon_i \tag{8.2}$$

其中,r_i 为持有期内证券 i 的回报;r_m 为在同一时间区间,市场因子 m 的回报;a_i 为截距项;b_i 为证券 i 对市场因子 m 的敏感度;ε_i 为随机误差项。

由于不同证券收益的残差不相关,证券 i 收益的残差与因子 m 收益不相关,则 $E(\varepsilon_i) = 0$,$\text{cov}(\varepsilon_i,r_m) = 0, \text{cov}(\varepsilon_i,\varepsilon_j) = 0, i \neq j$。

由此可得到证券 i 的期望收益率为:

$$\bar{r}_i = a_i + b_i \bar{r}_m \tag{8.3}$$

其中,$\bar{r}_m$ 为市场因子 m 的期望收益率。

式(8.2)减去式(8.3)可得：

$$r_i - \bar{r}_i = b_i(r_m - \bar{r}_m) + \varepsilon_i \tag{8.4}$$

令 $f = r_m - \bar{r}_m$，则：

$$r_i = \bar{r}_i + b_i f + \varepsilon_i \tag{8.5}$$

式(8.5)就是单因子模型的一般表示，由单因子模型可知，证券 i 的回报率与因子的非预期变动线性相关。其中，$\bar{r}_i$ 为证券持有期期初的期望收益；f 为在证券持有期间宏观事件的非预期变化；ε_i 为非预期的公司特有事件的影响。单因子模型表明，在有效市场上回报的不可预测，本质上是信息的不可预测，即因子变化的不可预测。

为了加深理解，下面以一个例子说明单因子模型是如何应用的。

例8.1　假设因子 f 代表国内生产总值(GDP)非预期的变化，某房地产公司股票 A 对 GDP 变化的敏感度为 1.5。公众预期明年 GDP 增长率为 8%。而实际增长率为 9%。那么，该公司的收益率增加为：

$$r_A - \bar{r}_A = b_A f + \varepsilon_A = 1.5 \times (9\% - 8\%) + \varepsilon_A = 1.5\% + \varepsilon_A$$

在这道题中，风险因子为 GDP 的变化，$f = 9\% - 8\%$，因子载荷为 1.5。

所以该公司的收益率将比预期增加 1.5% 加上该公司个体性事件的非预期变化所引起的收益率变化。

通常而言，非预期的宏观因素包括：经济周期、利率、汇率、技术革命以及劳动力成本和原材料。所有这些(相关)因素影响着几乎所有的公司。公司特有因素：公司新的发明、管理层变动以及其他一些只影响单一企业命运而未能影响整个宏观经济的因素。

(二) 单因子模型的风险分散原理

基于以上的单因子模型，证券 i 的风险(方差)为：

$$\sigma_i^2 = b_i^2 \sigma_f^2 + \sigma_{\varepsilon_i}^2 \tag{8.6}$$

其中，σ_f^2 为因子 f 的方差；$\sigma_{\varepsilon_i}^2$ 为残差 ε_i 的方差。这表明证券 i 的风险可分解为因子风险 $b_i^2 \sigma_f^2$ 和非因子风险 $\sigma_{\varepsilon_i}^2$ 两部分。

对于证券 i 和 j 而言，其协方差为：

$$\begin{aligned}\sigma_{ij} &= \mathrm{cov}(r_i, r_j) \\ &= \mathrm{cov}(\bar{r}_i + b_i f + e_i, \bar{r}_j + b_j f + e_j) \\ &= b_i b_j \sigma_f^2 \end{aligned} \tag{8.7}$$

此时，投资组合 p 的风险(方差)为：

$$\sigma_p^2 = D\left[\sum_{i=1}^n w_i(\bar{r}_i + b_i f + \varepsilon_i)\right] = D\left[\sum_{i=1}^n w_i b_i f + \sum_{i=1}^n w_i \varepsilon_i\right] \tag{8.8}$$

在投资组合选择理论中已分析过分散投资可以降低组合风险，在单因子模型的假设下，也可以推出这个结论。分散化导致因子风险平均化,同时分散化缩小非因子风险。

根据(8.8)式,首先令 $b_p = \sum_{i=1}^{n} w_i b_i$,$\sigma_{\epsilon p}^2 = \sum_{i=1}^{n} w_i^2 \sigma_{\epsilon_i}^2$,则组合风险(方差)简化为:

$$\sigma_p^2 = b_p^2 \sigma_f^2 + \sigma_{\epsilon p}^2 \tag{8.9}$$

再假设残差方差有界,即 $\sigma_{\epsilon_i}^2 \leqslant s^2$,且组合 p 高度分散化,即 w_i 充分小,则对于资产 i,$w_i \leqslant \epsilon/n$ 成立。于是有 $\sigma_{\epsilon p}^2 \leqslant \frac{1}{n^2} \sum_{i=1}^{n} \epsilon^2 s^2 = \frac{1}{n} \epsilon^2 s^2$,则当 $n \rightarrow \infty$ 时,$\sigma_{\epsilon p}^2 \rightarrow 0$。从而,

$$\lim_{n \rightarrow \infty} \sigma_p^2 = \lim_{n \rightarrow \infty} (b_p^2 \sigma_f^2 + \sigma_{\epsilon p}^2) = b_p^2 \sigma_f^2$$

也就是说分散化投资可以降低非因子风险(非系统风险),如果分散充分,非因子风险(非系统风险)可接近零,但是分散化不能降低因子风险(系统风险),这与 CAPM 的分析结论一致。

(三)单因子模型的优点

单因子模型的最大优点是简单,如果使用单因子模型计算 n 种资产组合的有效边界,需要 n 个截距 $\overline{r}_i$ 的估计;n 个因子载荷系数 b_i 的估计;n 个公司特有方差 σ_ϵ^2 的估计;f 的估计;σ_f^2 的估计。一共是 $3n+2$ 个估计值。

但是在均值-方差模型中,对于 n 种资产构成的组合,要计算 n 个期望收益的估计,n 个方差估计,$(n^2-n)/2$ 个协方差估计,一共是 $2n+(n^2-n)/2$ 个估计值。若 $n=50$,运用单因子模型计算一共需要 152 个估计值;而均值-方差模型共计需 1 325 个估计值。相比之下,因子模型的计算量大大降低。

(四)单因子模型的缺点

需要说明的是,上面提到的简化来自于单因子的假定,它并不是没有"成本"的。模型的简化"成本"源于它仅把不确定性分成简单的两部分——单一的宏观风险和微观风险。这一分类把真实世界的不确定性来源过于简单化了,并且忽视了一些证券收益的重要来源。比如,这种分类规则把行业事件排除在外,而这些事件可能影响行业中的许多公司,但却不影响整个宏观经济。

此外,统计分析表明,一些公司的特有成分是相关的,即不满足 $\mathrm{cov}(\epsilon_i, \epsilon_j) = 0$ 这一条件。比如,在同一行业证券(计算机类股票或者汽车类股票)当中的非市场风险因素就存在相关性。

二、两因子模型

单因子模型将资产收益的不确定性简单地假立为仅与 1 个因子相关。但事实上,证券收益率可能与多个市场因子相关。如某种股票的回报率,既与市场指数相关,又与利率等因素相关。多因子模型就是为解释多个市场因子对证券收益率的影响提出的。这些因子包括经济周期的不确定性、利率和通货膨胀等。多因子模型更加清晰明确地解释了系统风险,从而可以展示不同证券对不同因素有不同的敏感性。

假设两个最重要的宏观经济风险来源是经济周期的不确定性和利率,用国内生产总值 GDP 来测度经济周期的不确定性,利率非预期变动用 IR 来表示。任何证券的收益都与这两个宏观风险因素以及它们自己公司的特有风险相关,于是可以把单因子扩展成双因子模型,从

而描述在某时期证券的收益率情况，模型如下：

$$r_i = a_i + b_{i\text{GDP}}\text{GDP} + b_{i\text{IR}}\text{IR} + \varepsilon_i \tag{8.10}$$

(8.10)式右边的两个宏观因素包含了经济中的系统因素，因此，它们扮演了类似于单因子模型中单因子的角色，反映整体风险因素对该证券的影响。同样，ε_i 反映了公司特有的非预期事件影响。

现在考虑两个公司，一个是公用事业单位，另一个是航空公司。公用事业单位似乎对GDP的敏感性较低，即有一个"低的 GDP 的 b_{GDP} 值"。但是，它也有可能具有对利率的较高敏感度，当利率上升时，它的股票价格将下跌，这将反映在一个负的利率的 b_{IR} 值上。与之相反，航空公司的业绩对经济活动非常敏感，但对利率却不那么敏感。因此，它将有一个高的 GDP 的 b_{GDP} 值和一个低的利率的 b_{IR} 值。假设在某一天，有一个新闻节目预示经济将发生扩张，GDP 的期望上升，利率也上升。那么这一天的这个"宏观新闻"是好还是坏，不同的公司会有不同的看法。对公用事业单位来说这是坏消息，因为它对利率极为敏感。而对于航空公司而言，由于它更关注 GDP，所以这是个好消息。很明显，一个单因子模型难以把握公司对不同的宏观经济不确定性信息的反应，而两因子模型弥补了单因子模型的不足。

根据上面的例子，两因子模型可表述为：

$$r_i = a_i + b_{i1}f_1 + b_{i2}f_2 + \varepsilon_i, \quad i = 1,2,\cdots,n \tag{8.11}$$

假定随机误差项 ε_i 分别和两个公共因子 f_1 和 f_2 不相关，并且任何两个证券的随机误差项不相关。若 $E(\varepsilon_i)=0$, $D(\varepsilon_i)=\sigma_{\varepsilon_i}^2$, $D(f_1)=\sigma_{f_1}^2$, $D(f_2)=\sigma_{f_2}^2$，则证券 i 的预期回报率的方差为：

$$\sigma_i^2 = b_{i1}^2\sigma_{f_1}^2 + b_{i2}^2\sigma_{f_2}^2 + 2b_{i1}b_{i2}\text{cov}(f_1,f_2) + \sigma_{\varepsilon_i}^2 \tag{8.12}$$

对于证券 i 和 j 而言，其协方差为：

$$\sigma_{ij} = \text{cov}(r_i,r_j) = b_{i1}b_{j1}\sigma_{f_1}^2 + b_{i2}b_{j2}\sigma_{f_2}^2 + (b_{i1}b_{j2}+b_{i2}b_{j1})\text{cov}(f_1,f_2) \tag{8.13}$$

与单因子模型类似，两因子模型同样可以推证出通过多样化降低非系统风险。如果一个证券组合由 n 种证券组成，权重分别为 $w_i(i=1,2,\cdots,n)$，则投资组合的两因子模型为：

$$r_i = a_i + b_{i1}f_1 + b_{i2}f_2 + \varepsilon_i, \quad i = 1,2,\cdots,n$$

证券组合的收益率为：

$$r_p = \sum_{i=1}^n w_i r_i$$

即：

$$r_p = a_p + b_{p1}f_1 + b_{p2}f_2 + \varepsilon_p$$

其中，$a_p = \sum_{i=1}^n w_i a_i$, $b_{p1} = \sum_{i=1}^n w_i b_{i1}$, $b_{p2} = \sum_{i=1}^n w_i b_{i2}$, $\varepsilon_p = \sum_{i=1}^n w_i \varepsilon_i$。

由此得：

$$\sigma_p^2 = b_{p1}^2 \sigma_{f_1}^2 + b_{p2}^2 \sigma_{f_2}^2 + 2b_{p1}b_{p2}\mathrm{cov}(f_1,f_2) + \sigma_{\varepsilon_p}^2$$

其中 $b_{p1}^2 \sigma_{f_1}^2 + b_{p2}^2 \sigma_{f_2}^2 + 2b_{p1}b_{p2}\mathrm{cov}(f_1,f_2)$ 是系统性风险，$\sigma_{\varepsilon_p}^2 = \sum_{i=1}^{n} w_i^2 \sigma_{\varepsilon_i}^2$ 是非系统性风险。与单因子模型一样，多样化可以使后者减小到很低的水平。

两因子模型同样具有单因子模型的重要优点，就是有关资产组合有效边界的估计和计算量大大减少（但比单因子模型增加）。对于由 n 个单一证券构成的投资组合，若要计算均方有效边界，需要 n 个期望收益，n 个 b_{i1}，n 个 b_{i2}，n 个残差方差，两个因子 f 方差，1 个因子间的协方差，共 $4n+3$ 个估计值。

当然，一旦明白了为什么两因子模型可以更好地解释证券收益的原因，那么就会很容易理解，考虑更多因子的模型——多因子模型，可以给出对收益的更好描述。

三、多因子模型

可以通过把那些与经济周期有关的变量包括进来形成多因子模型。多因子模型可以记为：

$$r_i = \bar{r}_i + b_{i1}f_1 + b_{i2}f_2 + \cdots + b_{im}f_m + \varepsilon_i = \bar{r}_i + \sum_{j=1}^{m} b_{ij}f_j + \varepsilon_i \tag{8.14}$$

其中，$i=1,\cdots,n, j=1,\cdots,m$。$E(\varepsilon_i)=0, \mathrm{cov}(\varepsilon_i,f_j)=0, E(f_j)=0, \mathrm{cov}(\varepsilon_i,\varepsilon_k)=0, i\neq k$。

四、因子的选择

因子的选择对于因子模型是至关重要的，合理地选择因子不仅仅是科学，也是一种"艺术"。影响证券收益的因子大致可以分为三类：

（1）外部因子。一般地，模型中的因子会选取那些与证券本身没有内部相关性的变量。例如，可以选择国内生产总值（GDP）、消费价格指数（CPI）、失业率等，还可以构造一个新指数。一般政府出版的统计资料上都能找到这些变量。

（2）萃取因子。从有关证券收益的已知信息中提取一些因子，这叫萃取因子。比较常用的萃取因子是市场投资组合的收益率，这个因子直接由市场上的所有证券的收益率生成。另外，某一种证券的收益率也可以用作解释其他证券收益率的因子。更一般的做法是，把每一种产业的相关证券的平均收益率作为一个因子。例如，可以在证券市场上构造出工业因子、公用事业因子、运输业因子等等。

在实际应用中提取因子时，可用主成分分析的方法。主成分分析就是利用证券收益的协方差矩阵找到那些具有较大方差的投资组合。此外，还可以用更复杂一些的方式得到萃取因子。例如，可以用两种证券的收益率之比定义一种因子，也可以把当前证券价格距离历史最高价的天数定义为一种因子，还可以把市场收益率的移动平均值作为因子。

（3）企业特性因子。企业的财务状况可以用一些企业独有的财务指标来衡量，如市盈率、分红率、盈利能力预测等，以及其他的一些财务指标。每一种证券的相关财务指标都可以通过一些数据服务机构获得，这些财务指标就可以用来构建因子模型。

第二节　套利定价理论

资本资产定价模型是在一定假设条件下推导出来的,如果假设条件都能成立,那么它就能对资本市场的均衡给出全面的描述。这种理论以投资组合理论为基础,并预言所有的投资者持有的投资组合在均方平面是有效的,因而市场投资组合位于有效集合上,由此得到的证券市场线是直线。这样,要检验资本资产定价模型就必须直接检验市场投资组合是否在有效集合上。一些资本资产定价模型的检验就致力于回答这个问题,但由此所要观测的市场投资组合理论上应该包括各种资产,这使其数据观测难以得到,而一般用全部证券或股票市场组合代替它仅是一种近似,其检验结果仍然不能对模型提供令人信服的支持。

套利定价理论(arbitrage pricing theory,APT)是由美国经济学家 Ross 于 1976 年提出的。该理论舍弃了投资组合分析的框架,取而代之的是关于证券收益率的线性生成过程假设。当按这种收益率的产生方法生成模型时,证券的预期收益率与风险因子之间必须是近似线性关系。套利定价理论的支持者认为与资本资产定价模型相比,它有两个优点:一是较小限制了投资者对风险与收益的偏好假设,二是可以进行检验。然而当证券收益率被假定由市场投资组合生成时,其检验仍然会遇到与资本资产定价模型检验相同的困难。

一、套利概念

套利(arbitrage)是不承担风险、没有净投资条件下能以一个正的概率获得正收益。这样的机会,是任何风险偏好的投资者都梦寐以求的。

例 8.2　若投资者能够从 A 银行以 5% 的利率借入 100 元,又把这笔资金以 6% 的利息率存入一家毫无风险的 B 银行。从这两笔交易中所获得的现金流量列示在表 8-1 中。

表 8-1　简单的套利行为

	投资操作	头寸变动
时刻 0	从 A 银行借入资金	+100 元
	把资金存入银行 B	−100 元
	净现金流量	0 元
时刻 1	从 B 银行取出资金	+106 元
	把资金还给 A 银行	−105 元
	净现金流量	1 元

表 8-1 中,在时刻 0 初始投资为零,在时刻 1 有 1 元的利润。如果存在这样的交易环境,这就是套利机会。若以 5% 的利息率借入无限的资金,并以 6% 的利息率贷出,那么其潜在利润将是无限的。虽然一般而言,这种情况在市场上并不存在,但这个简单的例子说明的却是套利机会的概念。如果可以发现一种金融环境和投资策略,使其净投资为零并能稳赚得正值收益,就可以获得套利利润,获得这种利润的金融交易也就被称为套利交易。

上面的例子是套利的一种最简单的形式——价格套利。除了价格套利以外,还有时间套利、风险套利等,被广泛应用于期权、期货、各种股票及债券交易中。

二、无套利法则与资产定价

从前面的例子可以看出,一项无风险套利资产组合的重要性质是,任何投资者,无论其风险厌恶或财富状况如何,只要是偏好更多财富的,均愿意尽可能多地拥有该资产组合的头寸。组合大量头寸的存在将会导致组合中多头证券价格上涨和空头证券下跌,直到套利机会完全消除。基于此,可以推导受约束的证券价格,使其满足在市场中不存在套利机会的条件,也就是推导出使市场不存在套利机会的价格水平。

一价法则就是一种价格约束。一价法则认为,同一项资产应该以同样的价格买入或卖出,当其被违反时,就会出现明显的套利机会。当一项资产(也可以是风险资产的投资组合)以不同的价格在两个市场进行交易时(在这里价格差异超过了交易成本),则可做到无须任何投资便获得安全利润,要做的只是将该资产在高价市场卖出的同时在低价市场买入。这一交易的净收益是正的,并且由于多头与空头头寸的互相抵消而不存在风险。

一价法则是较为宽松的价格约束,只排除了其中一种套利机会。如果一项资产比另一项资产更有价值,但是其价格却低于或者等于另一项资产,那么就可以产生另一种套利机会。比如一个风险资产的投资组合在未来任何经济情况下都比另一个投资组合更有价值(反映真实价值),但是当前价格却低于或者等于另一个投资组合,这就存在套利机会,不妨称这种情形违反了等值等价法则。

无论是违反了一价法则还是违反了等值等价法则(统一为无套利法则),都将出现套利机会。在证券市场,套利机会就是存在一个组合使得当前投资额为零或负值(价格),但是未来各种经济情况下组合的收益(价值)都为非负值。因此,对于任何投资组合,如果未来各种经济情况下组合的收益都是非负值,那么当前投资额必然要为正值。更为直观的解释是,风险资产或投资组合的价格(当前投资额)必须与其价值(未来各种经济情况下的不确定收益)成正比例。

根据资产定价的基本定理,一组证券的价格如果不允许套利机会存在,那么必然存在一组用以度量未来各种经济状况的正数,每一种资产的当前价格就是资产未来各种状况下的价格按照这组正数为权重的加权平均值。推广到未来有无限多种经济状况,这组正数就成为一个等价鞅测度。

需要注意的是,实际中在运用"套利"概念时,常常用来指在特定领域选取定价有偏差的证券的专业行为,而不是指寻找严格意义上的(无风险)套利机会。这种套利有时被称作风险套利,以示与纯套利之间的区别。如果构造的资产组合能够实现风险套利,并且随着组合资产数目的增多而风险减小直至资产数为无穷多时而减为零,那就称这是一个渐近套利机会。

三、套利定价模型

(一)基本假定

根据上面的分析知道套利是利用相同资产的不同价格赚取无风险利润。根据一价定律,同一种资产不可能在一个或 n 个市场中以两种不同的价格出售,不然就会存在套利机会。这种套利行为产生一个价格调整过程:在一个市场上低价购买使得资产价格向上涨,在另一个市场上高价出售使得资产价格下跌,最后使得两个市场上同一种证券的价格趋于相等,获利机会消失。因此,市场的力量使资产的价格会达到一种公平状态。从这个角度来说,可以有一种新的资产定价方式,这就是套利定价理论。

斯蒂芬·A·罗斯(Stephen A. Ross)在 1976 年提出了 APT 理论,该理论比 CAPM 理论更为简单。其主要的假设有:

(1) 市场是有效的、充分竞争的、无摩擦的。

(2) 存在无数多种证券,可以构造出风险充分分散的资产组合。

(3) 投资者是不知足的,只要有套利机会就会不断套利,直到无利可图为止(需要指出的是,套利定价理论不必对投资者风险偏好做出严格假设)。

(4) 资产的回报可以用因子模型表示,即 $r_i = \bar{r}_i + \sum_{j=1}^{m} b_{ij} f_j + \varepsilon_i$。

(二) 套利组合

根据套利定价理论,投资者将竭力发现并构造一个套利组合,所谓套利组合是指,构造一个自融资组合,使得投资者在不承担风险的情况下能以一个正的概率获得正收益。首先,它是零投资的,套利组合中对一种证券的购买所需要的资金由卖出别的证券来提供,即自融资组合。公式表示为:

$$\sum_{i=1}^{n} w_i = 0 \tag{8.15}$$

其次,它是无风险的,以单因子为例,由于非系统风险充分分散,非因子风险非常小,套利理论认为可以忽略不计。这样,组合风险(方差)等于因子风险(方差)乘以组合对该因子敏感性的平方。

$$D(\sum_{i=1}^{n} w_i r_i) = D(\sum_{i=1}^{n} w_i [\bar{r}_i + b_i f + \varepsilon_i])$$
$$\approx D(\sum_{i=1}^{n} w_i b_i f)$$
$$= D(f)(\sum_{i=1}^{n} w_i b_i)^2$$

若要 $D(\sum_{i=1}^{n} w_i r_i) = 0$,由于 $D(f) \neq 0$,则必有 $\sum_{i=1}^{n} w_i b_i = 0$。这时,套利组合对因子没有敏感性,组合中某一证券对因子的敏感性恰好被组合中其他证券对该因子的敏感性所抵消。

在因子模型条件下,因子波动导致风险,因此无风险就是套利组合对任何共同因子的敏感度为 0,即不存在系统性风险。因为组合对共同因子敏感性恰好是组合中各证券对该因子的敏感性的加权平均,故系统性风险为 0 公式表示为:

$$\sum_{i=1}^{n} b_i w_i = 0 \tag{8.16}$$

最后,这一投资组合具有正的期望收益率,公式表示为:

$$\bar{r}_p = \sum_{i=1}^{n} w_i \bar{r}_i > 0 \tag{8.17}$$

只要同时满足以上三个条件的组合就是套利组合,它不需要任何额外的资金,没有任何因子风险,却能带来正的期望收益率。

一旦发现这样的套利组合,投资者就会蜂拥而至,这种套利行为的最后结果必然使得套利机会消失,投资者的套利行为终止。所以若市场不存在套利均衡,则套利组合的期望收益理论上应该为零。

(三)套利定价模型

假设 n 种资产其收益率由 m 个因子决定($m<n$),即

$$r_i = \bar{r}_i + \sum_{j=1}^{m} b_{ij} f_j + \varepsilon_i$$

其中,$i=1,2,\cdots,n,j=1,2,\cdots,m$。

若在资产 i 上投资比例为 w_i,构造零投资且无风险的组合,则 w_i 满足下列条件

(1)零投资 $\sum_{i=1}^{n} w_i = \boldsymbol{w}^{\mathrm{T}} \mathbf{1} = 0 \Leftrightarrow \boldsymbol{w} \perp \mathbf{1}$

(2)无风险 $\begin{cases} \sum_{i=1}^{n} w_i b_{i1} = \boldsymbol{w}^{\mathrm{T}} \boldsymbol{b}_1 = 0 \\ \sum_{i=1}^{n} w_i b_{i2} = \boldsymbol{w}^{\mathrm{T}} \boldsymbol{b}_2 = 0 \\ \qquad\qquad\qquad\qquad \Leftrightarrow \boldsymbol{w} \perp \boldsymbol{b}_j, j=1,\cdots,m \\ \cdots \\ \sum_{i=1}^{n} w_i b_{im} = \boldsymbol{w}^{\mathrm{T}} \boldsymbol{b}_m = 0 \end{cases}$

其中,$\mathbf{1}, \boldsymbol{b}_1, \boldsymbol{b}_2, \cdots, \boldsymbol{b}_m$ 线性无关。

根据前面的分析,如果市场有效,则不会有套利均衡,零投资、无风险的组合必然是无收益的,即:

$$\sum_{i=1}^{n} w_i \bar{r}_i = \boldsymbol{w}^{\mathrm{T}} \bar{\boldsymbol{r}} = 0$$

等价于,只要:

$$\boldsymbol{w} \perp \mathbf{1}, \boldsymbol{w} \perp \boldsymbol{b}_j, j=1,\cdots,m$$

对于任意的 w,必然有

$$\boldsymbol{w} \perp \bar{\boldsymbol{r}}$$

又由于非零向量 $\mathbf{1}, \boldsymbol{b}_1, \boldsymbol{b}_2, \cdots, \boldsymbol{b}_m$ 线性无关,则 $\bar{r}$ 必定落在由 $\mathbf{1}, \boldsymbol{b}_1, \boldsymbol{b}_2, \cdots, \boldsymbol{b}_m$ 组成的向量空间 R^{m+1} 中,也就是存在一组不全为零的数 $\lambda_0, \lambda_1, \cdots, \lambda_m$ 使得:

$$\bar{\boldsymbol{r}} = \lambda_0 \mathbf{1} + \lambda_1 \boldsymbol{b}_1 + \lambda_2 \boldsymbol{b}_2 + \cdots + \lambda_m \boldsymbol{b}_m$$

所以:

$$\bar{r}_i = \lambda_0 + \sum_{j=1}^{m} b_{ij}\lambda_j \qquad (8.18)$$

其中,$\lambda_0, \lambda_1, \cdots, \lambda_j$ 为常数。式(8.18)即是套利定价理论的资产定价方程,其意味着在均衡时,预期回报率和敏感性之间存在一个线性关系。在该方程中 b_{ij} 衡量了第 i 个证券收益对第 j 个因子非预期变动的敏感性,即测度了风险大小,而 λ_j 则为第 j 个因子非预期变动导致的风险的价格。

若 $b_{ij} = 0$,$j = 1, 2, \cdots, m$,也就是该资产对 m 个因子都完全不敏感,则式(8.18)退化为无风险资产,此时 $\lambda_0 = r_f$。于是,套利定价方程为:

$$\bar{r}_i = r_f + \sum_{j=1}^{m} b_{ij}\lambda_j$$

在单因子条件下有,$\bar{r}_i = r_f + \lambda_1 b_i$,$i = 1, \cdots, n$。

对于所有风险资产则存在:

$$\lambda_1 = \frac{\bar{r}_1 - r_f}{b_1} = \frac{\bar{r}_2 - r_f}{b_2} = \cdots = \frac{\bar{r}_n - r_f}{b_n} \qquad (8.19)$$

由此可见,APT 方程的斜率 λ_1 实际上是因子1的风险价格。当所有证券关于同一因子的风险价格相等时,证券之间不存在套利。图 8-2 就是单因子模型下 APT 定价线。

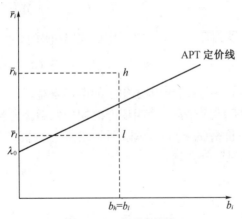

图 8-2 套利定价线

从图 8-2 中可以看到,$\dfrac{\bar{r}_h - r_f}{b_1} > \dfrac{\bar{r}_l - r_f}{b_1}$,所以证券 h 和证券 l 可以构成一个套利组合。投资者为获利必定尽可能地购入证券 h,出售证券 l,从而使证券 h 价格上升,预期收益率下降,证券 l 价格下降,预期收益率上升,最终都到达 APT 定价线。在均衡时,所有的证券都落在套利定价线上,只要证券价格偏离 APT 定价线就会有套利机会。

(四)APT 的另一种表达

在单因子模型下,APT 的一种表达为:

$$\bar{r}_i = r_f + \lambda_1 b_i \qquad (8.20)$$

接着考虑一个纯因子组合,所谓纯因子组合,就是该组合对因子1具有单位敏感性。即存在一个使 $b_p = 1$ 的资产组合 p,此时 $\bar{r}_p = r_f + \lambda_1$,$\lambda_1 = \bar{r}_p - r_f$。用 δ 表示该组合的预期收益率,

即令 $\delta = \bar{r}_p$，则风险价格 $\lambda_1 = \delta - r_f$，式 (8.20) 可改写为：

$$\bar{r}_i = \lambda_0 + \lambda_1 b_i = r_f + (\delta - r_f)b_i \tag{8.21}$$

式(8.21)即为 APT 的另一种表达方式，特别地，当 $\delta = \bar{r}_m$，即纯因子组合为市场组合时，有 $\bar{r}_i = r_f + (\bar{r}_m - r_f)b_i$。可以看到这个表达式与资本资产定价模型 $\bar{r}_i = r_f + \beta_i(\bar{r}_m - r_f)$ 的表达式非常相似。

在两因子模型下，APT 可表示为：

$$\bar{r}_i = r_f + \lambda_1 b_{i1} + \lambda_2 b_{i2} \tag{8.22}$$

根据(8.22)式，考虑一个风险充分分散化的组合 p_1，这个组合对第一个因子具有单位敏感性，对第二个因子的敏感性为 0，这样一个组合称为两因子模型下 APT 中的一个纯因子组合。因为它对一个因子有单位敏感性，对其他任何因子都无敏感性。具体来说，它满足 $b_{i1} = 1, b_{i2} = 0$。用 δ_1 表示该组合 p_1 的期望收益率，则 $\bar{r}_1 = \delta_1 = r_f + \lambda_1$，所以 $\lambda_1 = \delta_1 - r_f$。

同理，存在另一个纯因子组合 p_2，这个组合对第一个因子的敏感性为 0，对第二个因子具有单位敏感性，即满足 $b_{i1} = 0, b_{i2} = 1$，用 δ_2 表示组合 p_2 的期望收益率，则 $\delta_2 = \lambda_2 + r_f$，从而 $\lambda_2 = \delta_2 - r_f$。

这样可将 APT 的表达式(8.22)改写为：

$$\bar{r}_i = r_f + (\delta_1 - r_f)b_{i1} + (\delta_2 - r_f)b_{i2} \tag{8.23}$$

最后从两因子模型扩展到存在 $m(m \geqslant 2)$ 个因子模型的情况，得：

$$\bar{r}_i = r_f + (\delta_1 - r_f)b_{i1} + (\delta_2 - r_f)b_{i2} + \cdots + (\delta_m - r_f)b_{im} \tag{8.24}$$

其中，δ_j 为因子 $j(j=1,\cdots,m)$ 的纯因子组合的期望收益。

由式(8.24)可知，APT 的这种表达说明证券的期望收益率 $\bar{r}_i$ 等于无风险收益率 r_f，加上 j 个因素的风险补偿(风险价格 $(\delta_i - r_f) \times$ 风险因子载荷 b_{ij})；资产对风险因子的敏感度(因子载荷)越大，则其应得到的风险补偿越大。

第三节 套利定价理论与资本资产定价模型的比较

一、APT 与 CAPM 的一致性

根据前面的分析，不像 APT 那样，CAPM 没有假设回报率由因子模型生成。然而，这并不说明 CAPM 就与因子模型的情形不一致。实际上，可能存在这样一个情形，回报率由因子模型生成，APT 的其余假设仍成立，且 CAPM 的所有假设也都成立。

若只有一个风险因子，则 APT 成立时，均衡定价为：

$$\bar{r}_i = r_f + b_i \lambda_1 = r_f + b_i(\delta_1 - r_f) \tag{8.25}$$

而 CAPM 成立时，均衡定价为：

$$\bar{r}_i = r_f + \beta_i(\bar{r}_m - r_f) \tag{8.26}$$

比较式(8.25)和式(8.26)，显然，若纯因子组合是市场组合，即 $\delta_1 = \bar{r}_m$，b_i 代表 β_i，则 APT 与 CAPM 一致。

但是有一点值得注意，并不是所有的基于单因子模型的 APT 都同 CAPM 模型一致。因为，若纯因子组合不是市场组合时，APT 与 CAPM 可能不一致。要证明这个结论正确，只要找出一个反例使得资产在 APT 下期望回报率与 CAPM 下期望回报率不一致即可。

由单因子模型 $r_i = a_i + b_i f + \varepsilon_i$ 可得：

$$\mathrm{cov}(r_i, r_m) = \mathrm{cov}(a_i + b_i f + \varepsilon_i, r_m) = b_i \mathrm{cov}(f, r_m) + \mathrm{cov}(\varepsilon_i, r_m) \tag{8.27}$$

上式两边同除以 σ_m^2，得到：

$$\frac{\mathrm{cov}(r_i, r_m)}{\sigma_m^2} = b_i \frac{\mathrm{cov}(f, r_m)}{\sigma_m^2} + \frac{\mathrm{cov}(\varepsilon_i, r_m)}{\sigma_m^2} \tag{8.28}$$

定义 $\beta_{fm} = \dfrac{\mathrm{cov}(f, r_m)}{\sigma_m^2}$（如果这个因子 f 就是市场组合 m，$\beta_{fm} = 1$）。由于 $\dfrac{\mathrm{cov}(\varepsilon_i, r_m)}{\sigma_m^2}$ 很小，不妨把它忽略，则式(8.28)变为：

$$\frac{\mathrm{cov}(r_i, r_m)}{\sigma_m^2} = b_i \beta_{fm} \tag{8.29}$$

所以资本资产定价模型可以表示为：

$$\bar{r}_i = r_f + b_i \beta_{fm}(\bar{r}_m - r_f) \tag{8.30}$$

如果 APT 成立，并且受 CAPM 约束，得到：

$$\lambda_1 = (\bar{r}_m - r_f)\beta_{fm} \tag{8.31}$$

若因子 f 与市场组合正相关，那么 $\mathrm{cov}(f, r_m) > 0$，则 $\beta_{fm} = \dfrac{\mathrm{cov}(f, r_m)}{\sigma_m^2} > 0$，且通常情况下由于 $\bar{r}_m - r_f > 0$，从而 $\lambda_1 = (\bar{r}_m - r_f)\beta_{fm} > 0$。也就是说，如果 CAPM 成立，则必然要求 $\lambda_1 > 0$ 成立，它构成了对 APT 中 λ_1 的约束。

然而，仅从 APT 本身推断，存在 $\lambda_1 = \delta - r_f > 0$ 或者 $\lambda_1 \leqslant 0$，也就是说没有什么限制条件。假设 $b_i > 0$，$\beta_{fm} > 0$，$\delta - r_f < 0$。则根据 CAPM 和 APT，对于证券 i 的定价分别为：

$$\bar{r}_i(\text{CAPM}) = r_f + b_i \beta_{fm}(\bar{r}_m - r_f) \tag{8.32}$$

$$\bar{r}_i(\text{APT}) = r_f + b_i(\delta - r_f) \tag{8.33}$$

根据假设，式(8.32)中 $b_i \beta_{fm}(\bar{r}_m - r_f) > 0$，而式(8.33)中 $b_i(\delta - r_f) < 0$，显然用这两个式子算出来的 $\bar{r}_i$ 不同。

存在上面这样一个反例，说明如果纯因子组合不是市场组合，APT 与 CAPM 可能不一致。

二、CAPM 与 APT 的区别

CAPM 与 APT 的不同之处表现为：

（1）若纯因子组合不是市场组合，则 APT 与 CAPM 不一定一致，CAPM 仅仅是 APT 的特例。当且仅当纯因子组合是市场组合时，CAPM 与 APT 等价。

（2）在 CAPM 中，市场组合居于不可或缺的地位（若无此，则其理论瓦解），但 APT 即使在没有市场组合条件下仍成立。APT 模型可以得到与 CAPM 类似的期望回报——b 线性关系，但并不要求组合一定是市场组合，可以是任何风险分散良好的组合。由于市场组合在实际中是无法得到的，因此在实际应用中，只要指数基金等组合，就可满足 APT，所以 APT 的适用性更强。

（3）两者的推证基础不同，CAPM 推导以马科维茨均值-方差模型为核心，APT 对资产的定价不是基于此模型，而是基于无套利原则和因子模型。在因子模型下，具有相同因子敏感性的资产（组合）应提供相同的期望收益率。

（4）两者的假设条件不同，CAPM 属于单一投资期模型，但 APT 并不受到单一投资期的限制。CAPM 要求"同质期望"假设，但 APT 无此限制，只需要少数投资者的套利活动就能消除套利机会。CAPM 要求投资者是风险规避的，APT 无此限制条件。

（5）在 CAPM 中，证券的风险只与其 β 相关，它只给出了市场风险大小，而没有表明风险来自何处。APT 承认有多种因素影响证券价格，从而扩大了资产定价的思考范围，也为识别证券风险的来源提供了分析工具。

三、APT 对投资组合的指导意义

APT 对系统风险进行了细分，使得投资者能够测量资产对各种系统因素的敏感系数，因而可以使得投资组合的选择更准确。例如，基金可以选择最佳的敏感系数的组合。

APT 的局限性：决定资产的价格可能存在很多因素，模型本身不能确定这些因素是什么和因素的数量，实践中因素的选择常常具有经验性和随机性。

本章小结

因子模型是一种假设证券的回报率只与风险因子非预期变动有关的经济模型。可以说因子模型是一个回报率生成过程，该过程将证券的回报率与一个或多个共同因素的非预期变化相联系。证券的回报率响应于共同因素的假设极大地简化了确定投资组合有效集的计算量。投资组合对公共因子的敏感性是其所含证券的敏感性的加权平均，权数为投资于各证券的比例。证券的风险由因子风险和非因子风险构成。分散化导致因子风险的平均化，降低非因子风险。

套利是不承担风险、没有净投资条件下获得正收益的活动。当所有证券关于因子的风险价格相等时，证券市场不存在套利。套利定价理论（APT）跟资本资产定价模型（CAPM）一样，是一个证券价格的均衡模型。APT 比 CAPM 需要更少的关于投资者偏好的假设。根据套利定价理论，期望收益——b 关系对资产组合成立，对单个证券也成立，该理论的结论与 CAPM 模型一样，也表明证券的风险与收益之间存在着线性关系，但它们的前提不同，APT 只在一定条件下与 CAPM 等价。

习　题

1. CAPM 和 APT 共有的假设是什么？两者有哪些不同的假设？

2. 什么是因子模型？

3. 与 CAPM 相比，因子模型如何简化了计算？

4. 如何用 APT 进行投资决策？

5. 在 APT 模型中，市场组合起到什么作用？

6.（多选）因子模型中，一只股票在一段时间内的收益与（　　）相关。

A. 公司特定的情况　　　　　　　　B. 宏观经济情况

C. 误差项　　　　　　　　　　　　D. A 和 B

E. 既不是 A，也不是 B

7.（单选）假设股票市场收益率并不遵从单指数结构。一个投资基金分析了 100 只股票，希望从中找出均方有效资产组合。他们需要计算（　　）个期望收益率和（　　）个方差。

A. 100，100　　　　　　　　　　B. 100，4 950

C. 4 950，100　　　　　　　　　　D. 4 950，4 950

8.（单选）假定贝克基金（Baker Fund）与标准普尔 500 指数的相关系数为 0.7，贝克基金的总风险中特有风险是（　　）。

A. 35%　　　　　B. 49%　　　　　C. 51%　　　　　D. 70%

9.（单选）如果 X 与 Y 都是充分分散化的资产组合，无风险利率为 8%：

资产组合	期望收益率	贝塔值
X	16%	1.00
Y	12%	0.25

根据这些内容可以推断出资产组合 X 和资产组合 Y（　　）。

A. 都处于均衡状态　　　　　　　　B. 存在套利机会

C. 都被低估　　　　　　　　　　　D. 都是公平定价

10.（单选）根据套利定价理论（　　）。

A. 高贝塔值的股票都属于高估定价

B. 低贝塔值的股票都属于低估定价

C. 正阿尔法值的股票会很快消失

D. 理性的投资者将会从事与其风险承受力相一致的套利活动

11. 考虑有两个因素的 APT 模型。股票 A 的期望收益率 16.4%，对因素 1 的敏感性为 1.4，对因素 2 的敏感性为 0.8。因素 1 的风险溢价为 3%，无风险利率为 6%。如果无套利机会，因素 2 的风险溢价为（　　）。

A. 2%　　　　　B. 3%　　　　　C. 4%　　　　　D. 7.75%

12. 考虑多因素 APT 模型。因素组合 1 和因素组合 2 的风险溢价分别为 5% 和 3%，无风险利率为 10%。股票 A 的期望收益率为 19%，对因素 1 的敏感性为 0.8。那么股票 A 对因素 2 的敏感性为（　　）。

A. 1.33   B. 1.5   C. 1.67   D. 2.00

13. 假定只有一个因素影响已实现收益和期望收益。下面给出了 3 个充分多样化的投资组合 X、Y、Z 的系统风险 β_i 和期望收益 ER_i，$i=X,Y,Z$：

投资组合	β_i	ER_i
X	1.2	0.15
Y	0.3	0.06
Z	0.9	0.11

如何用以上投资组合设计一个套利组合？

14. 假设用下面的双因子模型描述收益：

$$r_i = a_i + b_{i1}f_1 + b_{i2}f_2 + \varepsilon_i, \quad i=1,2,\cdots,n$$

下面三个组合是可观察到的：

组 合	期望收益	b_{i1}	b_{i2}
A	12.0	1	0.5
B	13.4	3	0.2
C	12.0	3	−0.5

求出描述均衡收益的方程。

15. 根据上题的结果，说明如果存在一个组合 D 具有如下可观察到的性质，则将存在套利机会：$E(r_D)=10$，$b_{D1}=2$，$b_{D2}=0$

16. 假定有两个因素影响已实现收益和期望收益，下面给出两个充分多样化投资组合 R、S 的系统风险 $\beta_{p,1}$ 和 $\beta_{p,2}$ 以及期望收益：

投资组合	$\beta_{p,1}$	$\beta_{p,2}$	$ER_{p,t}$
R	0.5	0.3	0.07
S	1.0	0.6	0.09

(1) 写出投资组合 R、S 期望收益与系统风险之间的关系。

(2) 写出投资组合 R、S 已实现收益与系统风险之间的关系。

(3) 这些投资组合提供了套利机会吗？如果有，怎样进行套利？

阅读材料

[1] Ross Stephen A. The Arbitrage Theory of Capital Asset Pricing. *Journal of Economic Theory*, 1976, 13.

[2] Ingersoll Jonathan E. , Jr. Some Results in the Theory Arbitrage Pricing. *Journal of Finance*, 1984 (39).

[3] [美]滋维·博迪, 亚历克斯·凯恩, 艾伦·J·卡库斯. 投资学(第 9 版). 北京:机械工业出版社,2012.

第九章

市场的有效性与行为金融学概论

内容提要

    ① 随机游走理论。② 有效市场理论。③ 行为金融学概论。

    马科维茨的均值-方差模型、CAPM 理论、APT 模型以及 B - S 期权定价模型是现代微观金融学最主要的模型,这些理论与模型均假设人是理性的,基于理性人假设对市场的有效性进行研究。

    个人理性表现为通过证券市场以最小的风险获得最大的收益,而整个证券市场的理性则表现在证券价格的随机性。随机游走理论由 Bachelier(1900)提出后,许多经济学家做出了大量的贡献,其中包括 Working(1934),Kendall(1953),Samuelson(1965) 和 Mandelborot(1966),后两者在仔细研究了随机游走理论之后,才解释了有效市场期望收益模型中"公平游戏"的原则。Fama(1970)集有效市场理论的大成,对有效市场理论作了系统的总结,并提出了一个完整的理论框架。然而,随着有效市场理论研究的深入,一方面有更多的假设条件放宽,对理论进行发展;另一方面也出现了大量不支持有效市场理论的实证研究结果。行为金融是解释这些现象的一个非常重要的流派。

    本章主要内容包括:① 随机游走理论。② 有效市场理论。③ 行为金融学的相关知识。这部分内容非常复杂,本书只对有关知识做简单介绍,有志于这方面理论研究的读者可以进一步查阅课后所列的相关文献。

第一节　随机游走理论

一、随机游走理论的发展

    随机游走是有效市场理论的起源。法国经济学家 Louis Bachelier 1900 年在研究法国商品价格走势时惊奇地发现,这些商品的价格呈随机波动,也就是说某种商品的当前价格是其未来价格的无偏估计值。从时间序列来看,第二天商品的价格期望值与今天实际价格差额的值等于 0。这一发现与人们的传统看法不同,因为人们一直认为价格的波动是有规律可循的。

    以上规律被定义为"随机游走"(Random Walk)。根据时刻 t 和 $t+k$ 时资产的收益率 r_t 和

r_{t+k} 之间的相关程度不同，随机游走模型有不同的形式。定义随机变量 $f(r_t)$ 和 $g(r_{t+k})$，其中，f 和 g 为任意函数，t 时刻资产的价格为 P_t，所有的随机游走模型都可以通过以下条件给出：

$$\text{cov}[f(r_t), g(r_{t+k})] = 0$$

$$P_t = u + P_{t-1} + e_t$$

其中，t，k 任意，且 $k \neq 0$。

如果：① f、g 为线性函数，即收益率序列不相关，该模型称为Ⅲ类随机游走模型。② f 为任意的函数，g 为任意的线性函数，该模型称为鞅。③ f、g 为任意函数，且 e_t 相互独立，该模型称为Ⅱ类随机游走模型。④ f、g 为任意函数，e_t 相互独立且同分布，该模型称为Ⅰ类随机游走模型。其中最引起理论界和市场人士兴趣的是鞅模型。Bachelier 的基本原则实质上就是"鞅"。

1953 年莫里斯·肯德尔(Maurice Kendall)对股票价格的历史变化做了大量序列相关分析，也发现无法确定任何股价的可预测形式，股票价格序列就像在随机漫步一样，下一周的价格是前一周的价格加上一个随机数构成，在任何一天它们都有可能上升或下跌，而不论过去的业绩如何。这说明过去的股价数据提供不了任何价值来预测未来股价的变动，即股价的变化是随机游走的。股票价格的随机游走意味着价格变化是相互独立的，每次价格的上升或下降与前一次的价格变化无关，对下一次价格变化也毫无影响。这就像人们扔硬币一样，哪面朝上，哪面朝下完全是随机的。

实际上，Kendall 的结论 Working (1934)早已提出过，只是 Working 的论述缺乏像 Kendall 那样有力的实证研究证据。然而，他们提出的股票价格序列可以用随机游走模型很好描述的观点是建立在观察基础上的，而并没有对这些假设进行合理的经济学解释。直到 Samuelson (1965)和 Mandelbrot (1966)在仔细研究了随机游走理论后，才揭示了有效性市场假设期望收益模型中的"公平游戏"原则。

二、新信息的作用

证券价格变化与过去情况无关。这一发现看起来让人难以置信，但却是市场的必然选择。假定有人找到了某种可以用来预测未来价格变化的模型，那么这个人就发现了一个可以套利致富的途径，他只要按照这一模型的预测进行买卖就会迅速获得大量财富，这种情况显然是不存在的。因为，如果存在一个"准确的"模型预测 A 股票价格 3 天后将从 20 元/股涨至 23 元/股，若该预测信息是公开的，则 A 股票价格瞬间会上升到 23 元/股，3 天后去买就失去了获利的机会，因为信息已经成为历史。也就是说由"模型"带来的"好消息"将立即反映在股票价格上，而不是在一段时间之后才反映出来。

不断追求利润的投资者的存在，使得任何能够用来对股票价格作预测的信息已经反映在股票的价格中。由于价格是公开可知的，若以已体现信息的价格来预测未来，等价于以旧信息作为决策依据，这种决策是无效的。

在股票价格已经反映了所有已知信息的条件下，则股票价格的变化完全依赖于新信息的披露。所谓的新信息是指投资者事先无法预测的信息，因此由新信息的出现而引起的股票价格的变化就是无法预测的，股票价格的变化就应该表现为"随机游走"。股票价格变化的这种特性体现着有效市场的特点。

然而，股票价格的纯粹随机游走是不符合现实的。因为股票投资者的投资行为首先是对资金使用权在一定时间内的让渡，其需要得到资金的时间价值可以用市场无风险收益率来表示。其次,股票投资者还需要冒一定的投资风险,而投资者一般都是厌恶风险的,因此需要得到一定的风险溢价作为补偿。所以,在实际应用中股票投资的收益率等于预期收益率加上随机游走的部分。另外,过去投资者总是把股票投资的预期收益率当作常数,现在更多地认为预期收益率也是可变的,它随着投资者的风险厌恶、投资机会的变化而变化,但这种变化有规律可循。由此可见,股票投资的收益率可以分解为两部分,一部分可以预测,另一部分则是随机的。因此,随机游走理论并不等于说股票价格是完全不可预测的,而股票价格一定程度上的可预测性并不能作为否定随机游走理论的证据。

三、市场理性

"市场有效"的本质是信息有效(股票价格已经充分地、有效地、立即地消化了所有可以得到的信息),信息有效的前提是投资者理性,正是由于投资者理性,希望捕捉套利的机会,使得自己在别的投资者获得有用信息之前交易证券,当股票投资者获得有关股票内在价值的信息时他们就会立即做出反应,买进价格低于其内在价值的股票,卖出价格高于其内在价值的股票,从而使股票价格迅速调整到与新的净现值相等的水平。

由于股票市场上存在大量投资者,这些投资者都在努力收集、分析各类信息以寻找一切可能的获利机会,都在把自己掌握的信息用于投资活动从而反映在股票价格上。因此,在市场均衡条件下股票价格将反映所有有关的信息,而一旦市场偏离均衡,出现某种获利机会也会有投资者在极短的时间内填补这一空隙,使市场恢复均衡。虽然不能绝对地说所有投资者都是完全理性的,股票价格已经反应了全部相关信息,其价格的未来变化是无法预测的;但是,考虑到股票市场是一个充分竞争的市场,在这个市场上要预测股票价格的未来变化寻找获利机会是相当困难的。

可以说,证券价格变化的随机性(无序性)是整个市场理性的一个外在表现。有效市场的前提是投资者理性以及在此基础上形成的市场理性。反之,如果股票价格不是随机游走而是可以预测的,那么任何人均可以直接从市场上无成本地获得信息从而获得利润,那么,这样的市场就是非理性的。

图9-1与图9-2分别为2021年1月1日—6月30日6个月时间内上证指数和道琼斯指数的变化情况。从两张图都可以看出,两个指数上涨和下跌的比率基本上是在X轴上下无序运动的。

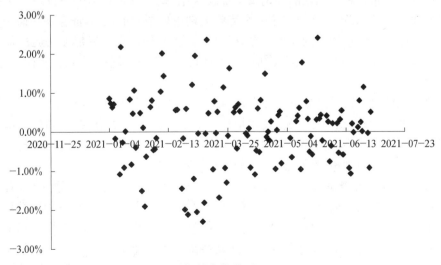

图9-1　上证指数变化率(2021.1—2021.6)

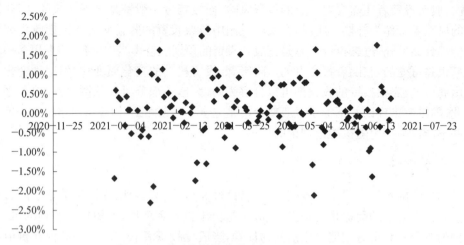

图9-2 道琼斯综指变化率(2021.1—2021.6)

第二节 有效市场理论

一、有效市场的定义

法玛(Fama)是有效市场理论的集大成者,他为该理论的最终形成和完善做出了卓越的贡献。法玛是意裔美国人,1939年生于波士顿乡下,是家中第一个大学生,在塔夫兹大学读书时主修法文。为挣钱他曾为一教授打工,帮教授选投资股票的时机并将信息印刷出售给客户。在这个过程中,他发现找不到一套可以获利的交易法则。法马研究股价变动问题的成果发表在1965年《商业期刊》上,全文长70页,这一研究成果对投资实务界产生了巨大的影响。他首次提出"效率市场"和"市场效率"的概念,并广为流传。1969年12月,美国金融学会年会邀请他作为唯一的论文报告者介绍他的理论及实证检验结果。Fama(1970)不仅对有关有效市场假设的研究作了系统的总结,还提出了一个完整的理论框架。他认为,证券在任何一时点的价格都是对所有相关的信息做出的反映。在有效市场当中,任何投资者都无法通过某种既定的分析模式或者特定操作始终获得超额利润。由此可见,有效市场假设是信息有效、投资者理性、市场理性的统一。

股票价格的"随机游走"现象首先使人们对资产分析常用的传统分析技术产生了怀疑,既然价格是随机波动的,那么图形分析、技术指标等分析工具还是否有效? 同时,价格是信息的载体,良好的宏观经济指标、高的净利润增长率信息公布后股价呈现上升趋势运行还是继续随机波动? 有效市场假设理论对随机游走现象进行了更加深入的研究和解释。

关于有效市场,威廉姆·夏普(William F. Sharpe)给出了两种定义:第一种,有效市场是指市场中每一种证券的价格都永远等于其投资价值的市场,也就是说,每一种证券总是按它的公平价值出售,任何试图寻找被错误估值的证券的努力都是徒劳的。第二种,市场上存在一系列信息,如果交易者无法利用这些信息形成买卖决策并牟取超额利润的话,那么就说市场相对于一系列特定信息是有效的。从一定意义上讲无论是哪种定义,市场有效性假设均意味着资源配置的有效性和市场运行的有效性。

二、有效市场的划分

有效市场假设（Efficient Market Hypothesis，EMH）认为在有效市场中，现时市场价格能够反映所有相关信息，不存在利用可预测的信息获得超额利润的机会。但是，不同的信息集对证券价格产生影响的速度不一样，所以，把信息集分成不同的类别是必要的。对信息集分类的一种最常用的方法就是将信息分为：全部交易的信息、可获得的公开信息、所有可获得的信息。三种信息集的关系可以用图9－3来表示：

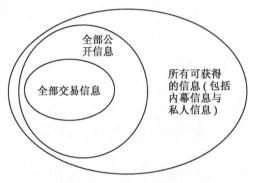

图9－3　三种信息集的关系

图9－3中，全部交易信息是指关于证券交易的历史信息，包括价格、交易量等。全部公开信息，包括全部交易信息和关于公司基本状况的信息，如生产、经营、财务状况等。所有可获得的信息则是指除全部公开信息外，还包括不为外人所知的内幕信息。

按信息集的三种不同类型将市场效率划分为三种不同水平：弱式有效市场（the weak form）、半强式有效市场（the semistrong form）、强式有效市场（the strong form）。

（一）弱式有效市场

如果股价已经反映了全部能从市场交易数据得到的信息（包括过去的股价、交易量等数据），则称这样的资本市场为弱式有效市场或者满足弱有效形式。在弱式有效市场上，投资者不可能通过对以往的价格进行分析而获得超额利润。"随机游走"正是指此种弱式有效，在这种情况下，技术分析将毫无用处。因为股票价格的历史数据是可以免费得到的，如果这些数据里包含有用的信息，则所有的投资者都会利用它，导致价格迅速调整，最后这些数据就失去预测价值。所以，股价的历史记录不含有对预测未来价格有用的信息，在弱式有效市场中，利用历史资料对市场未来的价格趋势分析是徒劳的。

（二）半强式有效市场

如果股票价格反应了所有公开可得的信息，则市场是半强式有效的。其中公开信息是指除了历史交易数据外，还有与公司生产有关的基本数据、管理的质量、资产负债表、专利情况、收益预测、会计处理等经营信息和宏观方面的信息。在半强式有效市场中，证券的价格会迅速、准确地根据可获得的所有公开信息进行调整。这意味着投资者既不能依靠技术分析，也不能依靠基本分析来赚取超额利润。

（三）强式有效市场

如果股票价格反映了所有的信息,不管是公共的,还是私有的,那么就可以说这个市场是强有效市场。此时,股价反映了全部与公司有关的信息,甚至包括仅为内幕人士所知道的信息。强式有效市场从理论上确定了理想市场的标准,为内幕交易的违法性提供理论上的根据。强式有效市场中,不仅是已经公布的信息,而且,所有可能获得的有关的内部信息都对专业分析者毫无用处,专业投资者的市场价值为零。显然,在现实中这种情况并不存在,强式有效假定只是一种理想状态。

1976 年,Fama 给出了基于理性预期理论的更严密的有效市场定义,他将三种类型的有效市场根据其所包含的信息集以条件概率密度函数形式进行描述。在一个有效市场中,存在如下关系:

$$f(P_t \mid \Phi_{t-1}) = f_m(P_t \mid \Phi_{t-1}^m)$$

其中, $P_t = (P_{1t}, \cdots, P_{nt})$ 是 t 时刻各种证券价格的向量; Φ_{t-1} 是 $t-1$ 时刻市场可获得的所有信息的集合; Φ_{t-1}^m 是 $t-1$ 时刻市场实际利用的信息的集合; $f(P_t \mid \Phi_{t-1})$ 是信息集 Φ_{t-1} 所隐含的真实的 t 时刻的价格概率密度函数; $f_m(P_t \mid \Phi_{t-1}^m)$ 是市场在 Φ_{t-1}^m 条件下估计的 t 时刻的价格概率密度函数。

由此可见,在有效市场中,利用相应信息估计证券未来价格的期望值,结果与当前实际价格相同。这同时意味着当前的价格已反应了所有相关信息。未来价格的短期趋势无法判定(随机游走),有效市场是一个公平赌局。用公式表示就是:

$$\text{cov}(r_t, r_{t+1}) = 0$$

$$E(P_{t+1} \mid \Phi_t) = P_t$$

例如,已知今日股票是上涨的,要利用今日股票的交易信息来预测明日股票是涨还是跌,则涨跌的概率只能是各为 50%,而不可能是涨 70%,跌 30%。

如果市场是有效的,证券价格就会在收到信息时做出迅速而准确的反应。迅速是指从证券市场收到信息到证券价格做出反应之间不应该有明显的延迟。准确是指证券价格的初始反应就应准确反映信息对证券价格的影响,不需要做出后续纠正,不存在过度反应或者延迟反应,如图 9-4 所示。

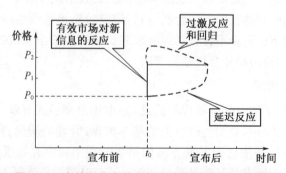

图 9-4 有效和非有效市场中价格对新信息的反应

图 9-4 反映了证券价格在收到信息时的三种反应形式。图中,有效市场对新信息的反应

是迅速而准确的。在宣布时间 t_0 前,市场价格为 P_0,在宣布瞬间,市场价格变为 P_1,此后,在有其他新信息到来之前价格一直保持 P_1。在过激反应下,宣布的价格一下子变化为 $P_2(P_2 > P_1)$,之后市场缓慢对该价格进行调整,逐渐下降到其应有水平 P_1。延迟反应是指市场在新信息公布后价格并没有立即上升到 P_1,而是经过了一段时间的调整期逐渐上升到 P_1。

三、有效市场的悖论

有效市场理论是投资学的基础,现代金融学的一些最主要的模型都是基于(弱式)有效市场的。但是,另一方面,有效市场理论又认为,在不同程度的有效市场中,各种分析方法逐个失效,投资者无法通过对证券的分析获得超额利润。那么这是否就意味着如果市场是有效的,对证券进行研究、开发模型、挖掘信息就是无用的,或者说投资学是无用的呢?

事实上,市场有效是竞争的结果,而证券研究则是竞争的手段。首先,根据格罗斯曼和斯蒂格里茨的观点,为了在竞争中获得优势,就必须开发更有用的模型、改进信息的挖掘技术,这就促进了市场有效。他们提出,只要这样的行为能产生更多的投资收益,投资者就会有动机花时间和资源去发现和分析新信息。这样,在市场均衡中,有效的信息收集行为应是有收获的。

如果股票的市场价格已经充分反映了有关信息,则投资者通过努力获取超额利润的希望就要落空。但是如果每个投资者都相信市场是有效的,都不去对市场进行研究分析,那么股票价格肯定不能充分反映各种信息,市场将会是无效率的,进行市场研究的投资者就会有利可图。如果投资者都认为市场是无效率的,认为通过市场分析、开发模型等种种努力可以发现价格变化的规律和投资机会并因此战胜市场,则在所有投资者的共同努力之下市场就会变得有效。因此,有效市场是竞争的结果。

其次,一旦利用信息可以进行套利,若市场上其他人对市场不作研究(信息挖掘),则挖掘信息的人就有套利的机会。这就促使人们愿意对市场进行研究,希望可以得到他人得不到的信息,或者优先他人一步,以获得收益,正是这种不断寻找套利机会并不断套利的行为使市场变得有效起来,可以说有效市场正是套利的结果。

应该看到,市场有效性的根源是信息充分性问题,信息充分又与信息的研究(包括信息提取技术)有关。如果投资者都不进行研究,信息的发现和传播的效率一定会大大降低,市场有效程度随之下降。市场有效是因为信息研究和信息的有效传播,而不是由少数人长时间垄断。所以,EMH 与投资学并不矛盾,投资学正是需要研究更加好的理论和模型来更好地挖掘信息。

有效市场理论对投资的意义:

(1) 若市场是弱式有效的,则技术分析是无用的(技术分析:借助证券交易数据所形成的图表以及一系列分析指标来预测证券价格的未来走势)。

(2) 若市场是半强式有效的,则基本分析也是无用的(基本分析:通过对国内外经济环境待业状况以及公司本身的分析寻找偏离公平价格的证券并以此获得超额收益)。

(3) 市场越有效,则资产组合的积极管理越无效。

(4) 当市场完全有效时,市场组合(Market Portfolio)是最优投资组合,这意味着组合的被动管理是有效的。

第三节 有效市场理论的违背现象

尽管许多实证研究对有效市场假说做出了肯定评价,但是确实也存在大量研究结果对有效市场假说提出了各种质疑。特别是一系列的实证研究发现超额收益和某些公司的特征之间存在一定联系。这些特征主要表现在以下一些方面:

一、小公司效应

自 20 世纪世纪 80 年代以来一些研究成果指出,在排除风险因素之后小公司股票的收益率要明显高于大公司股票的收益率。最早进行这一研究的是 Benz,他发现不论是总收益率还是经过风险调整的收益率都存在着随着公司规模(根据企业普通股票的市值衡量)的增加而减小的趋势。1981 年 Benz 对所有在纽交所上市的股票收益情况进行了研究,他将公司按规模分成五组,发现最小规模组的平均年收益率比那些最大规模组的公司要高 19.8%,而且无论是在风险调整之前还是调整之后,小规模组的公司股票的收益率都总体性偏高。与此同时,Reinganum 也发现公司规模最小的普通股票的平均收益率要比根据 CAPM 模型预测的理论收益率高出 18%。人们称这一现象为小公司效应。

二、一月份效应

Keim 等在 1983 年又分别证明了小公司效应在一月份最明显,特别是在一月的头两个星期,称为小公司一月份效应。在研究中,Keim 将公司按规模分成 10 组,比较了每月最小规模和最大规模公司组的平均超额收益情况。从 1963~1979 年的平均月差额显示 1 月份平均小公司每天股价上升达 0.714%,1 月份头 5 天的上升幅度超过了 9.16%。

其他研究发现国际资本市场上也存在类似现象。如果一月份效应存在,投资者在 1 月份买入,在其他月份卖出就能获得比较稳定的超常回报从而使得有效市场假说不成立。

三、被忽略的公司效应

Arbel 等对小公司 1 月份效应提出了新解释,认为小公司容易被忽略,市场对其研究不充分使得小公司成为获得较高利润的投资对象。Arbel 按照持股金融机构的数目将公司分成热门、中等热门和被忽略公司三组,被忽略公司的一月份效应最为明显。Merton 指出被忽略公司应该被预期获得更高的均衡收益来弥补和有限信息有关的风险。从这个意义上来说被忽略公司溢价不是严格的市场无效而是一种风险溢价。

四、流动性效应

Amihud 和 Mendelson 的研究表明上市公司的规模越小其股票的流动性越差,而流动性较差的股票的交易成本较高。为了补偿较高的流动性风险和交易成本,流动性差的股票往往存在不正常的高风险调整收益率。流动性效应也可以看作一种小公司效应的表现。

五、颠倒效应

1985 年,Debondt 等发现,在一段时间内,表现最好(差)的股票在接着会表现非常差(好)。Debondt 的实证研究表明,如果对股票业绩进行为期 5 年的排序,基期表现不好的股票组(含 35 种业绩最差的股票)在以后的 3 年中的平均累计收益,比基期表现最好的股票组(含 35 种业绩最好的股票)的累计收益高出 25%。

六、市场价值与账面价值比

法玛和弗伦奇(1988),拉克尼肖克、施莱弗和维什尼(1993)等对市场价值与账面价值比与超额收益与收益之间的关系进行了研究。拉克尼肖克、施莱弗和维什尼的研究通过分组排除了小公司效应等的影响,仍然发现在具有较高的账面价值与市场价值比的公司和具有较低的账面价值与市场价值比的公司之间,收益差异平均为 7.8%。

七、盈利价格比率

巴苏(1977) 的研究表明,当用 CAPM 模型估算预期收益时,超额收益(收益减去预期收益)和公司的盈利价格比率(E/P)之间存在正相关。但是,另外又有学者研究表明,E/P 效应与公司的规模具有高度的相关性。所以和盈利价格比率相关的超额收益可以看作是小公司效应和市场价值与账面价值比的综合作用结果。

对于上述各种有悖于效率市场假说的实证研究,金融学家们给予了不同的解释。Fama 等人认为,这些现象并不表明有效市场理论不成立,现象的实质是一种额外的风险。这些公司的股票之所以有较高期望收益,是因为它们面对着更高的风险。Lakonishok 等人认为,这些现象正是市场无效的证据,由于太强调公司业绩对股价的影响,把近期表现良好公司的股价过度抬高,把近期业绩较差公司的股价压得过低,当投资者发现过错时,价格就颠倒了过来,这恰好说明市场不是有效的,存在系统偏差。

第四节　有效市场理论的演进

20 世纪 70 年代以后,在理性预期的分析框架内,EMH 理论研究的进展主要表现在三个方面:

一是在 EMH 中引入信息成本和交易成本,从理论上证明了价格反映信息的充分程度是由利用信息的边际收益和边际成本决定的。因而,市场有效,但不是完美有效,即信息不是无成本获得的。这一工作由 Grossman 和 Stiglitz (1980)完成。对信息成本和交易成本的研究构成了市场微观结构理论的基础之一。市场微观结构学派批评传统的 EMH 研究只重视市场均衡模型和经验结果,忽视信念和信息从个体到市场的具体汇集过程,使研究成为一个只知结果而不知过程的黑箱。市场微观结构理论分析了价格体系汇集不同交易者所拥有的不同信息,及信息从知情交易者传递到不知情交易者的过程,论证了由于信息和交易成本的存在,现实世界中的市场有效性低于完美市场中的市场有效性。

二是放弃随机游走模型,认为在 EMH 成立时,收益仍存在一定程度的可预见性。LeRoy (1973)建立的模型表明随机游走模型既不是 EMH 的充分条件,也不是 EMH 的必要条件。这一观点得到 Rubinstein (1976)、Lucas (1978)等人的支持,并得到 Mackinlay(1999)等经验研究的验证。现在,新古典金融学认为随机游走只是 EMH 的一个早期版本,而它成立与否与 EMH 无关。经验研究发现,过去的收益、红利收益率、市盈率、违约溢价等都可以在一定程度上预见股价未来的走势。新古典金融学对此的解释是必须注意区别统计学上的显著性和经济学上的显著性。在 20 世纪 70 年代以后,资产定价理论认为预期收益率(和风险溢价)具有时变性,因而要求股票价格行为的统计性质不是数学上完美的随机游走,而是具有一定程度的相关性。与此相对应,经验研究也表明收益在统计学上具有很小的相关性,但这一相关性不允许投资者实现高于其所承担风险的收益。因而经验研究发现时间序列中存在一定程度的自相关和预测力不应该被认为是否定 EMH 的异常现象。

三是放弃市场参与者理性的假定,不再要求市场参与者都是理性的。Rubinstein (2001)承认市场的投资者中存在行为心理学实验观察到的非理性心理,他将市场理性分为三种层次:① 最大理性,全部投资者都理性的,这只存在于理想状态下。② 严格理性,不管市场是否是理性的,资产价格的设定却好像全部投资者都是理性的,即理性投资者纠正了市场的错误定价,这是当前 EMH 与行为金融学争论的焦点。③ 最低限度理性,虽然从资产定价上判断好像不是全部投资者都是理性的,但是对那些理性的投资者而言,这里仍然没有获取超额利润的机会。他认为市场即使不是最大理性,至少达到了他所定义的最低限度理性,市场实现了无套利均衡下的有效。Malkiel (2005)显示美国国内和国外资本市场上的职业投资经理的业绩没有超越相应的指数基金,他以此证明市场价格反映了全部可获得信息。

第五节　行为金融学概论

有效市场讨论的是标准化的内容,即理论上讲投资者应该怎样进行选择,然而很多人在实践中并没有做出这样的最佳决策。随着大量不支持有效市场假说的实证研究结果的出现,学者们开始提出一些新的理论对此进行解释。行为金融理论就是其中一个非常重要的流派,是第一个较为系统地对效率市场假说提出挑战并且能够有效解释证券市场价格异常的理论。

一、行为金融的基本概念

行为金融(behavioral finance)是以新的人性模式来研究不确定性环境下投资决策行为的科学。它以心理学对人类决策心理的研究成果为依据,以人们的实际决策心理为出发点,讨论投资者的投资决策对证券价格变化的影响。行为金融学的出现标志着人们的研究逐渐从理性范式过渡到心理范式,尝试解释现实资本市场中存在的许多无法为现代金融学所解释的异常现象。行为经济学家卡尼曼(Daniel Kahneman)荣获 2002 年的诺贝尔经济学奖,使行为金融学得到了进一步的认可。在现代金融学的五大基本理论中,有效市场假设具有与众不同的地位,被称为现代金融理论的基石、现代金融理论的核心命题,因为现有的许多理论都建立在有效市场假设的基础上。而行为金融学则认为经济理论并不一定要引导人们去寻找一种市场的有效状态,对有效状态系统性、显著偏离的现象能够在金融市场长期存在。可以说,行为金融学的矛头直指现代金融学的核心命题:有效市场假设。行为金融对传统金融理论进行了很多否定,主要体现在以下两个方面:① 投资者以心理学的研究成果而非理性假设为依据,产生系统性的决策错误。② 非理性行为与决策错误共同影响了证券的定价,造成市场的非理性。不过,虽然行为金融理论从 20 世纪 80 年代兴起后,在 20 世纪 90 年代得到迅速发展,但至今仍处于待完善阶段,尚未形成一个严谨的理论体系。

二、投资者心理偏差与非理性

行为金融学是从人们在决策过程中的实际心理活动研究入手讨论投资者的投资决策行为的,其投资决策模型建立在对投资者决策时的心理因素的假设基础上。行为金融学发现股票投资者在进行投资时常常表现出以下心理偏差和非理性行为:

(一)过分自信

行为金融理论的研究者指出,心理学研究发现人们较多地表现出过分自信,他们过分的相信自己的能力和判断。更有研究发现,在实际预测能力没有改变的情况下,人们更为相信自己对比较熟悉领域所做的预测。证券市场上投资者的过分自信往往导致低估证券的实际风险,以及过度交易。

Odean(1999)发现散户在卖出一种股票之后往往很快买入另一种股票,但平均来说,即使扣除交易成本,他们卖出的股票比他们买入的股票表现得要好。Odean 认为,这种过度交易行为可能是因为投资者过分自信。过分自信可能源于其他两种偏差:事后聪明(hindsight)和自我归因(self-attribution)。事后聪明会使人们建立一个对过去的决策似乎是合理的事后法则,使人们对自己的决策能力感到自豪。因为如果人们相信他们对过去的预测比他们实际做得要好,则他们也可能相信他们对未来的预测比他们实际能够做到的要好。自我归因是指人们往往将好的结果归功于自己的能力,而将差的结果归罪于坏运气,长此以往会导致人们过分自信。

(二)重视当前和熟悉的事物

现代金融理论中的最优决策模型要求投资者按照"贝叶斯法则"修正自己的判断并对未来进行预测。但是行为金融理论的研究发现,人们在决策过程中并不是按照"贝叶斯法则"修正自己的预测概率,而是对最近发生的事件和最新的经验给予更多的权重,从而导致投资者在决策和作出判断时过分看重近期事件的影响,这也叫作"可获得性偏差"。投资者基于近来或者"可看得见"的事件而非全部相关数据的概率进行评估。例如,在投资实务中,投资者往往只通过观察近来的股票价格趋势来预测股票未来收益,或者只对经常看见的股票进行投资,而对不熟悉的股票敬而远之,所以才有所谓的"小公司"效应。

(三)回避损失和精神会计

对于收益和损失,投资者更注重损失带来的不利影响,人们对损失赋予的权重是收益的两倍,从而造成投资者在投资决策时按照心理上的"盈利"和"损失",而不是实际收益和损失来采取行动。这种心理使得投资者过快卖出具有潜在盈利(低现金红利)的股票,在不同分红方式的证券上具有不同的风险偏好。

（四）避免后悔

投资决策失误后,投资者产生后悔情绪难以避免。因此,面对同样的决策结果,如果某种决策方式可以减少投资者的后悔心情,这种决策方式将优于其他决策方式。投资者倾向于采取一系列减少其后悔的方式,如委托他人代为决策、随大流等。

（五）相互影响

当投资者置身于群体中时,往往会放弃自己的感觉和观点,而以群体的价值取向和规则作为自己的行为准则,跟随群体中大多数人采取相同或相似的行为。社会性的压力使人们之间的行为趋向一致,投资者容易产生从众心理造成羊群效应。

行为金融理论认为投资者在决策时的心理因素偏离理性且是系统性的偏离,从而使得证券的价格不同于现代金融理论的理性分析,投资者的实际决策过程并非理性的最优决策过程。行为金融的基本假设是人是非理性的,从而市场是非有效的。

三、行为金融学理论模型

（一）BSV 模型

行为金融学理论认为,投资者在进行投资活动时存在两种心理偏差:一是选择性偏差(representative bias),主要表现为投资者过分重视近期数据的变化模式,却对产生这些数据的总体特征重视不够;二是保守性偏差(conservation bias),这是指投资者不能及时根据变化了的情况修正预测模型。由于这两种偏差的存在,使得投资者可能反应不足或反应过度。所谓反应不足(under-reaction),是指投资者认为股票收益变化只是一种暂时现象,因此没有根据收益变化充分调整自身对股票未来收益状况的预期,只在后来的实际收益状况和先前预期不符时,才会重新做出调整,从而导致股价对于收益变化的滞后反应;所谓反应过度(over-reaction),是指投资者认为公司的收益变化是趋势性的,错误地将这一趋势扩大,从而导致对股价过度反应。

基于上述两种偏差,Barberis,Shleifer 和 Vishny 于 1998 年提出 BSV 模型,用以解释投资的决策模式如何导致股票的市场价格变化偏离有效市场假说。尽管 BSV 是一种具有代表性的投资者模型,但模型假设投资者主观持有两种不同的红利模式:第一个假设是红利增长负自相关,第二个假设是红利增长正自相关。当投资者确信并使用第一个模型时,表现出对信息反应不足;当投资者确信并使用第二个模型时,表现出对信息过度反应。

（二）DHS 模型

Daniel,Hirshleifer,Subrahmanyam(1998)对短期动量和长期反转问题进行研究认为,分析投资者对信息的反应程度时应强调过分自信和有偏差的自我归因,由此建立 DHS 模型。模型假设投资者彼此不同,他们都同时接受私人的和公开的信息,且投资者均为过分自信。投资者的异质性体现在他们接受的信息结构的不同。过分自信的投资者是指那些过高地估计私人信息所发出的信号对价格的影响程度,过低地估计公开信息所发出的信号对价格的影响程度的投资者。过分自信使私人信号比先验信息具有更高的权重,引起反应过度。当包含噪声的公开信息到来时,价格的无效偏差得到部分矫正,当越来越多的公开信息到来后,反应过度的价格趋于反转。归因偏差是指当事件与投资者的行动一致时投资者将其归结为自己的高能力,当事件与投资者的行为不一致时投资者将其归结为外在噪声,即把成功归因于自己英明、把失败归因于外部因素。这种归因偏差一方面导致了短期的惯性和长期的反转,另一方面又助长了过分自信。

(三) HS 模型

HS 模型是 Hong 和 Stein 于 1999 年提出的,该模型假定非理性投资者有两类,一类是信息观察者,通过观察市场信息来形成私人信息,然后基于私人信息形成对价格的预期;另一类是非理性投资者,又被称为动量交易者,他们没有私人信息,只是基于市场价格的变化而交易。信息观察者根据获得的关于未来价值的信息进行预测,其局限是完全不依赖于当前或过去的价格;动量交易者则完全依赖于过去的价格变化,其局限是他们的预测必须是过去价格历史的简单函数。在上述假设下,该模型将反应不足和过度反应统一归结为关于基本价值信息的逐渐扩散,而不包括其他的对投资者情感刺激和流动性交易的需要。模型认为,最初由于"信息观察者"对私人信息反应不足的倾向,使得"动量交易者"力图通过套期策略来利用这一点,而这样做的结果恰好走向了另一个极端——过度反应。HS 模型区别于 BSV 模型和 DHS 模型之处在于:它把研究重点放在不同作用者的作用机制上,而不是作用者的认知偏差方面。

(四) 羊群效应模型

羊群效应模型认为,经营者倾向于简单地模仿其他经营者的投资决策而忽略独立的私人信息。虽然从社会角度看这种行为是无效的,但对于关心其在劳动市场声誉的经营者而言却是合理的,即投资者羊群行为是符合最大效用准则的,是"群体压力"等情绪下的非理性行为。

羊群效应模型分为序列型和非序列型两种。序列型羊群效应模型由 Banerjee(1992)提出,该模型认为每个决策者在进行决策时都观察其前面的决策者做出的决策,对他而言这种行为是理性的,因为其前面的决策者可能拥有一些重要的信息,因而他可能模仿别人的决策而不使用其自己的信息,由此产生的均衡是无效的。与 Banerjee 序列型羊群效应模型相对的是非序列型羊群效应模型,该模型假设任意两个投资主体之间的模仿倾向是固定相同的,当模仿倾向较弱时,市场主体的收益服从高斯分布,而当模仿倾向较强时市场主体的表现是市场崩溃。

四、行为金融学理论的启示

行为金融学向有效市场假设中的一些行为假设提出了挑战,特别是投资者是"理性预期并追求财富最大化"的假设。进一步的心理学研究显示人们在做判断时倾向于过分自信,相信他们愿意相信的并有先入为主的习惯。通过这些发现,行为金融学尝试解释一些证券市场上的价格异常和无效率现象。关于市场有效性和行为金融学的论战不断,投资者仍要面对选择积极投资策略还是消极策略,或者是两者的组合,而这个决定与投资者对有效市场的信赖程度有关。

应该看到,所有的投资者包括专家都会受制于心理偏差的影响,机构投资者也可能非理性。事实上,投资者有可能在大多数其他投资者意识到错误之前采取行动而获利,也可能利用人们心理的偏差而长期获利。

如何看待行为金融学的观点及其在当今的金融领域中的地位,是一个难以准确回答的问题。一方面,假定不理性真的存在的话,这一理论很容易解释为什么一些投资者可以比市场做得更好;另一方面,如果真如行为金融学所认为的那样,市场能长期保持不平衡,那么,在这种状态下,真正的理性分析者反而可能处于不利地位。

本章小结

"市场有效"的本质是信息有效,在一个有效市场当中,证券价格的变动是随机游走的。证券价格变化的随机性(无序性)是整个市场理性的一个外在表现。有效市场的前提是投资者理性,以及在此基础上形成的市场理性。根据三种信息集的划分,可以把有效市场分为三类:弱式有效市场、半强式有效市场和强式有效市场。

尽管有效市场理论富有强烈的理论意义,但现实生活中仍然存在一些与有效市场理论相违背的经验证据,如小公司效应、一月份效应等,为了解释这些与有效市场理论相违背的现象,出现了许多新的金融理论,行为金融理论就是其中最为重要的一种理论。

习 题

1. 什么是有效市场假说?

2. 什么是随机游走假设?

3. 有效市场可以分为哪几类?

4. 三种信息集的关系是什么?

5. 如果基金经理相信有效市场假设,那么他会采取什么样的行动?

6. 思考基金经理在有效市场中的作用。

7. (单选)根据有效市场假设,可以得出( )。

A. 高风险股票一般都会被高估

B. 低风险股票一般都会被高估

C. 股票正的 alpha 值会迅速消失

D. 负 alpha 值的股票对套利者会产生持续的低收益

8. (单选)假设公司公告了一个非预期的巨额现金分红,在有效市场中如果没有消息泄露,你将会看到( )。

A. 公告后股价异常上涨　　　　　B. 公告前股价异常上涨

C. 公告后股价异常下跌　　　　　D. 公告前或公告后股票价发生异常波动

9. (单选)弱式有效市场假设( )。

A. 反对技术分析但支持基本面分析　　B. 反对基本面分析但支持技术分析

C. 反对技术分析和基本面分析　　　　D. 支持技术分析和基本面分析

10. 行为金融主要从哪几个方面否定了传统的金融理论?

11. 举出两个"羊群效应"的例子。

12. (单选)M 公司的贝塔值为 1.2,昨天公布的市场年回报率为 13%,现行的无风险利率 5%。观察昨天 M 公司的市场年回报率为 17%,假设市场是高效的,则( )。

A. 昨天公布的是有关 M 公司的坏消息

B. 昨天公布的是有关 M 公司的好消息

C. 昨天没公布关于 M 公司的任何消息

D. 昨天利率下跌了

13. (单选)NM 公司昨天宣布第四季度的利润比去年同期增长了 10%,昨天 NM 公司的异常回报是－1.2%,这表明(　　)。

A. 市场是无效的

B. 明天 NM 公司的股票可能会升值

C. 投资者预期的利润比实际宣布的要大

D. 投资者期待的利润比宣布的更少

E. 下季度的利润可能会减少

14. (单选)从天气预报中得知,一场难以预料的毁灭性降温今晚降临,而此时正值柑橘收获季节。那么,在有效市场中柑橘公司的股票价格会(　　)。

A. 立刻下跌 　　　　　　　　　 B. 保持稳定

C. 立刻上升 　　　　　　　　　 D. 在接下来的几周内慢慢下跌

15. (单选)一条投资信息偶然成功地预测了连续三年市场走势的可能性为(　　)。

A. 50%～70% 　　　　　　　　 B. 25%～50%

C. 10%～25% 　　　　　　　　 D. 小于 10%

E. 大于 70%

阅读材料

[1] Fama E.. Efficient Capital Market: A Review of Theory and Empirical Work. *Journal of Finance*, 1970,25.

[2] Samueslson P.. Proof that Properly Anticipated Prices Fluctuate Randomly. *Industrial Management Review*, 1965,6.

[3] 徐龙炳,陆蓉.有效市场理论的前沿研究[J].财经研究,2001(8).

[4] 刘力.行为金融理论对市场效率假说的挑战[J].经济科学,1999(3).

第十章 证券市场微观结构

内容提要

① 股票发行的方式及流程。② 证券交易所市场和场外市场。③ 做市商制度和竞价交易制度。④ 指令驱动市场的交易过程。⑤ 证券市场的监管。

任何投资行为都与其所处的市场和交易机制是分不开的。本章主要介绍了证券市场中的各类机构参与者以及证券发行、交易的流程,目的是使读者对证券市场有直观而全面的认识。理论和实践相互联系但又不可替代,希望读者能够更多地将理论应用于实践,这样才真正达到学习这门课程的目的。

本章主要内容包括:① 证券市场。② 证券交易制度。③ 证券市场的监管。

第一节 证券市场与机构

证券市场是股票、债券、投资基金等各种有价证券发行和交易的场所。在广义上,证券市场是指一切以有价证券为对象的交易关系的总和。从经济学的角度,可以将证券市场定义为:通过自由竞争的方式,根据供需关系来决定有价证券价格的一种交易机制。其通过证券信用的方式融通资金,通过证券的买卖活动引导资金流动,有效合理地配置社会资源,支持和推动经济发展,因而证券市场是资本市场的核心和基础,是金融市场中最重要的组成部分。

由于证券市场在交换财产权利的同时,也交换了各自的风险,因此证券市场既有资源配置的功能也有风险配置的功能。其参与者包括了证券发行者、证券投资者、中介服务机构、自律性组织和证券监管机构。证券市场有多种分类方式,通常根据金融资产的发行和流通特征,证券市场可以分为一级市场和二级市场。一级市场是发行市场,二级市场是交易市场。二级市场根据交易方式又可以分为第一市场、第二市场、第三市场、第四市场。图 10-1 直观地表明了各个市场的从属关系。

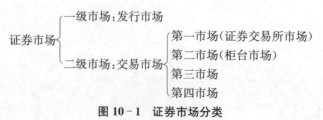

图 10-1 证券市场分类

现依照图 10-1 对证券市场及其组成部分进行分类阐述。

一、一级市场

一级市场,即证券发行市场,是证券发行者为扩充经营、融通资金,按照一定的法律规定和发行程序,向投资者出售新证券所形成的市场,也被称为初级市场。在发行过程中,证券发行市场作为一个抽象的市场,其买卖成交活动并不局限于一个固定的场所,它可以是一个无形的市场,其主要功能是作为投资者和融资者之间的中介。

按证券发行的种类来看,证券发行可以分为股票、债券和基金三种。对于公开发行的这三种证券,其发行和交易系统有很大的相似之处,并通过同一个交易系统进行交易。所以本章主要以股票为例介绍证券市场。在初级市场上发行普通股票又分为两种。一种是首次公开发行(initial public offering,IPO),是指上市公司通过证券交易所首次向社会公众公开发行股票,以期募集用于企业发展资金的过程。IPO 程序比较复杂,发行费用高。第二种是增发,是指上市公司除了首次公开募集股份之外,再次发行股票募集资金的行为。债券发行是发行人以借贷资金为目的,依照法律规定的程序向投资人要约发行代表一定债权和兑付条件的证券的法律行为。

(一)证券发行市场的构成

证券发行市场由证券发行人、证券投资者和证券中介机构三部分组成。证券发行人是资金的需求者和证券的供应者,证券投资者是资金的供应者和证券的需求者,证券中介机构则是联系发行人和投资者的专业性中介服务组织。

(1)证券发行人。在市场经济条件下,资金需求者筹集外部资金主要通过两条途径:向银行借款和发行证券,即间接融资和直接融资。随着市场经济的发展,发行证券已成为资金需求者最基本的筹资手段。证券发行人主要是政府、企业和金融机构。

(2)证券投资者。证券投资者是指以取得利息、股息或资本收益为目的而买入证券的机构和个人。证券发行市场上的投资者包括个人投资者和机构投资者,后者主要是证券公司、商业银行、保险公司、社保基金、证券投资基金、信托投资公司、企业和事业法人及社会团体等。

(3)证券中介机构。在证券发行市场上,中介机构主要包括证券公司、证券登记结算公司、会计师事务所、律师事务所、资产评估事务所等为证券发行与投资服务的中立机构。它们是证券发行人和投资者之间的中介,在证券发行市场上占有重要地位。

最为重要的中介机构是证券经营机构和证券服务机构。

证券经营机构也称券商或证券经纪人,即证券市场的中介人,是专门经营证券业务并从中获利的企业法人。它的作用有两个:① 在发行市场上充当证券筹资者与证券投资者的中介人,辅助证券发行。② 在流通市场上充当证券买卖的中介人。我国的主要证券经营机构主要有以下两种:一是证券公司。证券公司是我国直接从事证券发行与交易业务的具有法人资格的证券经营机构,其主要业务范围有:代理证券发行、证券自营、代理证券交易、代理证券还本付息和支付红利、接受客户委托代收证券本息和红利、代办过户等。目前我国的证券公司有两种分类方式:一种是证监会的分类,证监会以风险管理能力为基础,多种指标综合考查,将我国券商分为 A(A、AA、AAA)、B(B、BB、BBB)、C(C、CC、CCC)、D、E 五类 11 级;另一种是证券业协会的分类,将券商分为创新类券商、规范类券商和其他类券商,重点要求是净资本规模。根据新修订的《证券法》,证券公司的注册资本最低限额与证券公司被允许从事的业务种类直接挂钩。二是信托投资公司。信托投资公司是以盈利为目的,并以委托人身份经营信托业务的金融机构。它除了办理信托投资业务外,还可设立证券部办理证券业务,其业务范围包括:证券的代销及包销、证券的代理买卖及自营、证券的咨询、保管、代理还本付息等。

证券服务机构是为证券经营和证券交易服务的机构。我国证券服务机构主要有:① 证券登记结算公司。根据《证券法》规定,证券登记结算公司是指专为证券的发行与交易提供集中的登记、存管与结算服务的机构,是不以盈利为目的的法人。我国证券登记结算采取全国统一集中运营的方式,同时,证券登记结算公司应当设立结算风险基金,用于垫付或者弥补因违约交收、技术故障、操作失误、不可抗力造成的证券登记结算机构的损失。② 证券评级公司。证券评级公司是从事证券市场资信评级业务的法人。其评级对象包括中国证监会依法核准发行或在证券交易所上市交易的债券、资产支持证券以及其他固定收益或者债务型结构性融资证券,以及以上证券的发行人、上市公司、非上市公司、证券公司、证券投资基金管理公司。证券评级公司应当遵循独立、客观、公正的原则,为被评级公司保守商业秘密。③ 其他证券服务机构包括投资咨询机构、财务顾问机构、资产评估机构、会计师事务所等。这些机构从事证券服务业务必须经国务院证券监督管理机构和有关主管部门批准,同时相关的人员必须具备证券专业知识和从事证券业务或者证券服务业务二年以上。

(二)证券的发行方式

证券的发行方式一般可以分为公募和私募两种。

公开募集(public placement)或者公开发行(public offering)是指发行人向非特定的社会公众发行证券,其对象面对所有投资者。公开发行的优点是可以扩大证券的发行量;发行者无须提供特殊优厚的条件,筹资成本较小;同时,公募还可以提高公司的社会影响力。其缺点在于发行者必须向证券管理机关办理注册手续,政府介入公募的管理;发行者必须在招股说明书中如实公布有关情况。

私募(private placement),也叫作非公开发行,是指只向少数特定的投资者发行证券。非公开发行的对象主要有个人投资者和机构投资者两类,前者如本公司员工,后者如较大的金融机构或与发行公司有密切业务联系的公司。私募具有节省发行费、通常不必向证券管理机关办理注册手续、有确定的投资者从而不必担心发行失败等优点。但存在需向投资者提供高于市场平均收益水平的特殊优厚条件,发行者的经营管理易受干预等缺点。值得注意的是,只有公开发行的证券才能上市交易,定向募集,因为对象的特点,发行量少,管理相对简单,不能上市交易。

(三)证券销售

证券的销售也是一级市场中非常重要的一环,证券销售可以由证券发行机构自己来完成,也可以由承销商来完成。如果发行人自己向投资者发售证券就称为直接发行或者直销(direct placement),直销的方式有很多,包括网络直销、以股代息、股票分割、送配股等。如果证券的销售由承销商来完成就称为间接发行(indirect placement),我国《证券法》规定,承销业务可以采取代销或者包销的形式。

1. 包销(exdusive sale)

销售商将所有证券自己先买下,一次性付款给发行者,所有的风险由承销商承担。承销商所得到的买卖差价是对承销商所提供的咨询服务以及承担包销风险的报酬,也称为承销折扣。

2. 代销(onsignment sale)

代销是指承销商许诺尽可能多地销售证券,但不能保证能够完成预定的销售额,任何没有出售的证券都可以退给发行公司,承销商不承担风险,其收益是佣金。代销适用于信誉好的知名企业,可以节约销售成本。

证券公司承销证券,可以是作为独立的承销商承销,也可以是组成一个承销团承销。我国规定,向不特定对象发行的票面总值超过人民币五千元的,应当由承销团承销,承销团由主要承销和参与承销的证券公司组成。

在证券正式公开发行之前,证券承销商会举行发行说明会,即路演(road show)。

路演有以下两个作用:一是激发潜在投资者的兴趣;二是为发行公司及其承销商提供确定证券发行价格的相关信息。通过路演,大型机构投资者会向承销商表达其购买首次公开发行证券的兴趣,并提供有关的价格信息,即他们将会在什么价位才愿意购买并且在特定的价格会买多少。承销商将根据机构投资者的反馈信息修订最初估计的证券发行价格和发行数量。

(四) 证券发行管理体制

各国对证券发行的管理方法不尽相同。但总的来说可以分为两种:

1. 注册制

注册制下,只要证券发行人符合证券管理部门规定的基本条件,并在准备发行证券时,将依法公开的各种资料完整、准确地向证券管理部门申报注册,即可发行证券。注册制遵循公开管理原则,一般由成熟的证券市场采用。

2. 核准制

在核准制下,证券发行人不仅必须公开其发行证券的真实情况,而且该证券必须经政府主管部门审查符合若干实质条件后才能获准发行。核准制多为新兴的证券市场采用。我国从2000年开始采用核准制。在此之前采用的是"两级审批,额度管理"的管理方式。

(五) 普通股发行流程

普通股的发行有三个阶段:

(1) 发行前期策划阶段。在这个阶段,投资银行调查发行人的情况,同时拟发行人选择投资银行。双向选择完毕后,拟发行人与投资银行签订承销协议。自此,拟发行公司和承销商的关系确定下来。承销商对发行人披露信息的真实、完整和准确性承担责任,以确保公开市场信息的可信性。

(2) 股票发行的申报和分销阶段。在注册制国家,证券发行人必须在证券主管部门登记注册,由董事会向证券主管部门提交股票发行申请书。在核准制国家,除了登记之外,还要提供一系列证明公司符合实质条件的文件,等待主管部门审核通过。在申请通过之后,公司获准发行。发行公司和投资银行可以着手编制招股说明书。所有法律文件准备就绪后,股票就可以正式分销发行。认购者通过承销商经营网点或者电脑网络进行申购。若认购量超过发行量则以抽签方式决定哪些认购者有最终认购权,若认购量不足发行量一定比例,则发行失败,退回认购者的认购资金或定金及利息。在发行成功、确定认购权、缴清股款后,新股交割。

(3) 股票发行后投资银行跟进阶段。在股票分销发行结束后,投资银行还应当承担后续

the跟进服务，审核确保发行公司后续披露信息的真实性、完整性和准确性，维护发行公司在二级市场上的股票价格，防止股票价格剧烈波动。为了减少主承销商的风险，股票发行可以引入超额配售选择权，也称为"绿鞋条款"。

超额配售选择权是指在新股发行时，发行人授予主承销商在该次发行的股票上市后三十日内，可以按同一发行价格，超额发售不超过本次计划发行数量的一定比例股份的权利（一般不超过 15％），超额发售的股份视为本次发行的一部分。超额配售选择权在新股价格波动较大时起到了稳定器的作用。实践中，承销商一般会提前销售 115％的份额。如果发行后的需求很强烈，承销商会执行"绿鞋条款"得到额外 15％的公司份额。如果对发行的需求很弱，承销商会在公开市场购买需要的股份，以此帮助支持发行后市场的价格。

（六）新股发行定价

世界各国常用的新股定价方式包括累计投标方式、竞价方式、固定价格允许配售、固定价格公开认购四种方式。美国和英国主要采用累计投标方式。香港作为新兴的国际市场，根据本地区的实际情况和特点，采取了累计投标与固定价格公开认购相结合的方式——混合招股。我国 A 股市场上，在审批制下，新股定价方式经历了固定市盈率发行和开放市盈率（不规定市盈率上限）发行两个阶段。在核准制下，新股定价方式经历了区间范围内累积投标竞价方式、区间累计投标询价方式而且询价上限按照严格的市盈率预定范围发行、累计投标询价定价方式三个阶段，目前我国采用累计投标询价的方式进行新股定价。

二、二级市场

证券二级市场也称交易市场、次级市场，是指对已经发行的证券进行买卖、转让和流通的市场。在二级市场上销售证券的收入属于出售证券的投资者，而不属于发行该证券的公司。证券持有人可以通过交易市场买卖有价证券从而为投资者提供资产的流动性，保证证券发行市场的正常运行。

二级市场和一级市场是连通的。二级市场上交易的证券是由一级市场发行的。一级市场发行价是二级市场价格的基础，但同时二级市场上的价格也会影响一级市场的定价。我国目前股票公开发行多数借助证券交易所的交易网络，采取"网上发行"方式。

证券交易市场的主要参与者为证券投资者，投资者在证券中介机构的辅助下进行和完成交易。证券交易市场可划分为四个市场：证券交易所市场（第一市场）、柜台市场（第二市场）、第三市场、第四市场。

（一）证券交易所市场（第一市场）

证券交易所市场是典型的场内交易市场。证券交易所是依据国家有关法律经政府证券管理部门批准的证券集中竞价交易的有形场所，它为证券交易提供固定场所和相关设施并制定各项规则，以形成公正合理的价格和有条不紊的交易秩序。证券交易所接受和办理符合有关法令规定的证券上市买卖，投资者则通过证券商在证券交易所进行证券买卖。同时，交易所的职责还包括随时向投资者提供关于在交易所挂牌上市的证券交易情况；制定各种规则，对参加交易的经纪人和自营商进行严格管理，对证券交易活动进行监督，防止操纵市场、内幕交易、欺诈客户等违法犯罪行为的发生；不断完善各种制度和设施，以保证正常交易活动持续、高效地进行。只有公开上市的股票才能在交易所交易。

证券交易所的组织形式主要有会员制和公司制两种。

1. 会员制证券交易所

会员制证券交易所是指以会员协会形式成立的、非盈利的证券交易所,只有通过申请和严格的审批手续,个人或法人才能成为会员。只有会员及享有特许权的经纪人才有资格在交易所中进行证券交易,其法律地位相当于一般的社会团体。会员大会是证券交易所的最高权力机构,大会有权选举和罢免会员、理事,并由会员选举产生董事会和理事会负责日常事务的管理,制定章程和会员业务行为准则。

会员制证券交易所的会员在交易所都拥有一个交易席位,交易席位(seat)赋予券商在交易所执行交易程序的权力。有形交易席位是指证券交易所大厅的席位,内有通信设施;无形交易席位是指交易所为证券商提供的与撮合主机联网的通讯端口。

会员制交易所是不以盈利为目的的法人团体,不征收手续费,交易所的一切费用由各会员分担,并且不需向国家缴存营业保证金。会员大会是证券交易所的最高权力机构,大会有权选举、罢免会员、理事,证交所财务预算决算报告须经会员大会审议通过才能生效。在会员制交易所内,证券交易中的一切责任均由买卖双方自负,交易所不负赔偿责任,因而促使会员在交易时必须有高度责任感,防止违法行为出现,同时也加大了交易双方承担的风险。由于会员制组织形式具有明显的自治性,所以在与国家的经济政策配合方面存在欠缺。目前,大多数西方国家的证券交易所都采用会员制组织形式,如纽约证券交易所、美国证券交易所、东京证券交易所等。中国的上海和深圳证券交易所也属于会员制组织。

会员制交易所具有明显的优缺点。其优点主要体现于:① 不以盈利为目的,交易费用低,收取的各类费用和交易双方的经济压力都相对较低,能够防止不规范行为发生。② 不会滋长过度投机。③ 证交所得到政府的支持,破产倒闭的可能较小。

其缺点主要在于:① 缺乏第三方担保责任。投资者在交易中的合法利益可能得不到应有的保障。风险相对较大,尤其是在不成熟的证券市场,时有投资者甚至券商受诈骗遭到损失,诉诸法律的事件也在增多,给市场带来不稳定因素。而如果没有一个规范安全的交易场所,证券交易量可能趋于萎缩。② 会员制交易所的参加者主要是券商,管理者同时亦是交易的参加者。这不利于市场的规范管理,有悖于投资的公平原则。③ 没有履行会员手续的券商是不能进入证交所的,容易造成垄断,不利于公平的竞争,服务质量差。

2. 公司制证券交易所

公司制证券交易所是指以营利为目的,为证券商提供证券交易所需的交易场地、交易设备和服务人员,以便利证券商独立进行证券买卖的证券交易所形式。公司制交易所是由商业银行、证券公司、投资信托机构及各类工商企业等共同出资入股建立起来的。从股票交易实践可以看出,这种证券交易所要收取发行公司的上市费与证券成交的佣金,其主要收入来自买卖成交额的一定比例。而且,经营这种交易所的人员不能参与证券买卖,从而在一定程度上可以保证交易的公平。股东大会是公司制证券交易所的最高决策机构,股东大会下设董事会和监事会。

公司制证券交易所的优点在于:① 第三方担保。因证交所成员违约而使投资者遭受损失,证交所将予以赔偿,为此,证交所设立赔偿基金。② 独立管理。券商或股东不得担任证交所高级行政管理人员,即证交所的交易者、中介商与管理者相分离,确保证交所不偏袒任何一方。③ 服务优质。证交所为了盈利不得不尽力为投资者提供良好的服务,从而形成较好的信誉、完善的硬件设施和软件服务。

公司制证券交易所的缺点在于:因受利益驱使,交易所成员不断增多,容易增加管理的困难,且交易越多越好,滋长过度投机。按照公司制证交所的性质,公司制证交所是一个营利性的企业。作为营利的企业就不能排除其经营不善而倒闭破产的可能,而一旦证交所倒闭,必然会给整个社会经济带来无可挽回的冲击和破坏,这是区区赔偿金无法弥补的。

20世纪90年代后,公司制逐渐成为全球主要证券交易所的发展改革方向。交易所的所有权与交易权分离,会员有权利在交易所交易,但可以不拥有交易所的所有权。未拥有交易所股份的会员将不参与交易所的经营决策与管理。

中国证券交易所采取法人会员制,不吸收个人会员,只有作为经纪商或自营经纪商才能从事证券业务,自营商不得从事经纪业务。经纪商主要是证券公司,自营经纪商主要是各类信托投资公司及证监会会同有关部门认定的其他可经营证券的金融机构。《证券交易所管理办法》规定了证券交易所有以下职责:① 提供交易场所和设施。② 制定交易规则。③ 对会员监督,对上市公司监管。④ 设立证券登记结算机构。

我国上海证券交易所和深证证券交易所都是不以营利为目的的法人,归属中国证监会直接监督管理。

值得注意的是,证券交易市场的划分并不完全是按照场所的。在当前科技高度发达的条件下,大多数交易都不必在证券交易所内进行,而是在世界各地通过证券交易所的网络系统进行交易,这样的交易仍然被称为场内交易。

(二) 柜台市场(第二市场)

第二市场又称柜台市场(over the counter,OTC)或店头交易市场。在美国,那些无法达到证券交易所上市条件的小公司股票,多年来一直进行柜台交易。不同的交易商在这些柜台交易中,通过买卖自己的存货来做市,获得了做市商的称号。柜台市场相对于证券交易所来说是一种场外市场。

随着柜台交易市场规模的扩大,交易越来越活跃。1971年美国全国证券交易协会创造了全国证券商协会自动报价系统,简称纳斯达克(Nasdaq),现已发展成为全球第二大股票市场。纳斯达克以计算机通信系统连接起来的参与者在诸多地方进行交易,是一个由竞争性的交易商市场组成的交易商网络(做市商),时刻准备以特定价格买卖证券。每只在纳斯达克交易的股票都由多个做市商控制。值得注意的是,与证券交易所的网络交易系统不同,纳斯达克报价系统是一个信息系统,而非电子交易系统,投资者通过它了解交易信息,而非进行交易。入市者可以通过它了解哪个交易商对他的交易有兴趣,意向价格是多少,然后可以直接与交易商联络。

虽然以前柜台交易的股票是无法达到证券交易所上市的小公司股票,但是纳斯达克是一个规范的系统,所以它也有比较严格的股票上市交易要求。以前一旦一家公司满足了纽约股票交易所上市条件,就会从纳斯达克转移到纽约证券交易所,但是现在许多大公司,如戴尔、英特尔、微软都选择留在纳斯达克。纳斯达克的成功对纽约证券交易所产生了越来越大的压力,自创设以来,纳斯达克积极支持美国高科技企业上市,以解决中小企业融资困难的问题。我国目前深交所推出的创业板也是效仿纳斯达克而设立的。

(三) 第三市场

第三市场是指在交易所上市证券的场外交易市场。第三市场的诞生是由于20世纪70年代以前,纽约证券交易所要求其会员将所有在纽交所上市的股票都在纽交所交易,并实行固定佣金制,许多大型机构投资者都抱怨纽约股票交易所的股票交易成本太高。所以,非纽约股票交易所会员的公司作为机构投资者的做市商,在场外进行证券交易所上市公司证券的大宗交易。此类交易量迅速上升,形成了第三市场。

由于第三市场的出现,上市证券出现了多层次的市场,证券业的竞争加强。其结果是促进诸如纽约证券交易所这样的老资格交易所提供免费的证券研究和其他服务,从而有助于投资者提高投资效率。它的出现也促使证券交易的固定佣金制发生变化,进而影响证券交易成本,减少投资的总费用。实际上,从 1975 年 5 月 1 日起,美国纽约证券交易所的佣金就已不再固定为交易额的若干比率了。

(四)第四市场

第四市场是指大机构绕开通常的经纪人,彼此之间利用电子通讯直接进行证券交易而形成的市场,又称四级市场。第四市场是没有经纪人(通过计算机网络)的场外交易市场,可以进一步降低成本,成交迅速,而且由于没有中介商,所以第四市场的交易保密隐蔽性好。换句话说就是,第四市场上不存在做市商,机构和机构之间可以直接对话交易,也不需要付任何手续费,属于对手方交易模式。这使得第四市场的交易性质是非公开的。近年来,由于电子通信网络(ECN)的出现,第四市场的投资者之间的直接交易急剧上升。ECN 对正式的证券交易所或纳斯达克那样的券商市场产生了极大的替代性。

第四市场的吸引力和优点在于,其交易成本低廉和交易具有非公开性。因为买卖双方直接交易不需要支付中介费用,即使有时须通过第三方来安排,佣金也要比其他市场少得多。利用第四市场进行证券交易,还可以避免暴露投资者的经营方针、策略和目标。近年来,我国定向募集公司法人股的转让,就其交易方式而言,与第四市场有相似之处,但就其产生的原因而言则不尽相同。

具体来说,第四市场的交易程序如下:首先,用电子计算机将各大公司股票的买进或卖出价格输入储存系统,机构交易双方通过租赁的电话与机构网络的中央主机联系。然后,当任何会员将拟买进或卖出的委托储存在计算机记录上以后,在委托有效期间,如有其他会员的卖出或买进的委托与之相匹配,交易即可成交,并由主机立即发出成交证明,在交易双方的终端上显示并打印出来。

第二节　交易制度

证券交易所的交易制度是证券市场微观结构的重要组成部分,它对证券市场功能的发挥起着关键作用。根据价格决定的特点,证券交易制度可以分为做市商制度和竞价交易制度。

一、做市商交易制度

(一)做市商制度的含义

要了解做市商制度,首先要明白什么是做市商。做市商是指在证券市场上,由具备一定实力和信誉的证券经营法人作为特许交易商,不断地向公众投资者报出某些特定证券的买卖价格,双向报价并在该价位上接受公众投资者的买卖要求,以其自有资金和证券与投资者进行证券交易。做市商通过这种不断买卖来维持市场的流动性,满足公众投资者的投资需求,通过买卖报价的适当差额来补偿所提供服务的成本费用,并实现一定的利润。

做市商交易制度也称报价驱动(quote-driven)交易机制。证券价格由做市商报价形成,投资者在看到做市商报价后才下订单。做市商在看到订单前报出卖价(bid price)和买价(ask price),做市商的利润主要来自于买卖价差。

注意,在这里投资者只是被动接受做市商报出的价格,所有投资者的交易对手都是做市商。非做市商的投资者之间相互并不进行交易。做市商报出价格后,就有义务接受投资者按此价格提出的买卖要求。换言之,做市商必须有足够的证券和资金,用来满足投资者买进或卖出证券的要求。

(二)做市商制度的功能

做市商制度在发达证券市场已有多年的历史,它在证券市场所起的作用也已获得了证券界的共识。做市商制度具有活跃市场、稳定市场的功能,依靠其公开、有序、竞争性的报价驱动机制,保障证券交易的规范和效率,是证券市场发展到一定阶段的必然产物,是提高市场流动性和稳定市场运行、规范发展市场的有效手段。

具体而言,做市商制度具有下列三方面的功能:

1. 做市造市

当股市出现过度投机时,做市商通过在市场上与其他投资者相反方向的操作,努力维持股价的稳定,降低市场的泡沫成分。当股市过于沉寂时,做市商通过在市场上人为地买进卖出股票,以活跃市场带动人气,使股价回归其投资价值。由于做市商的报价一般都在监管部门的规定范围内,每只股票一般都有若干家做市商,在报价上形成竞争,而做市商的报价一般都以价值估算为基础,因此对严重偏离证券内在价值的过度投机现象会有所抑制。

当市场买卖力量严重失衡时(比如买盘远远大于卖盘),做市商可以并且有义务加入势单力薄的一方(比如出售自己的库存股票),迅速改变市场供求状况,从而抑制过分投机。在多个做市商情况下,每家做市商的成本是不一样的,报出的价格也就不一样,这就形成了一种竞争。最终各家做市商报出的价格趋同,价差减小,实力弱的做市商就会被淘汰出局。

2. 增强市场的流动性和活跃性

由于投资者的交易对象就是做市商,交易价格就是做市商报出的价格,投资者无须担心提交的委托找不到交易对手。正是做市商不断地进行双向报价并时刻准备接受交易,使得证券的流动性得以维持。

3. 监市

在做市商行使其权利,履行其义务的同时,可以通过其业务活动监控市场的变化,以便及时发现异常及时纠正。在新兴的证券市场,这是保持政府与市场的合理距离,抵消政府行为对股市影响惯性的有益尝试。

(三)做市商具备的条件、应尽的义务及享有的权利

做市商的选择极其严格,只有那些运营规范、资本实力雄厚、自营规模较大、熟悉上市公司与二级市场运作,而且风险自控能力较强的券商才能担当。一般来说,做市商必须具备下述条件:

(1)具有雄厚的资金实力,这样才能建立足够的证券库存以满足投资者的交易需要;

（2）具有管理证券库存的能力，以便降低库存证券的风险；

（3）要有准确的报价能力，要熟悉自己经营的证券并有较强的分析能力。

作为做市商，其首要的任务是维护市场的稳定和繁荣，所以做市商必须履行"做市"的义务，即在尽可能避免市场价格大起大落的条件下，随时承担所做证券的双向报价任务，只要有买卖盘，就要报价。做市商承担上述义务，同时也要享有以下特权：

（1）资讯方面，要求全方位的享有个股资讯，即享有上市公司的全部信息及所有买卖盘的记录，以便及时了解发生单边市的预兆。

（2）融资融券的优先权。为维护市场的流通性，做市商必须时刻拥有一大笔筹码以维护交易及一定资金作为后盾，但这并不足以保证维持交易的连续性，当出现大宗交易时，做市商必须拥有一个合法、有效、低成本的融资融券渠道，优先进行融资融券。

（3）一定条件下的做空机制。当市场上大多数投资者做多时，做市商手中筹码有限，必然要求享有一定比例的做空交易，以维持交易的连续。

（4）要求减免印花税。做市商交易频繁，同时承担买进卖出的双方交易，为买而卖，为卖而买，在买卖差价中赚取利润，势必要求减免手续费和印花税。

但是做市商制度也存在缺陷。例如，买卖盘集中在做市商手中，缺乏透明度，做市商为维持市场流动性的成本（存货成本、信息成本）很大，交易成本高。做市商可能利用市场特权出现做市商之间共谋的现象。必须防止做市商为了追求利润最大化而任意扩大买卖价差，甚至出现做市商"隐性合谋坐庄"的现象。

二、竞价交易制度

（一）竞价交易制度的含义

竞价交易制度也称指令驱动（order-driven）交易制度。在此制度下，证券买卖双方的订单直接进入交易市场，在市场的交易中心以买卖价格为基准按照一定的原则进行撮合，价格形成取决于交易者的指令。

（二）竞价交易制度的功能和作用

竞价方式最主要的功能就是确定证券的价格。证券价格的确定，实际上是证券所代表的资产价格的确定。证券市场的有效运行，使得价格确定可以通过证券需求者和证券供给者的竞争形成，从而能较为充分地反映证券市场的供求状况。通过竞价方式，证券买卖双方能在同一市场上公开竞价，充分表达自己的投资意愿，最终直到双方都认为已经得到满意合理的价格，才会撮合成交。所以，竞价方式在投资者充分表达自己意愿的基础上，通过撮合成交最终确定了证券的交易价格，具备了定价的功能。

（三）竞价交易制度的价格形成

竞价交易制度中的开盘价格与随后的交易价格均是竞价形成的。以我国期货市场为例，所有投资者买卖指令都汇集到交易所的主机中，电脑自动让价格相同的买卖单成交，开盘价是在 9 点 25 分时同时满足以下三个条件的基准价格，首先是满足成交量最大的原则，第二个条件是高于基准价格的买入申报和低于基准价格的卖出申报全部成交，最后与基准价格相同的买方或卖方申报至少有一方全部成交。成交价格是在交易系统内部生成的。

（四）竞价交易制度的类型

按照证券交易在时间上是否连续，竞价交易制度又分为集合竞价交易制度和连续竞价交易制度。

1. 集合竞价交易制度

集合竞价又称间断性竞价，在该制度下买卖订单不是在收到之后立即予以撮合，而是由交易中心将在不同时点收到的订单累积起来到一定时刻再进行撮合。因此集合竞价制度只有一个成交价格，所有委托价在成交价之上的买进委托和委托价在成交价之下的卖出委托都按照该唯一成交价全部成交。很多交易所在开盘、收盘和暂停交易后的重新开市都采用集合竞价制度。

在集合竞价过程中，某一规定时间内，由投资者按照自己所能接受的心理价格自由地进行买卖申报，由电脑交易处理系统对全部申报按照价格优先、时间优先的原则排序，并在此基础上，找出一个基准价格，使它同时能满足以下三个条件：

（1）成交量最大。

（2）高于基准价格的买入申报和低于基准价格的卖出申报全部满足（成交）。

（3）与基准价格相同的买卖双方中有一方申报全部满足（成交）。

该基准价格即被确定为成交价格，集合竞价方式产生成交价格的全部过程，完全由电脑交易系统进行程序化处理，将处理后所产生的成交价格显示出来。这里需要说明的是：

第一，集合竞价方式下价格优先、时间优先原则体现在电脑主机将所有的买入和卖出申报按价格由高到低排出序列，同一价格下的申报原则按电脑主机接受的先后顺序排序。

第二，集合竞价过程中，若产生一个以上的基准价格，即有一个以上的价格同时满足集合竞价的三个条件时，我国沪市选取这几个基准价格的中间价格为成交价格，深市则选取离前一日收盘价最近的价格为成交价格。

我国股票市场上的集合竞价有以下几个值得注意的要点：

（1）沪深两地股票的开盘价是由集合竞价产生的，如果集合竞价未能找出符合上述三个条件的成交价格，则开盘价将在其后进行的连续竞价中产生，连续竞价的第一笔成交价格则为该股当日的开盘价。

（2）上交所集合竞价时间为每个交易日 9:15～9:25；深交所为每个交易日 9:15～9:25 集合竞价产生开盘价，14:57～15:00 集合竞价产生收盘价，凡在集合竞价中未能成交的所有买卖有效申报，都一并转入连续竞价过程。

（3）配股、债券（包括国债、企业债等）以及新股申购都没有集合竞价，只有在正常交易时间进行连续竞价。可转换债券上市首日的开盘价由集合竞价产生，之后的交易与债券相同。

2. 连续竞价交易制度

所谓连续竞价是指对买卖申报逐笔连续撮合的竞价方式。开盘集合竞价结束后，证券交易所开始当天的连续交易，交易系统按照价格优先、时间优先的原则，确定每笔证券交易的具体价格。连续竞价在交易日的各个时点连续不断地进行，只要存在两个匹配的订单交易就会发生。

连续竞价一般有以下几个需要遵循的原则：

（1）成交时价格优先的原则：买进申报，较高价格者优先；卖出申报，较低价格者优先。

(2) 成交时间优先的原则：买卖方向、价格相同的，先申报者优先于后申报者。先后顺序按交易主机接受申报的时间确定。

连续竞价时，成交价格的确定原则为：

(1) 最高买入申报与最低卖出申报价格相同，以该价格为成交价。

(2) 买入申报价格高于即时最低卖出申报价格时，以即时最低卖出申报价格为成交价。

(3) 卖出申报价格低于即时最高买入申报价格时，以即时最高买入申报价格为成交价。

凡不能成交者，将等待机会成交；部分成交者，剩余部分将处于等待成交状态。投资者的委托如未能全部成交，证券公司在委托有效期内可继续执行，直到有效期满。

竞价交易制度也是有利有弊。其优点在于透明度高，信息传递快，运行费用低。其缺点在于难以处理大宗交易，缺乏有效机制维持市场的流动性，价格波动剧烈，市场容易被操纵，没有设计价格维护机制，完全由指令带动价格变化，交易不活跃的股票交易量持续萎缩。

目前世界上大多数证券交易所都实行混合的交易制度。混合交易制度是兼具两类基本交易制度的机制，比如纽约证交所采取的加入特定经纪商（specialist）的竞价机制（指令驱动），伦敦证交所部分股票由做市商交易，部分股票由电子竞价交易。亚洲国家采取指令驱动电子竞价交易，一般均结合集合竞价和连续竞价，以集合竞价决定开盘价格，然后采用连续竞价一直到收市。具体可参见表 10-1。

表 10-1　世界主要证券市场的交易机制

指令驱动	亚洲主板市场　巴黎　东京　香港　伦敦国内板　新西兰　法兰克福
报价驱动	美国 NASDAQ　欧洲 EASDAQ　日本 JASDAQ　芝加哥
混合机制	多伦多　卢森堡　墨西哥　纽约

三、指令驱动市场的交易过程

目前，证券交易所系统已经形成相对稳定的交易程序，包括开户、委托买卖、竞价成交、清算交割和过户六个阶段。如图 10-2 所示。

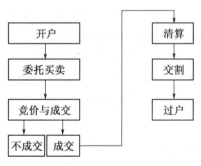

图 10-2　指令驱动市场的交易流程图

（一）开户

投资者在证券经纪商处开立证券交易账户。经纪商只是为投资者代办手续，并不与投资者进行证券交易。交易所并不直接面对投资者办理证券交易，只有交易所会员才能直接在交易所办理交易，所以经纪商必须是交易所的会员。开户包括开设证券账户和资金账户。投资者开立账户,即意味着委托该机构办理登记、清算和交割手续。

证券账户是投资者的证券存折,由证券登记机构为投资者设立。用于记录投资者所持有的证券种类和数量。每位交易者只能开立一个证券账户。

资金账户:包括现金账户、保证金(垫金)账户等,用于存放投资者买入证券所需的资金和卖出证券所取得的价款等。目前我国实行第三方存管制,证券公司客户交易结算资金由银行保管,经纪商无权动用客户资金,所有的资金调拨都必须在获得客户指令之后进行。主要目的是为了防止券商挪用客户保证金的情况出现。

(二)委托买卖

投资者向经纪商下达买卖指令。经纪商立即传达给派驻在交易所内的代表(代理)。委托内容应包括证券名称、买卖数量、指令类型(出价方式与价格幅度)、委托有效期等。

投资者通常可以通过以下几种形式进行委托:

(1)当面委托。即委托人以面对面的形式委托证券商,确定具体的委托内容与要求,由证券商受理股票的买卖。通过计算机网络进行委托实际上是当面委托的一种形式。

(2)电话委托。即委托人以电话形式委托证券商,确定具体的委托内容和要求,由证券商、经纪人受理股票的买卖交易。

(3)电报委托。即委托人通过发电报给证券商,确定具体的委托内容和要求,委托证券商代理买卖股票。

(4)传真委托。即委托人以传真的形式,将确定的委托内容与要求传真给证券商,委托他们代理买卖股票交易。

(5)信函委托。即委托人用信函形式,将确定的委托内容和要求告知证券商,并委托他们代办买卖股票的交易。

当面委托一般要求委托人加以确认,受托证券商才予以办理委托手续,而电话委托,则必须在证券商具备录音电话的条件下,才可办理。委托人以电话委托买卖成交后应补交签章,如有错误,原因不是由证券商造成的,证券商不负责任。

根据委托指令的时间长短可以把委托划分为以下几类:

(1)当日委托。即委托人的委托期限只于当日有效的委托。

(2)五日有效委托。即开市第五日收盘时自动失效委托。

(3)一月有效委托。即每月末交易所最后一个营业日收市自动失效的委托。

(4)撤销前有效委托。即客户未通知撤销,则始终有效的委托。产生此种委托的理论认为,有的客户深信市场力量长期发展的作用,因而无须计较暂时的得失,也不计较较长时间的等待。

以委托数量为标准,可将委托分为整数委托与零数委托两种,前者指委托的数量是交易所规定的成交单位或其倍数。股票交易中常用"手"作为标准单位。通常100股为一标准手。对于债券,则以1 000元(10张)为一手。

虽然证券商一般不接受不足一个成交单位的委托(除配股、定向增发获取外),但经纪人可将客户的零数委托转给专门从事零数买卖的零数自营商。零数自营商一方面必须在交易厅内零星买进不足一个成交单位的股票,凑成整数股后转卖给佣金经纪人;另一方面又必须在交易厅内买进整数股,然后化整为零地转卖给需要不足一个成交单位的佣金经纪人。这样,零数自营商必须承担一定的风险。

委托买卖的指令类型主要有以下几种：

1. 市价委托(market order)

市价委托是指委托人自己不确定价格，要求经纪人马上买卖规定数量的股份。在这种情况下，经纪人的义务是在收到指令后，尽最大努力获得最佳的价格，即尽可能低的买价或尽可能高的卖价。市价委托成交速度快，能够快速实现投资者的买卖意图。

2. 限价委托(limit order)

限价委托要求经纪人在投资者限定的价格内交易，如果是买入指令，经纪人就只能以低于或等于限价的价格执行指令。因此，在限价买入指令中，投资者为购买股票的价格设定了上限，在限价卖出指令中，投资者为出售股票的价格设定了下限。与市价委托相反，采用限价委托的投资者不能确定交易指令能否执行，因此，要对这两种交易指令进行权衡：是以不确定的价格马上执行，还是要限定价格但不确定能否执行。

3. 停止损失委托(stop order)

止损指令是一种限制性的市价委托，是指投资者委托经纪人在证券价格上升到或超过指定价格时按照市价买进证券；或者在证券价格下跌到或低于指定价格时按照市价卖出证券。卖出止损订单可以保护投资者已持有的证券获得利润，如市场价格下跌到投资者原先买进证券的价格水平之上的某一点时，投资者利润得到保护。但是，由于证券价格是在不断变化中，实际成交价格是不确定的，所以通过止损委托指令进行交易可能会造成原本可以避免的损失，可能在偏离触发价格以外较大的价位上成交。

4. 停止损失限价委托(stop limit order)

止损限价委托在设计上弥补了停止损失委托执行价格不确定的不足，是停止损失委托和限价委托的结合。当市价达到指定价格时，该委托就自动变成限价委托，见图 10－3。

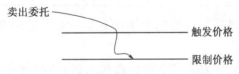

图 10－3　停止损失限价委托的作用机制

由图 10－3可知，若投资者希望以止损订单保护利润或者限制损失，而又不希望止损订单执行的价格偏离触发价格过多，就可以使用止损限价指令。但是市场价格急剧和连续上升或者下降时，止损限价订单难以执行，损失更大。因此这两种指令之间的权衡与市价委托和限价委托之间的权衡非常相似，一旦被执行，止损交易指令将一定以一个不确定的价格成交，而止损限价指令则是以限定的价格不确定的成交。

（三）竞价与成交

交易制度是市场微观结构的核心，而价格的确定是交易制度的核心，价格确定的基本方式对交易价格形成影响。20 世纪 80 年代以来，世界主要证券市场逐渐实现了(电子)自动交易机制，使证券交易价格的形式更加准确、客观、及时。

证券交易的竞价要遵循一些原则，当前普遍认可的原则主要有以下几个：

（1）价格优先原则：优先满足较高(低)价格的买进(卖出)订单。

（2）时间优先原则：同等价格下，优先满足最早进入交易系统的订单。

（3）按比例分配原则：价格、时间相同，以订单数量按比例分配，如美国纽交所。

（4）数量优先原则：价格、时间相同，优先满足① 较大数量的订单。② 最能达到最大匹配数量的订单。

（5）客户优先原则：公共订单优先于经纪商自营的订单，以减少道德风险和利益冲突，保护中小投资者利益，如纽约证券交易所；

（6）做市商或经纪商优先原则：做市商为活跃市场，应当优先照顾，如 NASDAQ。

以上的这些订单匹配原则中，世界各地证券市场的匹配优先性存在一定差异。简要归纳于表 10-2 中。

表 10-2　各证券市场订单匹配优先性

纽约证券交易所（SuperDOT） 巴黎证券交易所 中国上海和深圳	价格优先 时间优先
芝加哥期权交易所	价格优先 按比例分配
东京证券交易所	价格优先 时间优先 市价订单优于限价订单
韩国证券交易所	价格优先 时间优先 客户优先 数量优先

当然，各证券市场订单匹配优先性的顺序并不是一成不变的，随着时间的推移，也可能进行相应调整。

由于竞价成交的方式又分为集合竞价和连续竞价，这两种竞价方式的操作程序又有所不同。

集合竞价的操作程序如下：

所有有效买单按照价格由高到低的顺序排列，所有有效卖单按照价格由低到高排列，委托价格相同者按照时间先后顺序排列。

交易系统根据竞价规则确定集合成交价格，所有指令均以此价格成交。此价格要能够得到最大的成交量。

交易系统逐步将排在前面的买入委托与卖出委托配对成交，直到不能成交为止。剩余委托进入等待序列。

连续竞价的基本规则就是逐笔撮合，即报入一笔撮合一笔，不能成交的委托按照"价格优先、同价位时间优先"的原则排队等待。在连续竞价机制中，一个新的有效买单若能成交，买入限价必须高于或者等于卖出订单序列的最低卖出价格，此时与卖出订单序列顺序成交，成交价格取卖方报价。一个新的有效卖单若能成交，卖出限价低于或者等于买入订单序列的最高买入限价,此时与买进订单序列顺序成交,其成交价格取买方报价。在任何一个时间点上,成交价格唯一。

(四)清算

清算是将买卖股票的数量和金额分别予以抵消,然后通过证券交易所交割净差额股票或价款的一种程序。清算的意义在于,同时减少通过证券交易所实际交割的股票与价款,节省大量的人力、物力和财力。证券交易所如果没有清算,那么每位证券商都必须向对方逐笔交割股票与价款,手续相当繁琐,占用大量的人力、物力、财力和时间。清算包括证券经纪商之间、证券经纪商与投资者之间进行清算。经纪商之间采取余额清算,即交易所会员一天内各种证券的买进和卖出相抵后,将超买或超卖的任何一方的净额予以清算。

但是,清算工作不是由各证券商之间直接进行的,而是由证券交易所组织、委托专门的清算公司进行清算。各券商按规定在清算公司统一开设清算头寸的结算账户,并在账户中保持足够的现金。清算公司在进行清算时,只在各券商的账户上清算,并不进行实物交割。

证券交易所对清算过程有一系列的清算规定,主要包括:

1. 开设清算账户制度

在证券交易所经营股票买卖业务的证券商必须集中在证券交易所的规定证券结算公司开设清算账户,并在该账户中保持足够的余额,以便保证即日清算交割时划拨价款的需要。

2. 股票集中保管库制度

其主要做法是:各证券商除将自有的股票扣除一部分留作自营业务所需外,将大部分集中寄存在证券交易所集中保管库内,入库股票只限于批准上市的股票。股票的交割由证券交易所通过库存账目划拨来完成,即当各证券商在交割日办理各种股票的交割时,只需证券结算公司按"清算交割表"上的各种股票的应收或应付数量在各自的库存股票的分账户上进行划转即可,即"动账不动股票"。若有证券商不参加集中保管造成不能通过库存账目转账完成交割时,该证券商必须承担送交或提取股票的全部事务。

3. 清算交割准备金制度

实行交割准备金制度的目的在于保证清算交割能正常顺利地进行,保证清算的连续性、及时性和安全性。深圳证券交易所规定,各证券商必须交纳人民币 25 万元作为交割准备金。各证券商不得以任何理由不履行清算义务,亦不得因委托人的违约而不履行清算的责任。若证券商不履行此项义务时,证券结算公司有权动用证券商缴存的清算准备金先行支付,由此产生的价款差额及一切费用和损失,均由违约者承担。图 10-4 显示了证券交易所的清算程序。

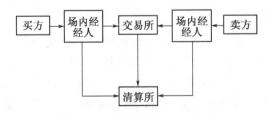

图 10-4 交易所的清算流程图

(五)交割

交割(delivery)是指买方付出现金取得证券,卖方交出证券获得价款的过程。在实际操作过程中,从交易日到交割交收日之间的时间间隔,不同的市场或同一市场不同时期有不同的规定。

1. 交割的方式

交割方式大致可以分为以下几种:

(1) 当日交割:$T+0$

即买卖双方在成交当天完成证券的交割和价款的收付。在 $T+0$ 的交割方式中,标的物在交易当天内即可进行再次买卖。目前我国期货、权证都采用的是 $T+0$ 的交割方式。

(2) 次日交割:$T+1$

即自成交的次日起清算,在第二个交易日正午前办理完成交割事宜(如逢休假日则顺延一天)。$T+1$ 的交易方式减少了同一标的物的买卖次数,抑制了反复炒作投机。目前我国上交所和深交所的股票都采用 $T+1$ 的交割方式。

(3) 例行交割

即自成交日起算在第五个交易日内办完交割事宜,这是标准的交割方式。一般地,如果买卖双方在成交时未说明交割方式,即一律视为例行交割方式。

(4) 例行递延交割

指买卖双方约定在例行交割后选择某日作为交割时间的交割。买方在约定日付款,卖方在约定日将股票交给买方。

(5) 卖方选择交割

指卖方有权决定交割日期。其期限从成交后 5 天至 60 天不等,买卖双方必须订立书面契约。凡按同一价格买入"卖方选择交割"时,期限最长者应具有优先选择权。凡按同一价格卖出"卖方选择交割"时,期限最短者应具有优先成交权。我国目前暂未采用此种交割方式。

2. 交割的程序

交割分为两个步骤:

(1) 证券商的交割

证券结算公司在每日闭市时,依据当日"场内成交单"所记载各证券商买卖各种证券的数量、价格,计算出各证券商应收应付价款的相抵后的净额及各种证券应收、应付相抵后的净额,编制当日"清算交割汇总表"和各证券商的"清算交割表",分送各证券商清算交割人员。各证券商清算人员接到"清算交割表"核对无误后,须编制本公司当日的"交割清单",办理交割手续。

(2) 证券商送客户买卖确认书

证券商的出市代表在交易所成交后,应立即通知其证券商,填写买进(卖出)确认书。深圳证券交易所规定,买卖一经成交,出市代表应尽快通知其营业处所,以制作买卖报告书,于成立后的第二个营业日通知委托人(或以某种形式公告),并于该日下午办理交割手续。买卖报告书应按交易所规定的统一格式制备。买进者以红色印制,卖出者以蓝色印制。买卖报告书应记载委托人姓名、股东代号、成交日期、证券种类、股数或面额、单价、佣金、手续费、代缴税款、应收或应付金额、场内成交单号码等事项。

3. 交割相关的规定

(1) 在交割日的规定时间内,买方应将价款,卖方应将证券,送至清算部。

（2）卖方将证券交付买方时,意味着权利的相应转移。

（3）证券商不得因客户的违约而不进行交割。

（4）证券商违背义务时,证券交易所可在交割当日收盘前一定时间内指定其他证券商代为卖出或买进。价格上发生的差额以及经纪人佣金及其他费用,应由违背交割义务的证券商负担。若交割日收盘前无法了结交易,则应由证券交易所从证券商中选定 3～5 家为评价人,评定该证券的价格,作为清算的依据。

（5）若证券商违背交割义务时,其经手的已成交但尚未交割的各种其他买卖,可由证券交易所指定其他证券商代为了结。

（6）违背交割义务的证券商所应付的款项,证券交易所可以从其营业保证金与其应付款项冲销;冲销后若尚有余额,将其偿还;若有不足,证券交易所可向违约证券商追偿。

（7）证券商在违背交割义务的案件尚未了结前,不得进入证券交易所进行交易,也不得接受客户的委托。

（六）过户

对于不记名的证券,清算和交割完成后证券交易结束。但对于股票和记名证券而言还有最后一道手续——过户。过户是指证券的原所有者向新的所有者转移证券有关权利的记录。只有办理完过户手续后,证券新的持有人才能享受股息、红利、债券本息等权益。所以,若不立即过户,新的持有者可能会遭受损失。随着交易的完成,股票从卖方转给买方,同时也意味着原有股东拥有的权利的转让,新的股票持有者则成为公司的新股东,老股东丧失了他们卖出的那部分股票所代表的权利,新股东则获得了他所买进那部分股票所代表的权利。然而,由于原有股东的姓名及持股情况均记录于股东名簿上,因而必须变更股东名簿上相应的内容,这就是通常所说的过户手续。所以说,证券和价款清算与交割后,并不意味着证券交易程序的最后了结。现在,我国上市股票已实现无纸化交易,过户和交割同时完成,股东无需再到发行公司办理过户手续。

四、证券交易的方式

证券交易所的证券交易方式主要有现货交易与信用交易。

信用交易又称垫头交易,是指证券买者或者卖者通过交付一定数额的保证金,从证券经纪人处借得资金或证券而进行的证券买卖。信用交易可以分为买空交易和卖空交易。

（一）买空交易

如果投资者预测股价将会上涨,但自有资金有限不能购进大量股票。在允许买空交易的情况下,就可以先缴纳部分保证金,并通过经纪人向银行融资以买进股票,待股价上涨到某一价位时再卖出,以获取差额收益。由于这一交易方式中投资人以借入资金买进证券,而且买入的证券作为抵押物放在经纪人手中,投资人手里既无足够的资金,也不持有证券,所以称为买空交易。经纪商自有资本不足时,则可以向银行拆借资金,将买空所得的证券作为抵押,获得低利率借款。

操作上,买空交易包括三个主要步骤:

（1）投资人与经纪人订立开户契约书,开立信用交易账户。

（2）投资人按法定比例向经纪人缴纳买入证券所需要的保证金,经纪人按客户指令买入证券,并为客户垫付买入证券所需的其余资金,完成交割。融资期间,经纪人对客户融资买入的证券有控制权,当融资买进的证券价格下跌低于维持保证金线时,客户要在规定时间内补交保证金,否则经纪人可以代客户平仓结算。

（3）在融资期内,客户可以随时委托证券商卖出融资买进的证券,以所得价款偿还融资本息,或者随时自备现金偿还融资。融资到期无法归还的,证券商有权强制平仓了结。

为了防止过度投机,证券交易商需要及时计算保证金率,保证金率=投资者投入的自有资金/买入证券的盯市价值。

例10.1 1月1日,某投资者向经纪人借1 000元,购买40元/股的股票100股,保证金率为75%。1月15日,若股票价格为30元/股,则保证金率为:

解：
$$\frac{100p-1\,000}{100p}=\frac{100\times30-1\,000}{100\times30}=66.67\%$$

买空交易要求逐日盯市,投资者的信用账户按照每日股票收盘价格进行结算。如果证券价格下跌,客户遭受损失而使保证金低于维持保证金的水平时,经纪人就会向客户发出追缴保证金通知。若股票价格上涨,则投资者卖掉股票,支付券商的利息等费用后的收益率将远高于现货交易的收益率。

2. 卖空交易

卖空是指股票投资者对某种股票价格看跌时,先交纳一部分保证金,从经纪人手中借入该股票卖出,在发生实际交割前将卖出股票如数补进,交割时只结清差价的行为。与买空一样,卖空也要求逐日盯市。

在实际操作中,卖空包括两种形式。一是卖空者以现行市价出售股票,在该股票下跌时补进,从而赚取差价利润;二是卖出者现在不愿交付其所拥有的股票,并以卖空的方式出售股票,以防止股票价格下跌,从而起到保值的作用。如果股票价格到时确实下跌,他便能以较低市价补进股票,在不考虑费用的条件下,这样卖空的收益与拥有股票的损失相抵消,避免了遭受损失。

由于卖空交易的投机性强,对股票市场影响较大,卖空者可以通过破坏证券市场的健康和稳定来获得暴利。所以,为了防止这一情况的发生,各国的法律都对卖空有较详细的规定,以尽量减少卖空的不利影响。我国的融资融券业务即相当于卖空买空交易。目前该业务正处于试点阶段,只有部分标的证券可以进行融资融券。卖空交易保证金计算如例10.2所示。

例10.2 若某股票目前股价为100元/股,投资者向经纪商借1 000股进行卖空交易,投资者投入的自有资金为50 000元。如果股票价格上涨,那么投资者将会遭受损失。如果维持保证金率为30%,股票价格上涨到多少时投资者将会受到追加保证金的通知?

解： 假设股票价格上涨到 p 时投资者将收到追加保证金的通知,p 满足以下方程式:

$$\frac{50\,000-(p-100)\times1\,000}{1\,000p}=0.3$$

$$p=115.38$$

即股票价格上涨到115.38时卖空交易者将受到追加保证金通知。

第三节　市场监管与稳定措施

证券市场监管是指政府、政府授权的机构或依法设立的民间组织，为控制市场风险、保护投资者利益、促进国民经济增长、维护社会稳定，根据国家的宪法和有关法律，制定相应的金融法规、条例和政策，并依据这些法律、法规、条例和政策对资本市场体系和活动进行监督、管理、控制和指导。

从总体上看，证券市场监督管理是政府管理的范畴。但从各国具体实践看，实施监管的主体是多元化的，有中央银行，有财政部，也有其他独立的政府机构，也有些监管活动是由非政府机构的金融行业组织甚至某个企业来完成的，如自律性监管主体证券商协会对券商的自律监管，证券交易所对上市公司的监管等。我国目前证券监管主体有：① 国务院证券监督管理机构，包括中国证券业监督管理委员会及其派出机构。② 自律性管理机构，包括证券交易所和证券业协会。

证券市场的监管对象涉及到上市公司、证券交易所、投资者和券商等等。

一、证券市场的监管原则

为了促进证券市场有序、高效地运行，证券市场监管一般应当遵循"三公原则"。具体地说，监管原则有：

（一）公开原则

即信息公开，市场具有充分的透明度，使价格充分包含信息——市场有效。"阳光是最好的消毒剂，路灯是最好的警察"，具有充分透明度的市场能最大可能地减少腐败。其中，信息来源包括交易所提供有关证券交易的实时信息，交易所和监管当局提供可能影响市场运行的政策、规则等，上市公司向市场披露经营信息，这是市场的基础信息。

上市公司的信息披露对于整个证券市场尤为重要。上市公司既要向投资者披露评估公司经营状况所需要的信息，也要披露对证券价格有重大影响的事项。《公开发行股票公司信息披露实施细则》第四条规定，"信息披露四大部分：招股说明书、上市公告书、定期报告和临时报告。"上市公司的信息披露包括首次披露和持续披露。首次公开发行证券（IPO）时，公司应当完全披露有可能影响投资者做出是否购买证券决策的所有信息；在证券发行后，发行人应当定期向社会公众提供财务及经营状况的报告，以及不定期公告影响公司经营活动的重大事项等。具有信息披露义务的证券发行人、证券持有人及其他有关机构的人员，应当按照证券主管部门规定的内容、程序和时间履行公开义务。

（二）公平原则

即要求机会均等、公平竞争。所谓公平，是指证券发行、交易活动中的所有参与者都有平等的法律地位，各自的合法权益能够得到公平的保护，从而真正确立公平竞争的证券市场机制。公平原则的目的在于使各种市场主体的合法权益能够受到平等的法律保护。要求证券发行、交易活动中的所有参与者都有平等的法律地位，营造一个所有市场参与者进行公平竞争的环境。具体包括:证券市场应当为各类投资者提供进行交易的同等机会,证券市场应当为各类投资者提供接触信息的同等机会,证券市场应当保证投资者按照已公布的相同规则进行交易,不因投资数额的多少、职务的高低、居住地的不同而实行差别待遇。

(三) 公正原则

即监管公正。公正原则是指在证券市场中,立法者应当制定公正的规则,这一规则对所有参与者都具有同样的效力,司法者和管理者按照这一规则公正地执行法律,对一切被监管者给予公正待遇。公正是针对证券监管机构的监管行为而言的,它要求证券监管部门及其工作人员的行为必须公正,在处理问题、执行法律时,对所有被监管者一视同仁,同样问题相同对待,不因受监管者的身份不同而差别对待。

二、稳定措施:价格限制

价格限制措施包括以下几个方面:

(1) 委托限制:订单报价不得高于或者低于某个特定成交价的一定幅度。

(2) 委托延期撮合:当市场指数急剧下跌的时候委托延迟以减少跟风行为。

(3) 涨跌停板制度:某只股票涨跌幅度超过一定限度时停止交易。中国规定自 1996 年 12 月 16 日起证交所对交易的股票(含 A、B 股)、基金类证券实行交易价格涨跌幅限制。在一个交易日内除上市首日证券外,每只证券的价格波动幅度不得超过 10%,实施特别处理的股票(ST 股票)涨跌幅度限制为 5%,实行 PT 的股票涨幅不得超过 5%,跌幅不受限制。超过涨跌限价的委托为无效委托。

(4) 断路器规则:市场指数变化超过一定幅度时对交易进行限制,类似股票涨停板。所谓“断路器”机制,是为了从交易规则上防止股价剧烈波动,主要是为了防止非理性的大幅狂泻,维护证券市场的稳定,保护中小投资者的利益而设定的条款。“断路器”机制首创于美国纽约证券交易所,纽交所曾规定,当道·琼斯指数在一个交易日较前一个交易日下跌 350 点时,纽约交易所全部上市股票的交易暂停 30 分钟。若下跌达到 550 点,全部上市股票的交易暂停 1 小时。

三、禁止的交易行为

证券市场是一个极易滋生欺诈、操纵和内幕交易行为的高风险市场,在所有市场参与者中,中小投资者是最容易受不法行为侵害的对象。公正原则的立法宗旨就在于通过法律手段禁止内幕交易、操纵市场、欺诈客户等行为,保证投资者在证券市场获得公平、公正的待遇。

(一) 禁止内幕交易

内幕交易又称知情证券交易,是指内幕人员以及其他通过非法途径获取公司内幕信息的人,利用该信息进行证券交易而获利的行为。

证券法将内幕交易列为禁止行为,是由于证券发行公司内部人员、证券市场内部人员和证券市场管理人员,有先于其他公众投资者得知发行公司内幕信息的便利。诸如企业新技术、新产品开发、公司分红、上市公司收购等内情、有偿增资或者无偿增资、资产重组计划、公司合并等信息,可以直接影响公司股票价格趋势。当该类信息尚未公开时,掌握内幕信息的人员,利用信息优势从事交易,必然较一般投资者有更多获利机会,而与其作对应交易的投资者则有受损的可能性。掌握内幕信息者利用尚未公开的信息，与一般公众投资者进行交易，致投资者受损，则违背市场公平、公正、公开原则。

1. 内幕人

《证券法》中规定，下列人员为知悉证券交易内幕信息的内幕人：

（1）发行股票或者公司债券的公司董事、监事、经理、副经理及有关的高级管理人员。

（2）持有公司5％以上股份的股东。

（3）由于所任公司职务可以获取公司有关证券交易信息的人员。

（4）证券监督管理机构工作人员以及由于法定的职责对证券交易进行管理的其他人员。

（5）由于法定职责而参与证券交易的社会中介机构或者证券登记结算机构、证券交易服务机构的有关人员。

（6）国务院证券监督管理机构规定的其他人员。

2. 内幕信息

证券交易活动中，涉及公司的经营、财务或者对该公司证券的市场价格有重大影响的尚未公开的信息，称为内幕信息。

《证券法》规定，下列各项信息皆属内幕信息：

（1）公司临时报告中，所列重大事件，如经营范围的重大变化、重大投资行为、发生重大债务与诉讼等。

（2）公司分配股利或者增资的计划。

（3）公司股权结构的重大变化。

（4）公司债务担保的重大变更。

（5）公司营业用主要资产的抵押、出售或者报废一次超过总资产的30％。

（6）公司的董事、监事、经理、副经理或者其他高级管理人员的行为可能依法承担重大损害赔偿责任。

（7）上市公司收购的有关方案。

（8）国务院证券监督管理机构认定的对证券交易有显著影响的其他重要信息。

知悉证券交易内幕信息的知情人员或者非法获取内幕信息的其他人员，不得买入或者卖出所持有的该公司的证券，或者泄露该信息，或者建议他人买卖该证券。

（二）禁止操纵证券交易价格

操纵证券交易价格是指在证券市场中，制造虚假繁荣、虚假价格、诱导或者迫使其他投资者在不了解真相的情况下做出错误投资决定，使操纵者获利或减少损失的行为。

操纵证券交易价格实质上是一种对不特定人的欺诈行为。操纵者利用非法手段，使投资者产生投资决策失误，并以此获利。为了保护投资者的利益，维持证券交易公正合理地进行，必须严格禁止操纵市场行为。

我国《证券法》规定，禁止任何人以下列手段获取不正当利益或者转嫁风险：

（1）通过单独或者合谋，集中资金优势、持股优势或者利用信息优势联合或者连续买卖，操纵证券交易价格。

（2）与他人串通，以事先约定的时间、价格和方式相互进行证券交易或者相互买卖并不持有的证券，影响证券交易价格或者证券交易量。

（3）以自己为交易对象，进行不转移所有权的自买自卖，影响证券交易价格或者证券交易量。

（4）以其他方法操纵证券交易价格。

操纵价格和垄断市场是典型的操纵市场的手法。操纵市场的手法通常包括如下的步骤：① 吸货，即秘密购进股票尽量增加库存但价格不能抬起。② 洗盘，即故意将股票突然出手、瞬时大量出货迫使别人出货然后低价买回。③ 拉升，即大张旗鼓地大量购进股票，并通过舆论抬高股价。④ 脱手，即将持有的股票在高位卖出。

（三）禁止传播虚假信息

禁止国家机关工作人员、新闻传播媒介从业人员和有关人员编造并传播谣言或者虚假信息，严重影响证券交易。禁止证券交易所、证券公司、证券登记结算机构、社会中介机构及其从业人员、证券业协会、证券监督管理机构及其工作人员，在证券交易活动中做出虚假陈述或者信息误导。

证券交易信息主要通过各种传播媒介来进行传播，其影响面广，且往往具有一定的权威性。因此，各种传播媒介在传播有关证券信息时，必须做到真实、客观，不得利用传播媒介误导投资者。

（四）禁止证券欺诈

在证券交易中，禁止证券公司及其从业人员从事下列损害投资者利益的欺诈行为：

（1）违背客户的委托为其买卖证券；

（2）不在规定时间内向客户提供交易的书面确认文件；

（3）挪用客户所委托买卖的证券或者客户账户上的资金；

（4）私自买卖客户账户上的证券，或者假借客户的名义买卖证券；

（5）为牟取佣金收入，诱使客户进行不必要的证券买卖；

（6）其他违背客户真实意思表示，损害客户利益的行为。如：① 证券经营机构不按国家有关法规和证券交易场所业务规则的规定处理证券买卖委托；② 证券经营机构保证客户的交易收益或者允许赔偿客户的投资损失等。

我国《证券法》还规定，在证券交易中，禁止法人以个人名义开立账户，买卖证券，禁止任何人挪用公款买卖证券，禁止国有企业以及国有资产控股的企业炒作上市交易的股票。

本章小结

根据金融资产的发行和流通特征，证券市场可以分为一级市场和二级市场。一级市场就是证券发行市场，二级市场就是证券交易市场，它又分为四个市场：第一市场（交易所市场）、第二市场（柜台市场）以及第三市场和第四市场。证券市场交易的制度主要有两种：做市商制度（报价驱动交易机制）和竞价交易制度（指令驱动交易机制）。其中指令驱动市场的交易过程包括六个步骤：开户、委托买卖、竞价与成交、清算、交割、过户。证券交易方式有现货交易和信用交易，信用交易包括买空交易和卖空交易。证券市场的稳定运行离不开立法和监管，我国规范证券市场的主要法律是《证券法》，证券监管遵循公平、公开、公正原则，禁止内幕交易，禁止操纵证券交易价格，禁止传播虚假信息，禁止证券欺诈。

习 题

1. 一级市场中公募和私募的区别是什么？
2. 简要说明公司制证券交易所和会员制证券交易所的区别。
3. 什么是做市商制度？
4. 什么是竞价机制？
5. 什么是场外交易市场？世界上最大的场外交易市场是什么？
6. 指令驱动市场里有哪些指令？
7. 在中国，集合竞价的基准价格应满足哪些原则？
8. 目前我国证券监管的主体有哪些？列举四种禁止的交易行为。
9. 卖空交易和买空交易的原则是怎样的？

阅读材料

[1] 阅读《证券市场资信评级业务管理暂行办法》，了解评级机构的职责。
[2] 阅读 2005 年新修订的《中华人民共和国证券法》，可以了解证券市场各参与机构的职责，以及市场监管的原则。
[3] 证监会网站(www. csrc. gov. cn)的监管频道会公布各种类型证券的具体监管措施，相关的法律法规也可以在这个网站上的法律法规一栏下载。
[4] 想要更详细了解证券开户流程的读者可以进入证券公司网站的咨询中心阅读开户指南。想要了解交易流程的读者可以在网上下载模拟交易软件进行模拟交易。
[5] 国务院. 证券监督管理条例,2008.
[6] 中国证券监督管理委员会. 首次公开发行股票并上市管理办法,2006.
[7] 中国证券监督管理委员会. 证券发行与承销管理办法,2006.
[8] 中国证券监督管理委员会. 上市公司信息披露管理办法,2006.
[9] 上海证券交易所. 上海证券交易所交易规则,2006.
[10] 深圳证券交易所. 深圳证券交易所交易规则,2006.

第十一章 基本分析与技术分析

内 容 提 要

① 宏观分析方法。② 行业分析方法。③ 财务分析方法。④ 技术分析理论。⑤ 技术分析主要指标。

基本分析与技术分析是进行证券分析的两种方法。所谓基本分析是通过对国内外经济环境、待业状况以及公司本身的分析寻找偏离公平价格的证券,并通过对这类证券的买卖以获得超过市场平均收益之上的收益。而技术分析则是指借助证券交易数据所形成的图表,以及一系列分析指标来预测证券价格的未来走势。当市场尚未达到弱式有效时技术分析有效,当市场尚未达到半强式有效时基本分析有效。本章主要内容包括:① 基本分析。② 技术分析。

第一节 基本分析

在证券投资过程中,公司证券内在价值的确定是一个十分重要的环节。证券投资的基本分析就是通过对发行证券的公司的财务状况、经营绩效以及影响公司经营的外部环境等因素进行分析,寻找证券的内在价值,并将其内在价值与证券市场价格进行比较,从而找出被市场错误定价的证券,以此作为证券选择的依据。

基本分析的假设前提是市场尚未达到半强式有效,股票的价格没有完全反映与公司生产有关的基本数据、管理的质量、资产负债表、专利情况、收益预测、会计处理等经营信息和宏观方面的信息。

基本分析偏重长期分析,其分析步骤要遵循由上到下,从宏观到中观再到微观的顺序。一般来说,基本分析包括三个方面:一是对宏观经济因素的分析,决定将来的经济情况是否适合投资;二是对企业所处行业的分析,分析产业的赢利前景,选定前景良好的行业;三是对上市公司的分析,以便在行业内选择优良的企业。下面将分别介绍如何从这三个方面进行具体分析。

一、宏观经济分析

基本分析中的宏观经济分析就是投资者以影响证券价格的各种经济因素为研究对象,并对一个国家或地区的经济发展状况和发展趋势进行判断,进而从大方向上把握证券市场的变化。宏观经济因素分析包括全球经济环境分析、国内宏观经济环境分析、政府政策分析和经济周期分析等。

(一) 全球经济环境分析

对全球经济环境的分析主要涉及对主要工业化国家进行经济分析,结合全球宏观经济总体形势,推断各国经济发展前景,以区分在不同国家投资的差异。分析内容包括各国的先行经济指标、GDP 以及汇率等。此外,分析国际重大经济事件,如亚洲基础设施投资银行的成立,人民币纳入 SDR 等,中美贸易摩擦,美联储宣布实行"无限量化宽松"政策等,据此推断我国乃至全球经济发展势态。

(二) 国内宏观经济分析

国内宏观经济因素分析主要考虑:① 人均 GDP 的增长率。② 失业率因素,失业率衡量了经济运行中生产能力的运用程度。③ 通货膨胀率,实际的 GDP 增长率是在调整了失业率和通货膨胀率之后得到的。④ 利率,高利率会减少未来现金流的现值,因而会减少投资机会的吸引力,例如房地产投资。

在以上因素中,通货膨胀对证券投资的影响尤为复杂,既要考虑到通货膨胀的不同时期对证券市场的影响,也要考虑不同程度的通货膨胀对证券市场的影响。

首先分析通货膨胀的不同时期对证券投资的影响。通货膨胀的早期,处于经济较为繁荣时期,物价虽有上涨,但仍处于市场可以接受的范围,这种涨幅还不至于影响市场的各种交易。企业订单不断,购销两旺,就业状况也令人满意,收入呈上涨趋势,所以证券市场的交易势头十分旺盛,各种证券的价格能够上扬。通货膨胀的中期,供需比例的严重失调,企业效益减少和居民收入降低,证券价格立即呈下跌形态。投资者没有信心去涉足证券市场,而逐步将资金撤离,证券市场交易清淡,其价格也一蹶不振。通货膨胀的晚期,市场恢复仍需要通过一个较长时期的休整,投资者对前景不持乐观态度,证券价格因此也十分低迷。

其次分析不同程度的通货膨胀对证券投资的影响。温和、稳定的通货膨胀刺激就业和企业的生产,对证券价格上扬有推动作用。而急剧的通货膨胀将导致证券市场衰退,价格被严重扭曲,货币大幅贬值,人们为保值而囤积商品,资金流出资本市场,证券价格随之下跌。

(三) 政府政策分析

政府的宏观经济政策主要是供给政策和需求管理政策。

供给政策主要是要提高经济的生产能力,而不是刺激对产品和劳务的需求。供给政策的出发点在于认为经济增长缓慢是由于生产能力低,供给不足。供给政策的目标则是要创造一个良好的投资环境,采取税收优惠等措施来推动投资。2015 年以来,我国经济进入了一个新阶段,供需关系正面临着不可忽视的结构性失衡。由此,政府提出加强供给侧改革,要在适度扩大总需求的同时,去产能、去库存、去杠杆、降成本、补短板,从生产领域加强优质供给,减少无效供给,扩大有效供给,提高供给结构适应性和灵活性,使供给体系更好适应需求结构变化。

二战后,需求管理普遍为各国政府所采用。需求管理主要是利用财政政策和货币政策来调控宏观经济。财政政策是影响经济最直接的方式,它通过调节政府支出和税收来刺激经济,衡量财政政策的重要指标就是政府的赤字规模。而货币政策则强调控制货币供应量以影响利率,对经济具有间接但深远的影响。实施货币政策的工具包括公开市场业务、再贴现率和准备金要求等。

（四）经济周期

经济周期一般是指经济活动沿着经济发展的总体趋势所呈现出的有规律的扩张和收缩。从经济发展的历史来看,经济的增长从来都不是一成不变的,经济的繁荣和衰退总是交替存在着,呈现出周期性的变动,具体可分为繁荣、衰退、萧条和复苏四个阶段。经济学家将国民总产出、总收入和总就业的波动称为经济周期,虽然政府的宏观经济政策可以在一定程度上推迟或缓和经济周期,但其无法消灭经济周期。在经济周期处于上升期,投资活动高涨,消费、就业、收入上升,证券市场繁荣,在经济周期底部,投资者信心丧失,市场低迷,投资前景不被看好。所以,对经济周期所处阶段的判断对于投资者的决策至关重要。

二、行业（产业）分析

宏观经济分析主要分析了社会经济的总体状况,但没有对社会经济的各组成部分进行具体分析。社会经济的发展水平和增长速度反映了各组成部分的平均水平和速度,但各部门的发展并非都和总体水平保持一致。因此,经济分析为证券投资提供了背景条件,但没有为投资者解决如何投资的问题,要对具体投资对象加以选择,还需要进行行业分析和公司分析。

因为当整个宏观经济呈现上升趋势的时候不排除某些行业正在走下坡路的可能,所以通过宏观经济分析找出理想的投资时期后,投资者还得通过行业分析找出满意的投资行业。行业分析属于中观分析,主要目的是要辨认哪些行业在该宏观经济形势下有良好的前景。

一般情况下,某一企业的增长率与其行业的增长率是基本一致的,Benjamin King(1996)通过研究认为49%的股价变动是来自与产业有关的因素。因此,投资者在投资过程当中,对证券的正确选择必定建立在对其所属行业正确分析的基础上。

（一）行业的分类

所谓行业,是指这样的一个企业群体,这个企业群体的成员由于其产品（包括有形与无形）对于消费者而言在很大程度上的可相互替代性而处于一种彼此紧密联系的状态,并且由于产品可替代性的差异而与其他企业群体相区别。这个定义是从消费者的需求出发,或者说是从消费者的货币投票权出发,将行业进行了划分。见图11-1所示。

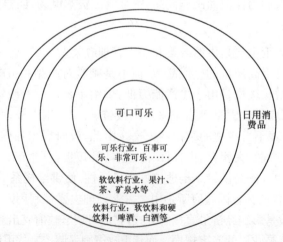

图 11-1　可口可乐所处的行业

根据其产品的可替代程度大小不同,行业的划分可大可小。小的只包含几种商品,而大的包含成千上万的商品种类。

根据联合国颁布的《全部经济活动的国际标准产业分类索引》,全部经济活动可以分为如下十个行业:农业、畜牧、狩猎业、林业和渔业;采矿业及土、石采掘业;制造业;电、煤气和水;建筑业;批发和零售业、饮食和旅馆业;运输、仓储和邮电通信业;金融、保险、房地产和工商服务业;政府、社会和个人服务业;其他。

(二)经济周期和行业分析

根据行业和经济周期之间的关系,可以把不同的行业分为以下几类:

1. 增长型行业

增长型行业的运动状态与经济活动总水平的周期关系较小。这些行业收入增长的速率相对于经济周期的变动来说,并未出现同步影响,因为它们主要依靠技术的进步、新产品推出及更优质的服务,从而使其呈现出增长形态。

在过去的几十年内,互联网行业和高端制造行业呈现出了这种形态。投资者对高增长的行业十分感兴趣,主要是因为这些行业对经济周期性波动不敏感,提供了一种财富"套期保值"的手段。但是,并非所有新行业都能成为增长型行业,所以对增长型行业投资的最大困难是如何对行业的前景作出正确的预测。

2. 周期型行业

周期型行业的运动状态直接与经济周期相关。当经济处于上升时期,这些行业会紧随其扩张;当经济衰退时,这些行业也相应衰落。产生这种现象的原因是,当经济上升时,对这些行业相关产品的购买相应增加。例如消费品业、耐用品制造业及其他需求的收入弹性较高的行业,就属于典型的周期性行业。

3. 防御型行业

还有一些行业被称为防御型行业。这些行业运动形态的存在是因为其产业的产品需求相对稳定,并不受经济周期处于衰退阶段的影响。正是因为这个原因,对其投资便属于收入投资,而非资本利得投资。有时候,当经济衰退时,防御型行业或许会有实际增长。例如,食品业和公用事业属于防御型行业,因为需求的收入弹性较小,所以这些公司的收入相对稳定。

(三)行业分析的步骤

1. 判断行业正处于生命周期的哪个阶段

任何一个行业都要经历开创、扩张、成熟和衰退的行业生命周期。同行业不同公司的业绩状况虽有不同,但与该行业所处的整体发展阶段有着很大关联。行业生命周期如图 11-2 所示。

在图 11-2 中,行业幼稚期,大量新技术被采用,市场处于垄断时期,公司有着较高边际利润,整个行业高速增长。行业成长期,公司规

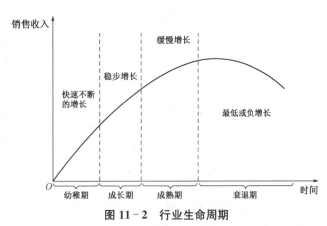

图 11-2 行业生命周期

模稳步增长,竞争较激烈并且有着较高的利润,高于整体经济的发展速度。行业成熟期,行业发展与整体经济发展速度同步,公司有着稳定的现金流收入。行业衰退期,发展速度已经慢于经济中的其他行业,或者已经慢慢萎缩。

2. 行业对经济周期的敏感性

投资分析家一旦预测了宏观经济状况,下一步就要看这种预测对于不同行业的影响,因为并非所有行业对经济周期的敏感程度都是一样的。具体来说,可以通过以下几个因素衡量行业对经济周期的敏感性。

一是销售额对经济周期的敏感度。这需要判断人们的收入是否是影响该行业最主要的因素,如食品行业受收入影响较小。

二是经营杠杆率的大小。经营杠杆率即企业固定成本与可变成本之间的比例,经营杠杆率越高的行业,经济周期对其影响越大。

三是财务杠杆率。若经济处在发展中,公司的投资回报率超过利息,则提高财务杠杆对公司有利。不同行业的财务杠杆率是不同的,比如银行业就是高负债行业。

根据不同行业与经济周期之间存在的关系,可以把行业分为以下两类:一是周期敏感型行业,这类行业的运动状态与经济周期存在显著的联系,如汽车、洗衣机等耐用消费品行业,具有较高的 β 值。二是防守型行业,这类行业的运动特点相对稳定,如大米、面粉和医疗器械厂商,β 值较低 。面对不同类型的行业,一般投资策略是在经济复苏时选择周期敏感型行业,而在经济萧条时投资防守型行业。

3. 行业定性分析

行业的定性分析主要考虑以下几个因素:

一是行业的竞争程度。主要利用波特(Porter)的五力模型来分析:

(1) 进入(退出)壁垒:自然垄断容易形成规模经济壁垒,专利权则形成技术壁垒,政府监管构成行政壁垒。

(2) 替代品:替代品的存在对厂商向消费者索取高价进行了限制,例如毛纺厂面临着合成纤维厂商的竞争。

(3) 购买者的谈判能力:在产业链中,如果购买者买了某一个行业的大部分产品,则他就会掌握很大的谈判能力,如发电厂与电网的关系。

(4) 供应商的谈判能力:供应商位于厂商的上游,如果它控制下游厂商的关键原料,则下游厂商不具有谈判能力。

(5) 行业现有的竞争者:若行业本身增长缓慢则易引起激烈的竞争,这种竞争通常是以价格竞争广告战、产品引进以及增加对消费者的服务等方式表现出来。

二是政府的产业政策。主要考虑政府是否对某些行业具有鼓励或者限制政策。受政府管制的行业是与大众的利益紧密相连的行业,关系国计民生,利润受到限制。政府的反垄断政策也是重点考虑的内容,虽然垄断行业可以获得高额利润,但是要注意政府的反垄断和强行开放市场对其未来的盈利能力的影响,这些政策对股票价格的影响是显著的,如中国的电力和航空行业。政府还会实行一些行业扶植政策,例如保护幼稚工业,淘汰落后的和污染的行业。

三是技术变革。技术变革对产业的影响是致命的。落后产业一定会被先进产业所替代,例如数码产品取代录音机,植物油取代动物油。然而,技术不是越先进越好,关键考察技术进步对现有产品的替代能力以及潜在需求。

4. 行业定量分析

行业定量分析主要考虑某个时期行业的市盈率,即行业价格指数/行业利润率。行业指数高表明人们对该行业的良好预期。在选择行业时,通常应该选择行业利润率高,并且行业价格指数高,但是市盈率低的行业进行投资,这样的行业具有较高的回报率,以及相对回报率而言较低的价格。

此外,可以用回归分析来估计行业的风险与预期的回报率。回归分析的基本原理是CAPM模型。分析第一步是通过历史数据回归得到 β 值,然后通过这个 β 值来预测行业回报率。β 系数是行业价格指数波动率与市场价格指数波动率的比值,用于刻画该行业的系统性风险大小。当 β 值大于 1 时,说明行业价格波动率大于市场整体的波动率。β 越大,行业风险相对越大,所要求的回报也越高。而当 β 小于 1 时,行业风险小于市场整体风险,适合风险规避型投资者。

三、公司财务分析

在股票市场中,股票发行企业的经营状况是决定其股价长期的、最重要的因素。而上市公司的经营状况,可通过财务报表反映出来,因此,分析和研究上市公司的财务统计报表,就显得尤为重要。

上市公司的实质是它的营运情况、财务情况及盈利情况,最直接最方便地了解上市公司经营状况的办法,便是从上市公司的财务分析着手。而了解发行公司的财务状况和经营成效及其股票价格涨落的影响,是投资者进行决策的重要依据。进行股票投资的投资者在研究如何衡量股价以前,应先阅读上市公司财务报表,理解资产负债表及损益表中各项数字所代表的涵义,进一步进行简单的财务比率分析,就能更深入了解上市公司的营运情况、财务情况及盈利情况。

(一)财务报表作用

财务报表主要包括资产负债表、损益表和现金流量表。从这三种表中应着重分析以下四项主要内容:

1. 公司的获利能力

公司利润的高低、利润额的增长速度是其有无活力、管理效能优劣的标志。作为投资者,购买股票时,当然首先是考虑选择利润丰厚的公司进行投资。所以,分析财务报表,先要着重分析公司当期投入资本的收益性。

2. 公司的偿还能力

对公司偿还能力进行分析的目的在于确保投资的安全。具体从两个方面进行分析:一是分析其短期偿债能力,看其有无能力偿还到期债务,这一点须从分析、检查公司资金流动状况来判断,判断依据主要来自现金流量表;二是分析其长期偿债能力的强弱。这一点是通过分析财务报表中不同权益项目之间的关系、权益与收益之间的关系,以及权益与负债之间的关系来进行检测的。

3. 公司扩展经营的能力

即进行成长性分析,这是投资者选购股票进行长期投资最为关注的重要问题。从成长性分析中可以判断企业采取激进还是保守型的策略,同时还要结合对社会环境、企业内部因素的全面考量,不宜简单通过企业发展速度来判断企业价值。

4. 公司的经营效率

其主要是分析财务报表中各项资金周转速度的快慢,以检测股票发行公司各项资金的利用效果和经营效率。

总之,分析财务报表主要的目的是分析公司的收益性、安全性、成长性和周转性四个方面的内容,并以此为基础对股票投资价值进行判断。

上市公司必须按照《证券法》所要求的财务公开原则,定期公布财务报表。新上市公司最初的财务报表刊登于《招股说明书》和《上市公告书》中,其他上市公司的财务报表刊登在《中期报告》和《年度报告》中。上市公司的财务报表主要包括:资产负债表、利润及利润分配表(或损益表)和现金流量表。

(二)财务报表分析

1. 资产负债表

资产负债表是反映公司资产、负债和所有者权益状况的报表,是公司最主要的综合财务报表之一。它是一张平衡表,分为"资产"与"负债和股东权益"两部分,其中,资产=负债+股东权益。资产负债表是一个存量表,反应的是一个时点上的情况。

资产负债表主要包括了以下项目:

(1)资产。资产主要包括流动资产、固定资产、长期股权投资和无形资产4种。流动资产主要包括现金、交易性金融资产、商业票据、应收账款、存货和预付款项,期限通常在一年以内。固定资产是指企业为生产产品、提供劳务、出租或者经营管理而持有的,使用时间超过12个月,价值达到一定标准的非货币性资产,包括房屋、建筑物、机器、机械等与经营生产活动有关的设备、器具、工具等,长期股权投资是指通过投资取得被投资单位的股份。资产是企业主要利润的产生来源,不同的企业资产形式不同。制造业主要资产是厂房设备,房地产业主要资产是存货,银行的主要资产是贷款。无形资产包括专利技术、商誉和土地使用权等。

(2)负债。负债分为流动负债和长期负债。流动负债是指一年以内到期的债务,主要包括应付账款、应付票据、应付费用和应付税款。应付账款表示公司由于赊购而欠其他公司的款项。应付票据表示公司欠银行或其他贷款者的债务,它通常由公司的短期或季节性资金短缺引起。应付费用包括员工的工资和薪水、到期的利息和其他类似的费用,它表示公司在编制资产负债表时所应付费用的情况。应付税款表示公司应缴纳税款的金额,它与公司的所得税计提方式有密切的联系。长期债务指一年以上到期的债务,它包括应付债务、抵押借款等项目。

(3)股东权益。股东权益等于除去所有债务后公司的净值,主要分为股本和留存收益两部分。股本是股票面值与股份数的乘积。留存收益表示公司利润中没有作为股息支付而重新投资于公司的那部分收益,它反映了股东对公司权益的增加。留存收益通常并非以现金的形式存在,其大部分都被投资于存货、厂房、机器设备之中,或用于偿还债务。留存收益增加了公司的收益性资产,但其本身却不能再作为股息来分配。表11-1是建设银行资产负债表,这是银行资产负债表的基本形式。从这个资产负债表可以看出该企业资产、负债和所有者权益的情况。

表 11‑1　建设银行资产负债表　　　　　　　　　亿元

	2016‑12‑31	2015‑12‑31
资产		
客户贷款和垫款总额	117 570.32	104 851.40
贷款损失准备	−2 686.77	−2 506.17
现金及存放中央银行款项	28 492.61	24 015.44
存在同业款项及拆出资金	7 552.88	6 637.45
买入返售金融资产	1 031.74	3 107.27
投资①	50 685.84	42 714.06
应收利息	1 016.45	966.12
其他②	5 973.98	3 709.32
资产总额	209 637.05	183 494.89
负债		
客户存款	154 029.15	136 685.33
同业及其他金融机构存放款项和拆入资金	19 355.41	17 611.07
已发行债务证券	4 515.54	4 155.44
卖出回购金融资产	1 905.80	2 680.12
向中央银行借款	4 393.39	420.48
其他③	9 541.22	7 491.62
负债总额	193 740.51	169 044.06
股东权益		
股本	2 500.11	2 500.11
其他权益工具——优先股	196.59	196.59
资本公积	1 345.43	1 349.11
其他综合收益	−12.11	178.31
盈余公积	1 754.45	1 530.32
一般风险准备	2 111.93	1 864.22
未分配利润	7 868.60	6 721.54
归属于本行股东权益	15 765.00	14 340.20
少数股东权益	131.54	110.63
股东权益总额	15 896.54	14 450.83
负债和股东权益总计	209 637.05	183 494.89

2. 损益表

损益表又称为利润表,是对企业在一段时期内的盈利能力的总结。它显示了在运营期间企业获得的收入,以及与此同时产生的费用和缴纳的所得税,是分析公司经营业绩、经济效益的基

---

① 包括以公允价值计量且其变动计入当期损益的金融资产、可供出售金融资产、持有至到期投资及应收款项类投资。

② 包括贵金属、衍生金融资产、对联营和合营企业的投资、固定资产、土地使用权、无形资产、商誉、递延所得税资产及其他资产。

③ 包括以公允价值计量且其变动计入当期损益的金融负债、衍生金融负债、应付职工薪酬、应变税费、应付利息、预计负债、递延所得税负债及其他负债。

本依据。损益表是一个流量表,在损益表中,主营业务收入减去主营业务成本,再加上投资收益为营业利润。营业利润加上营业外收入,减去营业外支出得到税前利润。税前利润减去所得税得到净利润。虽然净利润是分析损益表的最终目标,但其他数据仍然向投资者传递着企业经营管理状况、营利能力、税赋控制能力等重要信息,为判断公司营利的持续性、稳定性提供重要参考。所以投资者有必要对损益表的各部分有所了解。

(1)营业收入。是指企业通过销售产品或对外提供劳务而获得的新的资产,其形式通常为现金或应收账款等项目。对一般企业来说,营业收入是企业最重要的收入来源。企业的营业收入通常与它的营业活动有关,不同的企业营业收入来源不同。生产销售型企业的营业收入主要是销售收入,服务行业的营业收入主要是服务收入,银行的主营业务收入主要是利息收入。

(2)营业支出。营业支出是指企业为获得营业收入而使用各种财物或服务所发生的耗费,主要包括业务成本、管理费用和财务费用等。业务成本是最大的一笔费用,其根据企业所处的行业不同又有很大差异。管理费用包括广告费、行政管理费、职员薪水、销售费和一般办公费用。财务费用包括利息支出、汇兑损失、相关手续费、现金折扣、非资本化融资租赁费用等。

值得一提的是企业折旧费用、预提费用、待摊费用的提取。折旧费的增加表示公司固定资产价值的下降。计算折旧费的方法通常有4种:直线折旧法、折旧年限积数法、余额递减法、成本加速补偿法。预提费用是指企业预先提取但尚未支付的各项费用。待摊费用是指已经支出但应由本期和以后各期分别负担的费用。企业折旧费用、预提费用和待摊费用的提取会对当期利润产生影响,这三项有时会成为上市公司操纵利润的途径。

(3)利润。利润反映了股东的收益。利润分为税前利润和净利润。净利润等于税前利润减去所得税。净利润又分为支付给股东的股息和公司的留存收益两项。如果企业亏损,留存收益就将减少。如果公司盈利,将优先支付优先股股东的股息,如有剩余再由普通股分红。每股收益的水平和增长情况是反映公司经营状况的最重要指标之一。表11-2是建设银行的损益表,这也是银行损益表的一般模式。

表11-2 建设银行损益表 亿元

	2016-12-31	2015-12-31
利息净收入	4 177.99	4 577.52
非利息收入	1 872.91	1 474.45
其中:手续费及佣金净收入	1 185.09	1 135.30
营业收入	6 050.90	6 051.97
税金及附加	−174.73	−363.03
业务及管理费	−1 528.20	−1 573.80
资产减值损失	−932.04	−936.39
其他业务成本	−492.04	−217.85
营业利润	2 923.89	2 960.90
营业外收支净额	28.21	24.07
利润总额	2 952.10	2 984.97
所得税费用	−628.21	−696.11
净利润	2 323.89	2 288.86

公司损益表上的净利润数据传递了有关公司前景的重要信息。现代金融学把股东权益与企业市值之间的关系看成是看涨期权与标的物之间的关系，并认为股东权益的定价同样满足期权定价模型，如图11-3。

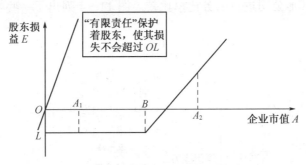

图 11-3 股东权益与企业市值之间的关系

由于现代企业的有限责任制，股东仅以出资额为限对债权人负责。所以在企业业绩不佳时，股东的最大损失不会超过其购买股权的价值；但是在企业业绩好的情况下，股东的收益从理论上来讲可以是无限大的。这和购买看涨期权的损失有限、收益无限的特征相同。现代企业定价理论就是在这一基础上，运用期权定价理论来对企业进行定价的。

3. 现金流量表

现金流量表提供了一家公司经营是否健康的判断依据，它详细描述了由公司的经营、投资与财务活动所产生的现金流变化情况，又称财务状况变动表。损益表与资产负债表均建立在应收应付会计方法之上，即使没发生现金交易，收入与费用也在其发生时就进行确认，但现金流量表只反应产生了现金变化的交易。例如销售一批货物没有收到现金就不能计入现金流量表。

现金流量表是反映两张资产负债表编制日之间公司现金变动情况的表格，是公司每年向其股东或证券管理委员会呈交的三种主要财务报表之一，反映了公司资源（或资金）的所有流入和流出活动，它不仅包括由公司内部的经营活动，而且还包括公司外部的融资与投资活动所引起的公司资源的出入情况。其目的是报告在本会计年度内所有流进公司的资金来源以及这些资金被运用的具体情况。

现金流量表向企业的股东、管理部门、投资者或货款者，以及其他的报表使用者提供报告期内公司现金变动的全貌，反映了企业资金的各种来源和运用情况、资产负债表初期与末期各项目的增减情况及原因，体现了公司的经营和投资方针。同时，它还解答了一系列重大的财务问题。如购入新资产的资金来源是依靠企业积累，还是靠负债；营业所需的资金与负债资金的比例是否适当等。

通过对现金流量表的分析，可以帮助投资者了解创造未来现金净流量的能力，以及评估公司偿还债务的能力。另外，通过分析净收益和相关现金收支差异的原因，可以了解公司的投资情况，以及对应收账款的管理能力等。

（二）主要财务比率

比较分析法是财务分析中常常用到的方法，通过对财务报表中各项指标的比较，来分析和判断公司财务状况和经营成果及其变化情况，并据以预测公司的未来趋势。利用比较分析法既要对公司单个年度的财务比率进行分析,也要进行纵向分析和横向分析。对公司单个年度的财务比率进行分析是要判断年度内公司的偿债能力、资本结构、经营效率、盈利能力等情况。纵向分析从一个较长的时期来考察财务比率,从而动态地分析公司状况。横向分析则与同行业其他公司进行财务比率比较。图 11-4 列出了一些主要的财务比率及其分类。

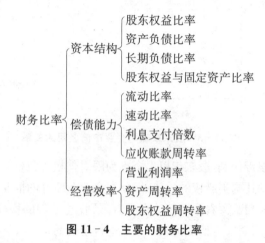

图 11-4 主要的财务比率

使用者可以根据其着眼点、目标和用途不同而计算不同的财务比率。一家银行是否给一个企业提供贷款时,它关心的是该企业的流动比率,而长期债权人则对资产的流动性很少注意。对同一比率的解释和评价可能发生矛盾,如反映短期偿债能力的速动比率对短期债权人来说越大越好,但从股东来看,则认为速动比率过大表明经营者没有充分利用资金。下面将从投资者的角度,从股本收益率(ROE)入手分析公司的投资价值。

$$ROE = \frac{净收益}{股权} = \frac{EBIT - 利息 - 税收}{股权}$$

$$= \frac{(1-税率)(EBIT - 利息)}{股权}$$

$$= (1-税率)\frac{(ROA \times 资产) - 利率 \times 债务}{股权}$$

$$= (1-税率)\left[\frac{ROA \times (股权 + 债务)}{股权} - 利率 \times \frac{债务}{股权}\right]$$

$$= (1-税率)\left[ROA + (ROA - 利率) \times \frac{债务}{股权}\right]$$

其中,EBIT 为息税前利润,ROA 为资产收益率。

从上面对 ROE 的分解分析可以看到,只有当 ROA>利率时,债务/股权比率越大,即财务杠杆越大,ROE 才越大。其次财务杠杆也增大了风险,在高财务杠杆率经营的情况下,微小的 ROA 变化就会带来较大的 ROE 的变化。

除以上分解方法外,投资者还可以利用杜邦系统(Du Pont system)来分解 ROE。

$$ROE = \underset{(1)}{\frac{净利润}{税前利润}} \cdot \underset{(2)}{\frac{税前利润}{EBIT}} \cdot \underset{(3)}{\frac{EBIT}{销售额}} \cdot \underset{(4)}{\frac{销售额}{资产}} \cdot \underset{(5)}{\frac{资产}{权益}}$$

其中(1)～(5)分别代表税收负担、利息负担比率、营业利润率、资产周转率和财务杠杆率,杜邦分析法主要分析这五个要素对 ROE 的影响。

下面举一个例子讲述如何运用杜邦分析法来进行公司财务分析,这是一个横向比较的例子。

例 11.1 A、B 两家总资产分别为 1 亿的公司,税息前利润相同,但财务杠杆不同,B 公司有 320 万美元的利息费用,A 公司无负债,税率为 40%。表 11-3 列举了两家公司在不同年景的收益情况。而表 11-4 将两家公司的股本收益率(ROE)在不同年景进行了杜邦分析,展示了资本结构通过影响哪些因素来影响股本收益率。

表 11-3 A、B 两家公司在不同年景的收益情况

状 态	EBIT (百万美元)	A公司		B公司	
		净利润 (百万美元)	ROE (%)	净利润 (百万美元)	ROE (%)
坏年景	5	3	3	1.08	1.8
正常年景	10	6	6	4.08	6.8
好年景	15	9	9	7.08	11.8

表 11-4 A、B 两家公司在不同年景收益的杜邦分析

状 态		股本收益率 (ROE)	(1) 净利润/税前利润	(2) 税前利润/EBIT	(3) EBIT/销售收入	(4) 销售收入/资产	(5) 资产/股权	(6) 复合杠杆率 (2)×(5)
坏年景	A	0.030	0.6	1.000	0.062 5	0.80	1.000	1.000
	B	0.018	0.6	0.360	0.062 5	0.80	1.667	1.600
正常年景	A	0.060	0.6	1.000	0.100	1.00	1.000	1.000
	B	0.068	0.6	0.680	0.100	1.00	1.667	1.134
好年景	A	0.090	0.6	1.000	0.125	1.20	1.000	1.000
	B	0.118	0.6	0.787	0.125	1.20	1.667	1.311

从表 11-3 可以看出,在各个年景,B 公司的净利润均小于 A 公司的净利润,但是在正常年景和好年景,B 公司的 ROE 均高于 A 公司的 ROE。对于只关心 ROE 的股东,预期年景较好时,完全有理由将资本投向杠杆率较高的 B 公司。

而从表 11-4 可以看出,税收负担、营业利润率、资产周转率是不受资本结构的影响的,只有利息负担比率和财务杠杆率是与资本结构有关的。

除了前面介绍的两种 ROE 分析方法以外,常用的还有一种对 ROE 进行分解的方法

$$ROE = \frac{净利润}{股东权益} = \frac{净利润}{账面价值} = \frac{市值}{账面价值} \div \frac{市值}{净利润}$$

$$\frac{E}{P} = \frac{ROE}{P/B}$$

其中,P/B 为市账比(市值/账面价值);E/P 为市盈率(市值/净利润)的倒数,即股票市价每 1 元所具有的税后利润额。

市盈率越高,购入该股票的每元投资所具有的税后利润就越低。如果将税后利润视作衡量股票投资价值的最主要因素,市盈率就成为比较股票价位相对高低,从而比较股票投资价值高低的重要指标。

该分析方法揭示了一个值得注意的问题,股本收益率(ROE)高并不意味着具有良好的投资价值,如果股本收益率(ROE)较高且市账比(P/B)也较高,则可能有一个相对较低的投资收益率,即 ROE 较高的公司可能股票价格也较高。相反,该分析方法同样揭示了投资低股本收益率的股票同样可能会得到较高的持有期收益。所以,只有当市账比(P/B)相同或较低的条件下,ROE 才是一个准确选股的指标。

第二节 技术分析

所谓股价的技术分析,是相对于基本分析而言的。基本分析法着重于对一般经济情况、行业动态以及各个公司的经营管理状况等因素进行分析,以此来研究股票的价值,判断股票市价的高低。而技术分析则是通过图表或技术指标的记录,研究市场过去及现在的行为反应,以推测未来股票价格的变动趋势。技术分析所依据的技术指标的主要内容是由股价、成交量或涨跌指数等数据计算而得的,因此,通常技术分析只关心证券市场本身的变化,而不考虑会对其产生某种影响的经济、政治等方面的各种外部因素。

技术分析是基本分析之外又一大证券投资分析体系。技术分析的前提是市场尚未达到弱式有效,股价没有反映出全部能从市场交易数据得到的信息,投资者可以通过对以往的价格进行分析,并对市场未来的价格趋势进行预测而获得超额利润。

技术分析的基本观点是:所有股票的实际供需量及其背后起引导作用的种种因素,包括股票市场上每个人对未来的希望、担心、恐惧等等,都集中反映在股票的价格和交易量上。由此可见,技术分析主要从市场行为本身出发,利用统计学、心理学等科学原理和方法,分析价格、成交量和技术指标等已经存在的市场历史数据,来预测金融市场中各种证券价格的变动趋势。基本分析的目的是为了判断股票现行股价的价位是否合理并描绘出它长远的发展空间,而技术分析主要是预测短期内股价涨跌的趋势。通过基本分析投资者可以了解应购买何种股票,而技术分析则能把握具体购买的时机。在时间上,技术分析法注重短期分析,在预测旧趋势结束和新趋势开始方面优于基本分析法,但在预测较长期趋势方面则不如基本分析法。大多数成功的股票投资者都是把两种分析方法结合起来加以运用,他们用基本分析法估计较长期趋势,而用技术分析法判断短期走势和确定买卖的时机。

技术分析的方法、理论非常多,汇集了众多研究者和投资者多年对股票市场情况观察、分析、思考总结的结果。本章仅选取了其中一些最基础的分析方法和结论加以介绍。真正的要进行成功的技术分析还须进一步通过各种媒介了解更多的知识,学习别人的经验,并加以实践。同时,更需要多和其他投资者交流,并将技术分析与基本分析结合使用。

一、技术分析基础

（一）相关名词

掌握技术分析，首先要学会看指数走势图，在常见的证券交易软件所显示的指数走势图中有两条曲线，白线是加权指数曲线，黄线是不含加权的指数曲线。黄、白线的相对位置显示小盘股与大盘股涨跌的差距，黄线在白线之上，表示小盘股涨幅较大或跌幅较小，黄线在白线之下，则情形刚好相反。

在白、黄线附近还有红绿柱线，红柱线表示买方力量强于卖方力量，绿柱线表示卖方力量强于买方力量。柱线的长度表示力量大小。当红柱线逐渐增长时，显示指数上涨力量逐渐增强，缩短则上涨力量减弱；当绿柱线增长时，显示指数下跌力量增强，缩短则下跌力量减弱。在走势图的下方，有黄色（蓝色）柱线，表示每一分钟内的成交量，黄色表示上涨，蓝色表示下跌。不同的交易软件，有时会采用不同颜色的线或柱来表示。

下面介绍一些个股技术分析中常常用到的术语。

委比：是股票委托买卖的比例，用以衡量一段时间内，委托买卖盘相对强度的指标。委比值的变化范围为$-100\%\sim+100\%$。委比值为正值且委比数值大，说明市场买盘强劲；反之，则说明市场抛盘压力大。当委比从-100%趋向$+100\%$时，说明多方逐渐占据上风。

$$委比 = \frac{委买手数 - 委卖手数}{委买手数 + 委卖手数} \times 100\%$$

其中，委买（手数）：指个股现在委托买入的前五档的总和（由高到低排序）。委卖（手数）：指个股现在委托卖出的前五档的总和（由低到高排序）。

量比：衡量相对成交量的指标。它是开市后每分钟的平均成交量与过去 5 个交易日每分钟平均成交量之比。其公式为：

$$量比 = \frac{当日累计成交总量（手）}{过去 5 个交易日平均每分钟成交量 \times 当日累计开始的时间（分）}$$

当量比数据大于 1 时，说明当日每分钟的平均成交量大于过去五日的平均值，交易比过去 5 日强劲，当量比数据小于 1 时，说明市场成交萎缩，现在的成交比不上过去 5 日的均值。

内盘：表示以买方委托（价格）成交的数量。

外盘：表示以卖方委托（价格）成交的数量。

显然，某个证券品种的总成交量就是内盘和外盘的相加。以卖方成交的委托纳入外盘，如外盘数量增加，就意味着多数卖出委托都有买方来承接，显示了买方的强劲势头。以买方成交的委托纳入内盘，如内盘数量大，则说明多数的买入委托价都有人愿意接受，说明卖方势力强大。

换手率：也称周转率，指在一定时间内市场中股票转手买卖的频率，是反映股票流通性强弱的指标之一。其计算公式为：

$$换手率 = \frac{一定时间内的交易量}{发行的总股本} \times 100\%$$

换手率高,表示成交活跃,交易量大,买的人多,卖的人也多,属于热门股,同时也说明该股投机性强,风险大。新股一般换手率较高,甚至可以超过100%。

(二) 技术分析的假设前提

技术分析的有效性取决于许多因素。要正确认识、运用和发展这一方法必须充分理解其立足的三个假定前提:

(1) 市场行为反映一切,这是技术分析的基础。也就是说市场是无效率的,价格和成交量中包含预测未来股市的重要信息。技术分析者认为,市场行为决定了价格,为了在未来交易中获益,只用关注市场行为,而无须关心其背后影响因素。

(2) 价格呈趋势变动,这是进行技术分析最根本、最核心的因素。价格趋势一旦形成会重复若干时间,当一种趋势刚刚发生时要及时发现才能获利。事实上价格虽然上下波动,但终究是朝一定的方向前进的,因此技术分析法希望利用图形或指标分析,尽早确定目前的价格趋势及发现反转的信号,以掌握时机进行交易获利。

(3) 历史会重现,这是从人的心理因素方面考虑的。人的行为和心理在历史的不同时期有着惊人的相似,而左右价格力量的就是人的心理和行为。证券投资是一个追求利润的行为,这个动机始终都不会改变。因此,在这种心理状态下,人类的交易将趋于一定的模式,而导致历史重演。所以,过去价格的变动方式,在未来可能不断发生,投资者可以利用统计分析的方法,从中发现一些有规律的图形,整理一套有效的操作原则。

(三) 技术分析法的特点

一是具有量化指标特性:技术分析提供的量化指标,可以指示出行情转折之所在。

二是具有趋势追逐特性:由技术分析得出的结果告诉投资者如何去追逐趋势,并非是创造趋势或引导趋势。

三是技术分析直观现实:技术分析所提供的图表,是轨迹的记录,无虚假与臆断的弊端。

因此,证券投资技术分析主要采用绘制各类图表并进行数量分析从而得出某种结论,借以揭示证券大盘走势或某个股的演变轨迹,并且从图表中看出机构投资者或者持股大户的操作意图。

二、技术分析的主要理论

(一) 道氏理论

道氏理论创立于19世纪末,是美国投资者预测股票市场价格涨落最常用的方法,也是最古老的技术分析理论之一。

根据道氏理论,股票价格运动有三种趋势,其中最主要的是股票的基本趋势,即股价广泛或全面性上升或下降的变动情形。这种变动持续的时间通常为一年或一年以上,汉密尔顿认为多头市场的平均长度为27个月,空头市场的平均长度为15个月,通常股价总升(降)的幅度超过20%。对投资者来说,基本趋势持续上升就形成了多头市场,持续下降就形成了空头市场。

股价运动的第二种趋势称为股价的次级趋势。因为次级趋势经常与基本趋势的运动方向相反,并对其产生一定的牵制作用,因而也称为股价的修正趋势。这种趋势持续的时间从 3 周至数月不等,其股价上升或下降的幅度一般为股价基本趋势的 1/3 或 2/3。

股价运动的第三种趋势称为短期趋势,反映了股价在几天之内的变动情况。修正趋势通常由 3 个或 3 个以上的短期趋势所组成。

在三种趋势中,长期投资者最关心的是股价的基本趋势,其目的是想尽可能地在多头市场上买入股票,而在空头市场形成前及时地卖出股票。投机者则对股价的修正趋势比较感兴趣,他们的目的是想从中获取短期的利润。短期趋势的重要性较小,且易被操纵,因而不宜作为趋势分析的对象。

道氏理论成功运用的典型例子是预测了美国股市崩盘。1929 年 10 月 23 日华尔街日报刊登《浪潮转向》,该文以道氏理论为基础对股市动向进行预测,正确地指出牛市已经结束、熊市即将来临。

(二)波浪理论

波浪理论是技术分析大师 R. E. 艾略特(R. E. Elliot)所发明的一种价格趋势分析工具,它是一套完全靠观察得来的规律,可用以分析股市指数、价格的走势,它也是世界股市分析上运用最多,但却最难于了解和精通的分析工具。

艾略特认为,不管是股票还是商品价格的波动,都与大自然的潮汐、波浪一样,一浪跟着一浪,周而复始,具有相当程度的规律性,呈现出周期循环的特点,任何波动均有迹可循。因此,投资者可以根据这些规律性的波动预测价格未来的走势,在买卖策略上恰当运用。

波浪理论具有四个基本观点:

(1) 股价指数的上升和下跌将会交替进行;

(2) 推动浪和调整浪是价格波动的两个最基本形态,而推动浪(即与大市走向一致的波浪)可以再分割成五个小浪,一般用第 1 浪、第 2 浪、第 3 浪、第 4 浪、第 5 浪来表示,调整浪也可以划分成三个小浪,通常用 a 浪、b 浪、c 浪表示;

(3) 在上述八个波浪(五上三落)完毕之后,一个循环即告完成,走势将进入下一个八波浪循环;

(4) 时间的长短不会改变波浪的形态,因为市场仍会依照其基本形态发展。波浪可以拉长,也可以缩短,但其基本形态永恒不变。

艾略特发现每个完整的价格波动过程(无论是上升还是下降)都要经过 8 个过程,或者说是八浪。这八个过程一完成,本次周期就结束了,紧接着的是另一个周期。无论所研究的趋势是何种规模,八浪的基本形态结构是不会变化的。图 11-5 是一个上升过程的八浪结构图。

图 11-5 中,前面是五浪结构,后面是三浪结构。这八浪分为主浪和调整浪,主浪是波动的主体,调整浪是对主浪的补充。1、2、3、4、5 是主浪,a、b、c 是调整浪。

上述描述的八个波段只是一个循环的基本波动,现实中每个波段又可能延续很长时间从而形成了许多小波浪,最终形成"浪中有浪"的现象。如图 11-6 所示。

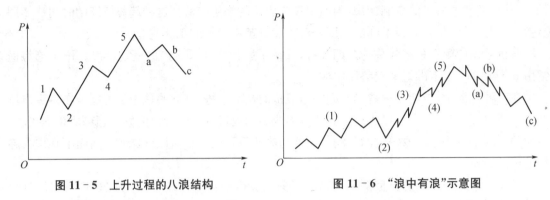

图 11-5　上升过程的八浪结构　　　　图 11-6　"浪中有浪"示意图

波浪理论的局限性表现在,首先是波浪层次的确定和波浪的起点与终点的确认比较困难;其次波浪所处的层次又会产生大浪套小浪、浪中有浪的多层次形态,在形态形成的途中对其进行浪的划分是一件很困难的事情。

(三)价格趋势理论

价格趋势是指在一段时间内,不管市场如何变化,价格总有三种状态:上升(牛)、横盘(鹿)、下降(熊)。价格趋势理论认为,判别市场目前趋势的方法是:价格运动由一系列波动组成,这些波动有时会朝一个方向发展,并产生明显的波峰和波谷,正是这些波峰和波谷构成了趋势。

所谓趋势线,就是根据股价上下变动的趋势所画出的线路,画趋势线的目的是依其脉络寻找出恰当的卖点与买点。在各种股价变化的图形中,若股价处于上升趋势,股价波动必是向上发展,即使是出现回调也不影响其总体的涨势,如果把上升趋势中间回调低点分别用直线相连,这些低点大多在这根线上,把连接各波动低点的直线称为上升趋势线,见图 11-7。

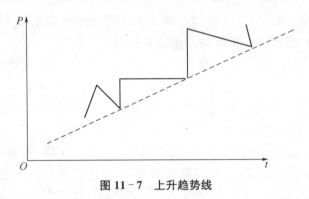

图 11-7　上升趋势线

相反,若股价处于下降趋势,股价波动必定向下发展,即使出现反弹也不影响其总体的跌势,把各个反弹的高点相连,它们也在一根直线上,把这根线称为下降趋势线,见图 11-8。

股价在横向整理时可形成横向箱形趋势线。股价在某一价格区内上下移动,移动之轨道由两条平行于横轴的线所界定,其形状就像几何图形的矩形或长方形,箱形整理亦称为矩形整理。箱形整理形态通常出现在股价上升走势或下跌走势的初期或中期,若箱形出现在股价上升走势或下跌走势的末期,往往形成反转形态,而非整理形态。

按所依据波动的时间长短不同,便出现三种趋势线:短期趋势线(连接各短期波动点)、中

期趋势线（连接各中期波动点）、长期趋势
线（连接各长期波动点）。

上升趋势线由各波动低点连成，下降
趋势线由各波动高点连成。当上升趋势线
跌破时就是一个出货信号。在没有跌破之
前，上升趋势线就是每一次回调的支撑。
当下降趋势线被突破时，形成进货信号。
在没升破之前，下降趋势线就是每一次回
升的阻力。在上升或下降趋势的末期，股
价会出现加速上升或加速下跌的现象，所
以反转时的顶点或底部，一般均远离趋势

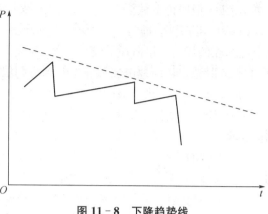

图 11 - 8　下降趋势线

线。另外还可从趋势线的发展角度的陡与缓，判别股价变化的速度，当趋势线成为水平线时，
则警惕一次转折的来临。

（四）信心理论

信心股价理论，是基于市场心态的观点去分析股价。由于传统股价理论，过于机械性地重
视影响公司盈余，并不能解释在多变的股市中股价涨跌的全盘因素，尤其当一些突发性因素导
致股价应涨不涨，反而下跌，或应跌不跌，反而上升时，更使传统的股价理论变得没有解释
力。因此，信心股价理论强调股票市场由心理或信心因素影响股价。

根据信心理论，促成市场股价变动的因素，是市场对于未来的股票价格、公司盈利与股票
投放比率等条件，所产生信心的强弱。投资者若对于股市基本情况乐观，信心越强，就必然以
买入股票来表现其心态，股价因而上升，倘若资金本身过于乐观，可能漠视股票超越了合理正
常价格水平，而盲目大量买入，使股票价格上涨至不合情理的价位水平。相反，投资者若对股
票市场基本情况表示悲观时，信心转低落，将抛出手中股票，股价因此而下跌，倘若投资者心理
过度悲观，以致不顾正常股票价格、公司盈余与股息水平而大量抛售股票，则可导致股票价格
被抛低至不合理水平。

信心股价理论，以市场心理为基础，来解释市场股价的变动，并完全依靠公司财务资料，故
此理论可以弥补传统股价理论的缺点，对股市的反常现象，具有一定的解释力。

（五）股票周期循环理论

股市周期循环论指的是构成股价涨跌变化的因素颇多，除了政治、财经、业绩等实质因素
外，人为因素等的变化，往往是促成股价涨跌的主要原因。

循环性周期，可分为下述几个阶段：

（1）低迷期：行情持续屡创低价，此时投资意愿甚低，一般投资者持悲观的看法。少数具
有长期投资眼光的投资者在此时按计划买入，而此期的成交量往往最低。

（2）青年涨升期：股市景气仍未好转，但由于前段低迷行情已久，股价大多已跌至不合理
的低价，浮股亦大为减少，市场卖压减轻。该期多数股票上涨的速度虽然缓慢，但却是真正可
买进作长期投资的时候，即为一般所称的"初升段"。

（3）反动期：即为一般所称多头市场的回档期，即称作初升段。股价在初升段的末期，由
于不少股票已持续涨升，经过长期空头市场亏损的投资者，大多获利了结改为观望。此时空头

又再呈活跃,但股价下跌至某一程度时,正是大量介入投资的时期。

(4) 壮年涨升期:即为一般所称的"主升段",由于股价节节飙升,形成抢购的风潮,甚至形成全面暴涨的局面。该阶段的特性,大多为成交量持续增加,发行公司趁机增资扩股及推出新股,上涨的股票也逐渐地由强势股延伸到冷门股票,此期投资者宜于结观望。

(5) 老年涨升期:即一般所称的"末升段"。此时景气十分繁荣,新股亦大量发行,而上涨的股票多为以前少有成交的冷门股,原为热门的股票反而呈现颓势。投资者手中大多拥有股票,以期待着股价进一步上升,但却表现为股价上升而成交量下降,或者股价下跌而成交量反增加。

(6) 下跌幼年期:即为 K 线理论上的渐落期,也称初跌期,由于多数股价已偏高,多头主力均已出货不少,但只有冷门股开始大幅下跌,此为该段行情的重要指标之一。

(7) 中间反弹期:即称新多头进场期。该期由于成交量的暴减,再加上部分浮额的赔本抛售,使得多数股价的跌幅已深。高价卖出者和企图摊平深度套牢的多头相继进场,企图挽回市场的颓势,使得股价止跌而转向坚挺,但后续上涨乏力,于弹升之后又再度滑落。

(8) 下跌的壮年期:一般称为主跌段行情,此时大部分股价的跌幅渐深,成交量逐渐缩小,多头纷纷退出市场,并尝试做空。

(9) 下跌的老年期:即称末跌段。此时股价跌幅已深,大幅亏损的投资者宁愿抱股等待。该阶段的成交量很少是其特色之一,股价的跌幅已经缩小,虽偶有小涨,但不再有支撑续力,不久又将回跌还原,但此期适宜大量买进。

三、K 线图

K 线图,相传是从日本米市商人在交易时用于记录米市行情详细资料采用的一种简单有效的方法。因绘制方法简单易懂,实用有效,逐渐为世界各国证券市场加以引进和借鉴,经过百余年的实践,用 K 线图来表示证券行情的完整记录现已成为投资者进行日常技术分析必不可少的重要指标。

K 线图将每个交易日某个证券的开盘价、收盘价、最高价、最低价的所有变动情况全部记录下来,然后绘成像蜡烛的图形,所以 K 线图也称蜡烛图形。K 线图中横轴表示时间,纵轴表示某个股的股价。竖立的长方形表示收盘价和开盘价。交易低开高走,收盘价高于开盘价,此长方形用红色表示,也称阳线实体。交易高开低走,收盘价低于开盘价,则用黑(蓝)色表示,也称阴线实体。

(一) K 线图的画法

根据股票当日的开盘价、收盘价、最高价、最低价四项数据,可以将股价走势图画成如图 11-9 的 K 线图。

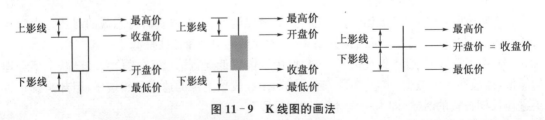

图 11-9 K 线图的画法

K 线图中主要标记的具体含义见表 11-5。

表 11 - 5 K 线的表示方法

阳 线	阴 线	十字星线
以红色、白色实体柱或黑框空心表示	以绿色、黑色或蓝色实体柱表示	
股价强	股价弱	多空不明
收盘价高于开盘	收盘价低于开盘	收盘价等于开盘
最高价等于收盘价时,无上影线	最低价等于收盘价时,无下影线	最高价等于开盘价时,无上影线
最低价等于开盘价时,无下影线	最高价等于开盘价时,无上影线	最低价等于开盘价时,无下影线

(二) K 线的基本形状及其含义

K 线分为阳线、阴线和十字线。

1. K 线图中的阳线

(1) K 线图中阳线的定义。证券市场上阳线是指收盘价高于开盘价的 K 线,K 线图中用红线标注表示涨势。K 线最上方的一条细线称为上影线,中间的一条粗线为实体。下面的一条细线为下影线。当收盘价高于开盘价,也就是股价走势呈上升趋势时,称这种情况下的 K 线为阳线,中部的实体以空白或红色表示。这时,上影线的长度表示最高价和收盘价之间的价差,实体的长短代表收盘价与开盘价之间的价差,下影线的长度则代表开盘价和最低价之间的差距。

一般而言,阳线表示买盘较强,卖盘较弱,这时,由于股票供不应求,会导致股价的上扬。阴线表示卖盘较强,买盘较弱,此时,由于股票的持有者急于抛出股票,致使股价下挫。同时,上影线越长,表示上档的卖压越强,即意味着股价上升时,会遇到较大的抛压;下影线越长,表示下档的承接力道越强,意味着股价下跌时,会有较多的投资者利用这一机会购进股票。

(2) 阳线的种类。K 线图上阳线有很多类别:

下影阳线(先跌后涨型):开市后价格大幅下跌,后又回升到高位收市。

收盘光头阳线(先跌后涨型):开市下跌后回升,以全日最高价收市,可见上升动力大。

开盘光头阳线(上升抵抗型):上升力强,但受阻挡,应谨慎。若是在持续上涨之后,可能是下跌的先兆;若是在下跌中的反弹行情,则多头实力不足,仍将下跌。

小阳线(欲涨乏力型):行情扑朔迷离,涨跌难有明确估计。

上影阳线:市场上升趋势减弱,在较高价位明显受阻,后市有可能下跌。

2. K 线图中的阴线

(1) K 线图中阴线的定义。证券市场上阴线是指开盘价高于收盘价的 K 线。K 线图上一般用淡蓝色标注,表示股票下跌。当收盘价低于开盘价,也就是股价走势呈下降趋势时,称这种情况下的 K 线为阴线。中部的实体为蓝色。此时,上影线的长度表示最高价和开盘价之间的价差,实体的长短代表开盘价比收盘价高出的幅度,下影线的长度则由收盘价和最低价之间的价差大小所决定。

阴线表示卖盘较强,买盘较弱。此时,由于股票的持有者急于抛出股票,致使股价下挫。同时,上影线越长,表示上档的卖压越强,即意味着股价上升时,会遇到较大的抛压;下影线越长,表示下档的承接力道越强,意味着股价下跌时,会有较多的投资者利用这一机会购进股票。

（2）阴线的种类。光头阴线（大阴线）：整日下跌，后市乏力，行情极坏，还要下跌，在空头市场经常出现。如连续出现数根大阴线，可能有反弹行情。

上影阴线（先涨后跌型）：先涨后跌，底部支撑力不大，在涨市中出现有可能是结束升市的信号。收盘光头阴线（先涨后跌型）行情先涨后跌，卖方势强，行情看跌。

小阴线（短黑线）：行情混乱，涨跌难以估计。如果出现在持续上升之后，表示高位震荡，可能是下跌的先兆。

开盘光头阴线（下跌抵抗型）：行情下跌后受到承接，显示有反弹迹象。

下影阴线（欲跌不能型）：暗示底部有较强支撑力，后市可能趋于上升。如果在持续上升的行情中出现，仍将会持续上升；如果出现在持续下跌的行情中，将可能弹升。

3. K 线图中的十字星线

（1）K 线图中十字星线的定义。十字星线是一种只有上下影线，没有实体的 K 线图。开盘价即是收盘价，表示在交易中，股价出现高于或低于开盘价成交，但收盘价与开盘价相等。其中：上影线越长，表示卖压越重。下影线越长，表示买盘旺盛。通常在股价高位或低位出现十字线，可称为转机线，意味着出现反转。

十字星是指收盘价和开盘价在同一价位或者相近，没有实体或实体极其微小的特殊的 K 线形式，其虽有阴阳之分，但实战的含义差别不太大，远不如十字星本身所处的位置更为重要，比如出现在持续下跌末期的低价区，称为"希望之星"，这是见底回升的信号；出现在持续上涨之后的高价区，称为"黄昏之星"，这是见顶转势的信号。十字星往往预示着市场到了一个转折点，投资者需密切关注，及时调整操盘的策略，做好应变的准备。

（2）十字星线的种类。根据实战经验可以将十字星分为小十字星、大十字星、长下影十字星、长上影十字星、T 型光头十字星、倒 T 型光脚十字星和一字线七类。

小十字星是指十字星的线体振幅极其短小的十字星，这种十字星常常出现在盘整行情中，表示盘整格局依旧；出现在上涨或下跌的初期中途，表示暂时的休整，原有的升跌趋势未改；出现在大幅持续上升或下跌之末，往往意味着趋势的逆转。

大十字星出现在大幅持续上升或下跌之末的概率较大，盘整区间出现的情况不多见，往往意味着行情的转势。

长下影十字星如果出现在上升趋势中途，一般均表示暂时休整上升趋势未改；如果是出现在持续下跌之后的低价区，则暗示卖盘减弱买盘增强，股价转向上升的可能性在增大，但次日再次下探不能创新低，否则后市将有较大的跌幅。

长上影十字星如果出现在下降趋势中途，一般均表示暂时休整下降趋势未改；如果是出现在持续上涨之后的高价区，股价转向下跌的可能性较大；但若出现在上涨趋势中途，次日股价又创新高的话，说明买盘依旧强劲股价将继续上升。

T 型光头十字星的市场意义与长下影十字星差不多，常常出现在盘整中，表示次日盘整依旧；若是出现在大幅持续上升或下跌之末，是股价升跌转换的信号。

倒 T 型光脚十字星的市场意义与长上影十字星差不多，若是出现在持续上涨之后的高价区，这是见顶回落的信号；若是出现在其他的位置，一般均表示暂时休整，原有趋势未改。

一字线是指开盘价和收盘价相同，有时出现在熊市，成交极其清淡稀少行情中，更多的时候常常出现在表示极强（极弱）的涨跌停板时，预示着原有的趋势继续，有时还会出现连续数个停板，缩量的停板意味着次日还将停板，涨停板放量说明卖压加重，跌停板放量说明有吸筹现象。

周十字星的种类划分与日十字星相同,但性质与日线有着明显的不同,在大多数情况下,周十字星表示的是对原有趋势的认同,即经过短期休整原有趋势将继续,当然在具体实战时,还需结合与其他 K 线所形成的组合形态和"中心值"等方法综合研判。

(二)K 线图分析技术

1. 分析投资心理

阴阳线形态各异,投资者很难全部掌握,也没有必要去死记硬背,因为阴阳线形态尽管不一样,但它们的本质是一样的。也就是说,只要掌握阴阳线形态分析的基本方法,就能融会贯通所有阴阳线形态。股票交易是一个多空双方的博弈过程,在股票交易过程中,所看到的最直观的信息就是股价的波动,而股价波动是多空双方力量的权衡结果,它反映了交易双方的心理变化过程。所以,透过股价波动的表象,去分析投资者的投资心理,就可以把握各种阴阳线的变化趋势。

2. 学会形态还原

任何阴阳线形态,不管它有多复杂,都可以用其第一个开盘价和最后一个收盘价将它还原为单根阴阳线。如果还原后的阴阳线的多空含义与原阴阳线形态不一致,那么该阴阳线则需要继续确认;如果还原后的阴阳线能支持阴阳线形态,则无须确认。形态还原的最大好处就是将复杂的,不容易把握的阴阳线简化为单根阴阳线,多空含义一目了然。

3. 掌握精髓,灵活应用

分析阴阳线形态,初学者要避免两种常犯错误:一是不要张冠李戴。在阴阳线形态中,形状相似的很多,稍不注意,就会认错。为了避免误认,对一些相近的图形要反复比较,投资者真正搞清楚它们的区别所在。二是不要知其然而不知其所以然。很多阴阳线,因它所处的位置不同,其含义也就不同,使用时一定要留意。

4. 综合分析前后阴阳线

单根阴阳线难以对股价运行趋势做出肯定的判断,阴阳线形态分析的作用有时候也是有限的,因为许多阴阳线形态还原后的阴阳线并不能支持其原有涵义,此时往往需要根据其前后阴阳线情况加以综合分析。一般来讲,市场本身的力量很难改变一个股价运行的强趋势,一两次偶然的意外因素也只能使既定趋势出现短暂波动。所以,在一个既定的趋势中,阴阳线形态的指向作用实际上是非常有限的。这要求在阴阳线形态分析时要结合前后阴阳线综合分析。

5. 结合其他分析工具使用

正如其他技术分析方法一样,阴阳线形态分析也不是绝对的、万能的。阴阳线形态分析需要结合其他技术分析方法才能发挥价值。实际上,利用阴阳线欺骗或打压吸筹,或悄悄派发,是庄家操纵股价的一贯手法。在这种情况下,投资者如果仅凭阴阳线形态进行投资判断,就很容易落入庄家的圈套。为了确保研判的准确性,投资者可以将阴阳线形态分析与公司基本面分析、技术指标分析、成交量分析结合起来,如果公司基本面、技术指标以及成交量都支持其阴阳线形态,那么其有效性会大幅度提高。

四、量价关系分析

成交价格有上涨、下跌、持平三种形态,而成交量同样存在着增加、萎缩、持平三种情况。将成交量和成交价格组合分析,可以作为判断未来价格趋势和交易意愿的依据。

1. 价涨量增

在上涨趋势初期,若成交量随股价上涨而放大,则涨势已成,投资者可跟进;若股价经过一段大涨之后,突然出现极大的成交量,价格却未能进一步上涨,这一般表示多头转弱,行情随时可能逆转。

2. 价涨量缩

价量呈背离现象,意味着股价偏高,跟进意愿不强,此时要对日后成交量变化加以观察。若继续上涨且量增,则量缩属于惜售现象;反之,则应减仓,以免高位套牢。

3. 价涨量平

若在涨势初期,极可能是昙花一现,不宜跟进。

4. 价稳量增

若在涨势初期,显示有主力介入,股价随时可能变化,可跟进。

5. 价稳量缩

说明投资者仍在观望。若在跌势中,表示在逐渐筑底,可逐步建仓。

6. 价稳量平

多空势均力敌,将继续呈盘整状态。

7. 价跌量增

在连跌一段后,价微跌量剧增,这可视为底部,可介入;若在跌势初期,则日后将形成跌势;在持续涨势中,则反转为跌势的信号。

8. 价跌量缩

若在跌势初期,表示跌势不改;若在长期下跌后,则表示行情可能将止跌回稳。

9. 价跌量平

表示股价开始下跌,减仓;若已跌了一段时间,底部可能出现,密切注意后市发展。

10. 涨跌停板制度下的量价关系

由于涨跌停板制度限制股票一天的波动幅度,使多空的能量得不到彻底的宣泄,容易形成单边市。在股票价格接近涨幅或跌幅限制时,对投资者是一个心理考验。投资者容易产生在涨停前抢购,或者在跌停前出逃的心理,出现追涨杀跌的情况。而且,涨跌停板的幅度越小,这种现象就越明显。目前,在沪、深证券市场中 ST 板块的涨幅由于限制在 5%,因而它的投机性也是非常强的,涨时助涨、跌时助跌的现象最为明显。

在实际涨跌停板制度下,大涨(涨停)和大跌(跌停)的趋势继续下去,是以成交量大幅萎缩为条件的。就涨停板时的成交量来说,在以前,看到价升量增,会认为价量配合好,涨势形成或会继续,可以追涨或继续持股;如上涨时成交量不能有效配合放大,说明追高意愿不强,涨势难以持续,应不买或抛出手中个股。但在涨跌停板的制度下,如果某只股票在涨停板时没有成交量,那是卖主目标更高,想今后卖出好价,因而不愿意以此价抛出,买方买不到,所以才没有成交量。第二天,买方会继续追买,因而会出现续涨。然而,当出现涨停后中途打开,而成交量放大,说明想卖出的投资者增加,买卖力量发生变化,下跌有望。

另外如价跌缩量说明空方惜售,抛压较轻,后市可看好;价跌量增,则表示跌势形成或继续,应观望或卖出手中筹码。但在涨跌停板制度下,若跌停,买方寄希望于明天以更低价买入,因而缩手,结果在缺少买盘的情况下成交量小,跌势反而不止;反之,如果收盘仍为跌,但中途曾被打开,成交量放大,说明有主动性买盘介入,跌势有望止住,盘升有望。

在涨跌停板制度下,量价分析基本判定规则为:

(1) 涨停量小,将继续上扬;跌停量小,将继续下跌。

(2) 涨停中途被打开次数越多、时间越久、成交量越大,反转下跌的可能性越大;同样,跌停中途被打开次数越多、时间越久、成交量越大,则反转上升的可能性越大。

(3) 涨停关门时间越早,次日涨势可能性越大;跌停关门时间越早,次日跌势可能越大。

(4) 封住涨停的买盘数量大小和封住跌停板时卖盘数量的大小说明买卖盘力量大小。这个数量越大,继续当前走势概率越大,后续涨跌幅度也越大。

五、技术分析指标

(一)移动平均线

移动平均线是用统计处理的方式,将若干天的股票价格加以平均并滚动计算,然后将计算所得数据连接成一条线,用以观察股价趋势。移动平均线的理论基础是道·琼斯的“平均成本”概念。其目的是取得某一段期间的平均成本,而以此平均成本的移动曲线配合每日收盘价的线路变化分析某一期间多空的优劣形势,以研判股价的可能变化。一般来说,现行价格在平均价之上,意味着市场买力(需求)较大,行情看好;反之,则反。

这种方法可剔除交易中出现的偶然性因素,帮助分析人员对股价进行中长期预测。

在计算移动平均线时,通常是选取 5 日、10 日、20 日、60 日、120 日等时间段,分别代表一周、半个月、一个月、一个季度和半年的交易情况。

(二)MACD

MACD 是指数平滑异同移动平均线(moving average convergence and divergence,MACD),它是移动平均线的一种变形。MACD 是根据移动平均线较易掌握趋势变动的方向之优点发展出来的,它是利用两条不同速度(一条变动的速率快——短期的移动平均线,另一条较慢——长期的移动平均线)的指数平滑移动平均线来计算二者之间的差离状况(DIF),并将其作为研判行情的基础,然后再求取 DIF 的平滑移动平均线,即 MACD 线。

MACD 实际就是运用快速与慢速移动平均线聚合与分离的征兆,来研判买进与卖出的时机和信号。DIF 用来表示短期的分离程度,正值表示上升、负值表示下降。MACD 是平滑后再一次平滑,表明长期的分离程度。当行情处于上升(下跌)中时,股价的短期移动均线上升(下跌)速度快,而长期移动均线上升(下跌)速度慢,若行情一直上升(下跌),则两者之间的离差会越来越大。

MACD 和 DIF 的计算如下:

(1) 以 12 日和 26 日股价的移动平均值得到 EMA(12)和 EMA(26);

(2) 计算出离差值 DIF:DIF=EMA(12)−EMA(26);

(3) 计算 DIF 平均数得到 MACD;

(4) 计算离差柱线 BAR=DIF−MACD;

(5) 把计算出的 MACD、DIF、BAR 逐日记录在坐标上就形成了完整的 MACD 指标。

根据 DIF 和 MACD 判研走势可从两方面展开:① 若二者均为正值且 DIF 向上突破 MACD,则是上升行情,是买入信号。② 若二者均为负值且 DIF 向下突破 MACD,则给出了卖出信号。

（三）RSI

RSI是相对强弱指数(relative strength index,RSI),该指数利用一定时间内平均收盘价涨幅均值与平均收盘价跌幅和涨幅均值的比值来判断多空力量的强弱,分析市场买沽盘的意向和实力,从而做出未来市场的走势判断。

RSI的计算公式为:

$$RSI = \frac{N日内收盘价涨幅的均值}{N日内收盘价涨幅的均值 + N日内收盘价跌幅的均值} \times 100$$

其中,N的取值一般为7(短期)和21(长期)。RSI的取值范围为$0 \leqslant RSI \leqslant 100$,该值越大表明多方力量越强;反之则相反。RSI值常态分布区域集中在30~70,RSI曲线就是每日RSI数值的连接,它一般领先于股价上升或下跌。20以下的区域为超卖区(要买入),80以上的区域为超买区(要卖出),RSI值为50说明多空双方势均力敌。如RSI值大于50表示多方力量强于空方买方需求旺盛,反之则相反。RSI数值越小,其反弹可能性和力度也就越大。

（四）KDJ（随机指数）

KDJ主要通过研究最近数日的最高价、最低价与现时收盘价的价格波幅推算出行情涨跌的强弱势头。KDJ在设计中综合了动量观念、强弱指数和移动平均线的一些优点,在计算过程中主要研究高低价位与收市价的关系,即通过计算当日或最近数日的最高价、最低价及收市价等价格波动的真实波幅,反映价格走势的强弱势和超买超卖现象。

KDJ指标的计算步骤如下:

(1)计算原始的随机值RSV(row stochastic value,RSV)。

$$RSV_t = \frac{C_t - L_5}{H_5 - L_5} \times 100$$

其中,C_t为当日收市价格,H_5和L_5分别为5日内的最高价和最低价。

(2)计算K值和D值(初始K和D值用50代替)。

$$K_t = \frac{4 \cdot K_{t-1} + RSV_t}{5} \Rightarrow D_t = \frac{4 \cdot D_{t-1} + K_t}{N}$$

(3)计算J值。

$$J_t = 3K_t - 2D_t$$

值得注意的是:D值是K值的再度平滑,所以D值波幅相对较小,J值反映K值与D值的偏离程度。

KDJ指数的研判规则如下:① K值在80以上、D值在70以上为超买的标准。② K值在20以下、D值在30以下为超卖的标准。③ K值由小到大超过D值时,KD交叉是买入信号。反之K值从上向下跌破D值是卖出信号。

（五）OBV（on balance volume,OBV）

前面的四个指标都是针对价格的,没有考虑成交量,而技术分析是价量分析,既要考虑价格也要考虑成交量。OBV称为能量潮或人气指标,是将成交量值予以数量化,制成趋势线,配合股价趋势线,从价格的变动及成交量的增减关系,推测市场气氛。OBV的理论基础是市场价格的变动必须有成交量配合,价格升降而成交量不相应升降,则市场价格的变动难以继续。

1. 计算方法

逐日累计每日上市股票总成交量,当天收市价高于前一日时,总成交量为正值,反之为负值,若平盘,则为零。即,当日 $OBV=$ 前一日的 $OBV\pm$ 今日成交量。

然后将累计所得的成交量逐日定点连接成线,这就是 OBV 线,并将其与股价曲线并列于图表中,观其变化。

2. 运用原则

OBV 线的基本理论基于股价变动与成交量值间的相关系数极高,且成交量值为股价变动的先行指标,短期股价的波动与公司业绩兴衰并不完全吻合,而是受人气的影响,因此从成交量的变化可以预测股价的波动方向,具体来说:

(1) 当股价上涨而 OBV 线下降时,表示能量不足,股价可能将回跌。

(2) 当股价下跌而 OBV 线上升时,表示买气旺盛,股价可能即将止跌回升。

(3) 当股价上涨而 OBV 线同步缓慢上升时,表示股市继续看好。

(4) 当 OBV 线暴升,不论股价是否暴涨或回跌,表示能量即将耗尽,股价可能反转。

(六) W%指数(William overbought or oversold index)

W%是威廉超买或超卖指数,表示当日收盘价格在过去一段时间内全部价格范围中相对位置。威廉指数是利用摆动点来度量股市的超买、超卖现象,可以预测循环期内的高点或低点,从而提出有效率的投资讯号。W%的计算公式如下:

$$W\% = \frac{H_N - C_T}{H_N - L_N} \times 100\%$$

其中,H_N 为过去 N 日的最高价格,L_N 为过去 N 日的最低价格,$N=10,20$,G_T 是第 N 日的最新收盘价。

威廉指数计算公式与强弱指数、KDJ 一样,计算出的指数值在 0 至 100 之间波动。威廉指数的值越小,市场的买气越重;反之,其值越大,市场卖气越浓。当威廉指数达到 80 时,市场处于超卖状况,股价走势随时可能见底,80 的横线被称为买入线。当威廉指数达到 20 时,市场处于超买状况,走势可能即将见顶,20 的横线被称为卖出线。

由于股市瞬息万变的变化,超买后还可再超买,超卖后亦可再超卖,因此,当 W%进入超买或超卖区,行情并非一定立刻转势。只有确认 W%线明显转向,跌破卖出线或突破买进线,方为正确的买卖信号。

在使用威廉指数对行情进行研判时,最好能够同时使用强弱指数配合验证。同时,当 W%线突破或跌穿 50 中轴线时,亦可用以确认强弱指数的信号是否正确。因此,使用者如能正确应用威廉指数,发挥其与强弱指数在研判强弱市及超买超卖现象的互补功能,可得出对大致走向较明确的判断。

W%敏感性较强,在操作过程中,如完全按其记号出入市,未免过于频繁。因此,在使用过程中,最好能结合强弱指数、动向指数等较为平衡的技术指标一起研判,由此可对行情趋势得出较准确的判断。

(七) 布林通道指标(BOLL)

布林指标(BOLL)是根据统计学中的标准差原理设计出来的一种非常简单实用的技术分

析指标,BOLL 指标又叫布林线指标,是研判市场运动趋势的一种中长期技术分析工具。一般而言,市场的运动总是围绕某一价值中枢(如均线、成本线等)在一定的范围内变动,布林线指标正是在上述条件的基础上,引进了"价格通道"的概念,其认为市场价格通道的宽窄随着股价波动幅度的大小而变化,而且价格通道又具有变异性,它会随着市场价格的变化而自动调整。

BOLL 是利用"价格通道"来显示市场价格的各种价位,当市场波动很小,处于盘整时,价格通道就会变窄,这可能预示着市场的波动处于暂时的平静期;当市场价格波动超出狭窄的价格通道的上轨时,预示着市场异常激烈的向上波动即将开始;当市场价格波动超出狭窄的价格通道的下轨时,同样也预示着市场异常激烈的向下波动将开始。

BOLL 指标的计算公式如下:

$$MA = \sum_{t=1}^{N} P_t / N$$

$$B_U = MA + 2\sqrt{\sum_{t=1}^{N} (P_t - MA)^2 / N}$$

$$B_D = MA - 2\sqrt{\sum_{t=1}^{N} (P_t - MA)^2 / N}$$

将计算所得的指标值标示于图 11 - 10 中得

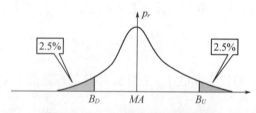

图 11 - 10　BOLL 指标的概率分布

由概率论的基本知识可知:如果价位接近布林通道的上限表示继续上涨是小概率事件,因此应考虑卖出;如果价格接近布林通道的下限则意味着价格不太可能进一步下跌,应考虑买入。

BOLL 指标一共由三条线组成,即上轨线 UP、中轨线 MB、下轨线 D。在利用 BOLL 指标时需理解以下内容。

1. BOLL 指标中的上、中、下轨线的意义

(1) BOLL 指标中的上、中、下轨线所形成的价格通道的移动范围是不确定的,通道的上下限随着市场价格的上下波动而变化。在正常情况下,市场价格应始终处于价格通道内运行。如果市场价格脱离价格通道运行,则意味着行情处于极端的状态下。

(2) 在 BOLL 指标中,价格通道的上下轨是显示市场价格安全运行的最高价位和最低价位。上轨线、中轨线和下轨线都可以对市场的运行起到支撑作用,而上轨线和中轨线有时则会对市场的运行起到压力作用。

(3) 一般而言,当价格在布林线的中轨线上方运行时,表明市场处于强势趋势;当市场价格在布林线的中轨线下方运行时,表明市场处于弱势趋势。

2. BOLL 指标中的上、中、下轨线之间的关系

(1) 当布林线的上、中、下轨线同时向上运行时,表明市场强势特征非常明显,短期内将继

续上涨,投资者应坚决持股做多。

(2)当布林线的上、中、下轨线同时向下运行时,表明市场的弱势特征非常明显,短期内将继续下跌,投资者应坚决做空。

(3)当布林线的上轨线向下运行,而中轨线和下轨线却还在向上运行时,表明市场处于整理态势之中。如果市场是处于长期上升趋势时,则表明市场是上涨途中的强势整理,投资者可以持多待涨或逢低做多;如果市场是处于长期下跌趋势时,则表明市场是下跌途中的弱势整理,投资者应以持空待跌或逢高做空为主。

(4)布林线的上轨线向上运行,而中轨线和下轨线同时向下运行的可能性非常小,这里就不作研判。

(5)当布林线的上、中、下轨线几乎同时处于水平方向横向运行时,则要看市场目前的走势处于什么样的情况下来判断。

当市场前期一直处于长时间的下跌行情后开始出现布林线的三条线横向移动时,表明股价是处于构筑底部阶段,投资者可以开始分批少量建多仓。一旦三条线向上发散则可加大做多力度。

当市场前期是处于小幅的上涨行情后开始出现布林线的三条线横向移动,表明市场是处于上升阶段的整理行情,投资者可以持多待涨或逢低做多,一旦三条线向上发散则可短线加码做多。

当市场刚刚经历一轮大跌行情时开始出现布林线的三条线横向移动,表明股价是处于下跌阶段的整理行情,投资者应以持空待跌和逢高做空为主,一旦三条线向下发散则坚决做空。

布林线三条线在顶部横向运动的可能性极小,这里也不作研判。

(八)乖离率 BIAS

乖离率(BIAS)是测量股价偏离均线大小程度的指标。当股价偏离市场平均成本太大时,都有一个回归的过程,即所谓的"物极必反"。

1. 计算公式

BIAS=(当日收盘价—收盘价的 N 日简单平均)/收盘价的 N 日简单平均×100%

其中 BIAS 指标有三条指标线,N 的参数一般设置为 6 日、12 日、24 日。

2. 应用法则

乖离率可分为正乖离率与负乖离率。若股价大于平均线,则为正乖离;股价小于平均线,则为负乖离。当股价与平均线相等时,则乖离率为零。正乖离率越大,表示短期超买越大,则越有可能见顶;负乖离率越大,表示短期超卖越大,则越有可能见底。

BIAS 指标的缺陷是买卖信号过于频繁,因此要与随机指标(KDJ)、布林线指标(BOLL)搭配使用。

(九)TRIX 指标

三重指数平滑平均线(TRIX)属于长线指标。它过滤掉许多不必要的波动来反映股价的长期波动趋势。在使用均线系统的交叉时,有时会出现偏线的情况,有时还会出现频繁交叉的情况,通常还有一个时间上的确认。为了解决这些问题,因而需要 TRIX 这个指标把均线的数值再一次地算出平均数,并在此基础上算出第三重的平均数,这样就可以比较有效地避免频繁出现交叉信号。

1. TRIX 指标计算公式

（1）TR＝收盘价的 N 日指数移动平均。

（2）TRIX＝(当日 TR－昨日 TR)÷昨日 TR×100。

（3）MATRIX＝TRIX 的 M 日简单移动平均。

（4）参数 N 设为 12,参数 M 设为 20。

2. 应用法则

（1）打算进行长期投资时,趋向类指标中以 TRIX 指标最合适。

（2）TRIX 向上交叉 MATRIX,买进；TRIX 向下交叉 MATRIX,卖出。

（3）TRIX 与股价产生背离时,应注意随时会反转。

（4）在中长期的操作中,以 TRIX 上穿 0 轴为买进信号；以 TRIX 跌穿 0 轴为卖出信号。

（5）盘整行情中,本指标不适用。

（十）DMI 指标（Directional Movement Index）

DMI 指标又称动向指标或趋向指标,是一种中长期股市技术分析方法。通过分析股票价格在涨跌过程中买卖双方力量均衡点的变化情况,即多空双方的力量的变化受价格波动的影响而发生的由均衡到失衡的循环过程,从而提供对趋势判断的依据。

1. DMI 指标的计算

DMI 指标的计算涉及到 DM、TR、DX 等几个指标和＋DI、－DI、ADX 和 ADXR 等 4 个指标的计算。

（1）当日动向值。＋DM 代表正趋向变动值即上升动向值,其数值等于当日的最高价减去前一日的最高价如果<＝0 则＋DM＝0。－DM 代表负趋向变动值即下降动向值,其数值等于前一日的最低价减去当日的最低价,如果<＝0 则－DM＝0。再比较＋DM 和－DM,较大的那个数字保持,较小的数字归 0。无动向代表当日动向值为"零"的情况,即当日的＋DM 和－DM 同时等于零。

（2）真实波幅(TR)。TR 代表真实波幅,是当日价格较前一日价格的最大变动值。取三项差额的数值中的最大值(取绝对值)为当日的真实波幅：当日的最高价减去当日的最低价的价差、当日的最高价减去前一日的收盘价的价差、当日的最低价减去前一日的收盘价的价差。

（3）方向线(DI)。方向线 DI 是衡量股价上涨或下跌的指标,分为"上升指标"和"下降指标"。在有的股市分析软件上,＋DI 代表上升方向线,－DI 代表下降方向线。其计算方法如下：

$$+DI=(+DM\div TR)\times100$$
$$-DI=(-DM\div TR)\times100$$

（4）动向平均数(ADX)。其计算方法是将＋DI 和－DI 间的差的绝对值除以总和的百分比得到动向指数 DX。由于 DX 的波动幅度比较大,一般以一定的周期的平滑计算,得到平均动向指标 ADX。具体过程如下：

$$DX=(DI\ DIF\div DI\ SUM)\times100$$

其中, DI DIF 为上升指标和下降指标的差的绝对值, DI SUM 为上升指标和下降指标的总和,ADX 就是 DX 的一定周期 n 的移动平均值。

(5) 评估数值(ADRX)。ADXR 的计算公式为

$$ADXR = (当日的\ ADX + 前\ n\ 日的\ ADX) \div 2$$

其中,n 为选择的周期数。

2. 应用法则

(1) 上升指标 +DI 和下降指标 -DI 的研判功能。当股价走势向上发展,而同时 +D 从下方向上突破 -DI 时,表明市场上有新多买家进场,为买入信号,如果 ADX 伴随上升,则预示股价的涨势可能更强劲。

当股价走势向下发展时,而同时 +DI 从上向下突破 -DI 时,表明市场上做空力量在加强,为卖出信号,如果 ADX 伴随上升,则预示跌势将加剧。

当股价维持某种上升或下降行情时,+DI 和 -DI 的交叉突破信号比较准确,但当股价维持盘整时,应将 +DI 和 -DI 交叉发出的买卖信号视为无效。

(2) 平均动向指标 ADX 的研判功能。当行情走势由横盘向上发展时,ADX 值会不断递增。因此,当 ADX 值高于前一日时,可以判断当前市场行情仍在维持原有的上升趋势,即股价将继续上涨,如果 +DI 和 -DI 同时增加,则表明当前上升趋势将十分强劲。

当行情走势进入横盘阶段时,ADX 值会不断递减。因此,判断行情时,应结合股价走势(+DI 和 -DI)走势进行判断。

当行情走势由盘整向下发展时,ADX 值也会不断递减。因此,当 ADX 值低于前一日时,可以判断当前市场行情仍维持原有的下降趋势,即股价将继续下跌,如果 +DI 和 -DI 同时减少,则表示当前的跌势将延续。

当 ADX 值在高点由升转跌时,预示行情即将反转。在涨势中的 ADX 在高点由升转跌,预示涨势即将告一段落;在跌势中的 ADX 值从高位回落,预示跌势可能停止。

(十一) SAR 指标(Stop and Reverse)

SAR 指标又称抛物线指标或停损转向操作点指标,是一种准确的中短期技术分析工具。在计算 SAR 之前,要选定一段周期,再判断这个周期的股价是在上涨还是下跌,然后按逐步推理的方法计算 SAR 指标。

1. SAR 指标的计算公式

$$SAR(T_n) = SAR(T_{n-1}) + AF(T_n) * [EP(T_{n-1}) - SAR(T_{n-1})]$$

其中,$SAR(T_n)$ 为第 T_n 周期的 SAR 值,$SAR(T_{n-1})$ 为第 (T_{n-1}) 周期的值,AF 为加速因子(或叫加速系数),EP 为极点价(最高价或最低价)。

初始值 $SAR(T_0)$ 的确定方法:若 T_1 周期中 $SAR(T_1)$ 呈现上涨趋势,则 $SAR(T_0)$ 为 T_0 周期的最低价;若 T_1 周期呈现下跌趋势,则 $SAR(T_0)$ 为 T_0 周期的最高价。

2. 应用法则

(1) 当股票股价从 SAR 曲线下方开始向上突破 SAR 曲线时,为买入信号,预示着股价一轮上升行情可能展开,投资者应迅速及时地买进股票。

(2) 当股票股价向上突破 SAR 曲线后继续向上运动而 SAR 曲线也同时向上运动时,表明股价的上涨趋势已经形成,SAR 曲线对股价构成强劲的支撑,投资者应坚决持股待涨或买进股票。

证券投资学

（3）当股票股价从 SAR 曲线上方开始向下突破 SAR 曲线时，为卖出信号，预示着股价一轮下跌行情可能展开，投资者应迅速及时地卖出股票。

（4）当股票股价向下突破 SAR 曲线后继续向下运动而 SAR 曲线也同时向下运动，表明股价的下跌趋势已经形成，SAR 曲线对股价构成巨大的压力，投资者应坚决持币观望或逢高卖出。

本章小结

证券投资分析包括基本分析和技术分析。基本分析是为了寻找证券的"内在价值"，其包括对宏观经济环境、行业分析和上市公司财务分析三个方面。技术分析主要从市场行为本身出发，利用统计学、心理学等学科的原理和方法分析价格、成交量和技术指标等已经存在的市场数据，来预测金融市场中证券价格的变动趋势。道氏理论、K 线图理论、波浪理论以及价格趋势理论是证券投资技术分析常用的基础理论。常用的技术分析指标包括移动平均线、MACD、RSI、KDJ、OBV、W%指数和 BOLL 指标等。

习　题

1. 基本分析的假设前提是什么？
2. 简要描述通货膨胀对股市基本面的影响。
3. 行业生命周期可以分为哪几个阶段？
4.（多选）行业分析的主要任务包括（　　）。
A. 预测行业的未来发展趋势，判断行业的投资价值
B. 分析影响行业发展的各种因素及影响力度
C. 解释行业本身所处的发展阶段及其在国民经济中的作用
D. 揭示行业投资风险
5.（单选）以下属于防守型行业的是（　　）。
A. 商业　　　　　B. 房地产业　　　　　C. 公用事业　　　　　D. 家电业
6.（单选）通过公司现金流量表的分析，可以了解（　　）。
A. 公司盈利状况　　　　　　　　B. 公司资本结构
C. 公司偿债能力　　　　　　　　D. 公司资本化程度
7.（单选）在各项指标中，一般不纳入负债比率分析的是（　　）。
A. 资产负债比率　　　　　　　　B. 权益负债比率
C. 固定资产净值率　　　　　　　D. 利息保障倍数
8.（单选）（　　）降低会减弱公司的变现能力。
A. 银行贷款指标　　　　　　　　B. 短期可变现资产
C. 良好的偿债能力信誉　　　　　D. 利息保障倍数
9.（单选）反映公司盈利能力的指标有（　　）。
A. 主营业务净利润　　　　　　　B. 市盈率
C. 产权比率　　　　　　　　　　D. 存货周转率
10.（单选）针对证券市场本身变化规律进行分析的方法通常被称为（　　）。
A. 技术分析　　　　　　　　　　B. 定量分析

C. 基本分析　　　　　　　　　　D. 宏观经济分析

11. (单选)按照道氏理论的分类,趋势分为三种类型。(　　)是这三类趋势的最大区别。

A. 趋势持续时间的长短

B. 趋势波动幅度的大小

C. 趋势持续时间的长短和趋势波动幅度的大小

D. 趋势变动方向、趋势持续时间的长短和趋势波动幅度的大小

12. (单选)技术分析指标 MACD 是由异同平均数和正负差两部分组成,其中(　　)。

A. DEA 是基础　　　　　　　　　B. EMA 是基础

C. DIF 是基础　　　　　　　　　D. (EMA—DEA)是基础

13. (单选)支撑线和压力线(　　)。

A. 可以相互转化　　　　　　　　B. 不能相互转化

C. 是否可以转化不能确定　　　　D. 是一条抛物线

阅读材料

[1] 找一家上市公司,下载其招股说明书,阅读了解其中对公司情况介绍的部分。

[2] 惠誉评级中国网站(www.fitchratings.com.cn)上会免费提供一些宏观分析报告、行业分析报告和企业分析报告,可以下载阅读,了解相关问题并学习其分析方法。

[3] 阅读一家上市公司年报附录里的财务报表,对其指标进行分析。

[4] 下载一个股票交易软件,了解其中股票交易的术语以及其中各种图形的含义。

[5] 张俊岭. 散户实用金典——股票基金理论与操作实践[M]. 北京:金城出版社,2008.

主要参考文献

中文参考文献

[1] 张亦春,郑振龙. 金融市场学[M]. 北京:高等教育出版社,第 4 版,2013.

[2] 王长江等. 现代投资银行学[M]. 北京:科学出版社,2002.

[3] 张俊岭. 散户实用金典——股票基金理论与操作实践[M]. 北京:金城出版社,2008.

[4] 徐龙炳,陆蓉. 有效市场理论的前沿研究[J]. 财经研究,2001,27(8):27-34.

[5] 刘力. 行为金融理论对市场效率假说的挑战[J]. 经济科学,1999:63-71.

[6] [美]埃德温·J·埃尔顿等. 现代投资组合理论与投资分析(原书第 9 版)[M]. 北京:机械工业出版社,2017.

[7] [美]滋维·博迪,亚历克斯·凯恩,艾伦·J·卡库斯. 投资学(原书第 9 版)[M]. 北京:机械工业出版社,2012.

[8] [美]查尔斯·P·琼斯. 投资学:分析与管理(原书第 10 版)[M]. 北京:机械工业出版社,2008.

[9] [美]Frank J. Fabozzi. 债券市场:分析与策略(第九版)[M]. 北京:中国人民大学出版社,2016.

[10] [美]哈利·M·马科维茨. 资产组合选择和资本市场的均值—方差分析(新 1 版)[M]. 上海:上海三联书店,2006.

[11] [美]查尔斯·W·史密森. 管理金融风险:衍生产品、金融工程和价值最大化管理(第三版)[M]. 北京:中国人民大学出版社,2003.

[12] [美]本杰明. 格雷厄姆,戴维·多德. 证券分析(原书第 6 版)[M]. 北京:中国人民大学出版社,2013.

[13] [美]斯蒂芬 A. 罗斯等. 公司理财(原书第 9 版)[M]. 北京:机械工业出版社,2012.

[14] [美]戴维·G. 卢恩伯格. 投资科学[M]. 北京:中国人民大学出版社,2011.

[15] 毛二万. 证券投资分析原理与实务(第二版)[M]. 北京:中国人民大学出版社,2012.

[16] 霍文文. 证券投资学(第四版)[M]. 北京:高等教育出版社,2013.

[17] [美]罗伯特·C. 希金斯. 财务管理分析(第 10 版)[M]. 北京:北京大学出版社,2015.

英文参考文献

[1] Black Fischer. Captital Market Equilibrium with Restricted Borrowing. *Journal of Business*, 1972, 45(3):444 - 455.

[2] Brennan Michael J. Taxes, Market Valuation and Corporate Financial Policy. *National Tax Journal*, 1970, 23(4):417 - 427.

[3] Fama E.. Efficient Capital Market: A Review of Theory and Empirical Work. *Journal of Finance*, 1970, 25(2):383 - 417.

[4] Fisher Lawrence, Lorie James. Some Studies of Variability of Returns on Investments in Common Stocks. *Journal of Business*, 1970, 43(2):99 - 134.

[5] Fuller R. J., Hsia C. C. A Simplified Common Stock Valuation Model. *Financial Analysts Journal*, 1984(5):49 - 56.

[6] Hull John. *Options, Futures and Other Derivative Securities*. Englewood Cliffs, N. J: Prentice Hall, 2001.

[7] Jonathan E. Ingersoll Some Results in the Theory' Arbitrage Pricing. *Journal of Finance*, 1984, 39(4):1021 - 1039.

[8] Lintner John. Security Prices, Risk and Maximal Gains from Diversification. *Journal of Finance*, 1965, 20(4):587 - 615.

[9] Macaulay F. R. Some *Theoretic Problems Suggested by the Movement of Interest Rates, Bond Yields and Stock Prices in the United States Since* 1856. *National Bureau of Economic Research*, 1938, 5(4):474 - 489.

[10] Harry Markowitz. Potfolio Selection. *Journal of Finance*, 1952, 7(1):77 - 91.

[11] Harry Markowitz. Markowitz Revisited. *Financial Analysts Journal*, 1976, 32(5): 47 - 52.

[12] Harry Markowitz. Nonnegative or not Nonnegative: A Question about CAPM's. *The Journal of Finance*, 1983, 38(2):283 - 295.

[13] Mossin Jan. Equilibrium in a Capital Asset Market. *Econometrica*, 1966, 34(4):768 - 783.

[14] Ross Stephen. A. The Arbitrage Theory of Capital Asset Pricing. *Journal of Economic Theory*, 1976, 13(3):341 - 360.

[15] Samueslson P. Proof That Properly Anticipated Prices Fluctuate Randomly. *Industrial Management Review*. 1965, 6(2):41 - 49.

[16] Sharpe W. F. Capital Asset Prices: A Theory of Market Equilibrium Under Conditions of Risk. *Journal of Finance*, 1964, 19(3):425 - 442.

[17] Sharpe William. *Investments*, Englewood Cliffs, NJ: Prentice Hall, 1978.

法律法规

[1] 全国人大常委会.中华人民共和国证券法,2004.2014 年修订.
[2] 中国证券监督管理委员会.证券市场资信评级业务管理暂行办法,2007.
[3] 国务院.期货交易管理条例,2007.2016 年修改.
[4] 国务院.证券公司监督管理条例,2008.2014 年修改.
[5] 中国证券监督管理委员会.公司债券发行试点办法,2007.
[6] 中国证券监督管理委员会.证券市场资信评级业务管理暂行办法,2007.
[7] 中国证券监督管理委员会.上市公司股权分置改革管理办法,2005.
[8] 全国人大常委会.中华人民共和国证券投资基金法,2003.2015 年修改.
[9] 中国证券监督管理委员会.首次公开发行股票并上市管理办法,2006.2016 年修改.
[10] 中国证券监督管理委员会.上市公司信息披露管理办法,2006.
[11] 中国证券监督管理委员会.证券发行与承销管理办法,2013.
[12] 中国证券监督管理委员会.证券投资基金销售管理办法,2013.
[13] 中国证券监督管理委员会.公司债券发行与交易管理办法,2015.
[14] 中国证券监督管理委员会.股票期权交易试点管理办法,2015.
[15] 中国证券监督管理委员会.上市公司股权激励管理办法,2016.
[16] 中国证券监督管理委员会.证券期货市场统计管理办法,2009.
[17] 中国证券监督管理委员会.证券投资基金运作管理办法,2012.